Beate Berger

Wenn die ganze Welt sich um uns dreht

Beate Berger

Wenn die ganze Welt sich um uns dreht

Eine Liebeserklärung an das Tanzen

DROEMER

Literaturnachweis

S. 30, aus: Ralf Rothmann, »Milch und Kohle«. Roman.
© 2000 by Suhrkamp Verlag, Frankfurt am Main

S. 143 f., aus: Nick Hornby, »31 Songs«. Aus dem Engl. von Clara Drechsler und Harald Hellmann
© 2003, 2004 by Verlag Kiepenheuer & Witsch, Köln

Die Folie des Schutzumschlags sowie die Einschweißfolie sind PE-Folien und biologisch abbaubar.
Dieses Buch wurde auf chlor- und säurefreiem Papier gedruckt.

Besuchen Sie uns im Internet:
www.droemer.de

Originalausgabe Oktober 2007

Umschlaggestaltung: ZERO Werbeagentur, München
Umschlagabbildung: getty images/Stock Illustration Source/Misha Lenn
Satz: Adobe InDesign im Verlag
Druck und Bindung: GGP Media GmbH, Pößneck
Printed in Germany
ISBN 978-3-426-27428-6

5 4 3 2 1

Für Herb

»You can change your life in a dance class.«

Royston Maldoom

Inhaltsverzeichnis

Mr. Hattric oder wie es zu diesem Buch kam

Seinen Namen habe ich vergessen, vielleicht habe ich auch nie gewusst, wie er hieß. Wie er aussah, weiß ich auch nicht mehr, und trotzdem würde ich viel darum geben, ihm heute noch einmal zu begegnen. Gerne auch mit geschlossenen Augen, denn ich würde ihn an diesem speziellen Duft erkennen, der sich aus frischgestärktem Hemd, sonnenwarmer Haut, Hattric-Rasierwasser und Creme 21 zusammensetzte. Wenn ich daran denke, wie behutsam er mir auf dem Weg zur Tanzfläche den Arm um die Taille legte und dabei ein paar Sekunden lang den schmalen Hautstreifen zwischen meinem T-Shirt und dem Jeansbund berührte, bekomme ich heute noch weiche Knie.

Wie oft ich mit ihm getanzt habe, weiß ich nicht mehr. Aber das ist eigentlich auch unwichtig. Mein Gedächtnis hat die Discofox- und Stehbluesrunden, die ich mit ihm in den siebziger Jahren in der Tanzschule Gerdi Marquardt in Kaiserslautern gedreht habe, ohnehin zu einer Sehnsuchts-Endlosschleife vervielfältigt. Bis heute springt sie quasi automatisch an, wann immer ich mir auf Festen mal wieder die Beine in den Bauch stehe, weil das Verhältnis von tanzwütigen Frauen und tanzbereiten oder besser gesagt tanzbefähigten Männern zirka hundert zu eins beträgt.

Zuletzt wurde ich bei einer großen Party in Frankfurt an Mr. Hattric erinnert. Nichts deutete zu Beginn des Abends darauf hin, dass es eine jener Partys werden würde, auf denen mich nur das innere Zwiegespräch mit meinem Traumtänzer von einst vor dem Absturz in die Depression retten sollte. Im Gegenteil: Alles, aber auch alles sah nach einem Wahnsinnsabend aus: illustre Gastgeber, feine Speisen, mehrere DJs und ein Tanzparkett, das Fred Astaire die Freudentränen in die Augen getrieben hätte.

Dort fanden sich im Laufe des Abends immer wieder ein paar Frauen ein, die tapfer und unermüdlich mit anderen Frauen vor sich hin tanzten. Viele Männer postierten sich mit Blickkontakt zur Tanzfläche, hielten sich aber wechselweise so geschickt an ihren randvollen Gläsern und Tellern fest, dass niemand überhaupt auf die Idee gekommen wäre, sie bei dieser harten und abendfüllenden Arbeit zu stören.

Als ich gegen Mitternacht beschloss, den Abend als Negativposten unter der Rubrik War-mal-wieder-nichts-mit-Tanzen zu bilanzieren, steuerte der von mir sehr geschätzte Kollege G. energiegeladen und strahlend auf mich zu. Ja, war es denn die Möglichkeit, sollte der smarte G. tatsächlich mit mir tanzen wollen! – Wollte er nicht. Stattdessen rückte er einen Stuhl neben meinen, nahm im Schulterschluss neben mir Platz und fragte mich, wie es denn so ginge. Alles sei bestens, versicherten wir uns. Alles super.

Und dann saßen wir da, Seite an Seite und glotzten aufs Tanzparkett. Das ermattete Schweigen, das sich zwischen uns ausbreitete, wurde alsbald überdröhnt von einer Einheiz-Offensive des dritten DJs, der endlich ahnte, wonach die müde Menge lechzte: Nacheinander legte er »Sexbomb«, »Sexmachine« und »I Can't Get No Satisfaction« auf. Das heiße Medley riss zirka 30 Frauen direkt von den Stühlen. Auf dem Weg zur Tanzfläche zerrten sie ein paar Männer mit sich und taten mit ihnen das Unvermeidliche: abhotten wie in alten Zeiten.

Alles, selbst ein Pogotanz, wäre in diesem Moment besser gewesen, als mit dem schönen G. in dösiger Schweigsamkeit zu erstarren. Als ich mich gerade erheben wollte, feuerte G. einen Satz auf mich los wie eine Elfmeterbombe: »Du sitzt hier rum und amüsierst dich ja bloß über die Bekloppten auf der Tanzfläche, die gar nicht tanzen können.«

Fassungslos starrte ich G. an und hörte mich wie eine Idiotin verteidigend haspeln: Nein, er irre sich. Nichts täte ich im Augenblick lieber als tanzen, aber es betrübe mich schon seit ewigen Zeiten sehr, dass sich die Leute so schwer damit täten. – Bewusst vermied ich jedes kritische Wort über tanzmüde Männer! G. quittierte meine Einlassungen mit einem katzigen »Ach was!« und sagte dann, er müsse jetzt unbedingt mal aufs Klo. Man sehe sich.

Was war nur los? Warum nur tanzten so viele Männer so ungern? Eine Zeitungsmeldung der dpa hatte es jüngst sogar mit einer erschütternden Statistik belegt: 93 Prozent der Frauen tanzen für ihr Leben gern. Unter den Männern bekennen sich nur 11 Prozent zur Tanzlust. »Lass mich bloß mit dem Quatsch in Ruhe«, hatte mich mein Stiefsohn abblitzen lassen, als ich ihm zu seinem 16. Geburtstag einen Tanzkurs schenken wollte. Die Abfuhr hätte ich mir ersparen können. Erstens haben Drummer einer aufstrebenden Punkrockband wirklich Wichtigeres zu tun. Zweitens tanzen coole Kerle einfach nicht. Basta. Daran hat sich in den vergangenen Jahrzehnten nicht das Geringste geändert. Erst wenn die harten Jungs ins reifere Alter kommen und in den Hafen der Ehe einzulaufen gedenken, fällt ihnen auf, dass sie außerstande sind, den Hochzeitswalzer zu tanzen, den sich ihre Zukünftige so sehr wünscht. Die ausgebuchten Hochzeitstanzkurse der Tanzschulen sprechen für sich.

Apropos Hochzeit. Anlässlich der Hochzeit meiner Freundin Betty schaute ich mir neulich den Film »Wedding Planner« mit Jennifer Lopez an. Zugegeben, Bettys Hochzeit war ein willkommener Vorwand, ich hätte mir den Schmachtstreifen wahrscheinlich auch einfach so angesehen. Egal, jedenfalls gibt es in diesem Film eine Tanzszene, die mich wirklich aufwühlte, nein, aufbrachte: Hochzeitsplanerin Jennifer Lopez sitzt in einer lauen Sommernacht mit einem aufregenden Mann im Park. Sie fragt ihn, ob er mit ihr tanzen würde. Er überlegt für einen kurzen Moment. Dann tritt ein Parkwächter aus dem Gebüsch und ermahnt den jungen Mann, wenn ihn eine Frau frage, ob er mit ihr tanzen wolle, dann habe er gefälligst auch zu tanzen. Das sitzt. Der junge Mann steht auf, nimmt Jennifer Lopez in den Arm. Im Hintergrund Mondnacht, romantische Musik. Er wiegt sie bärig kurz von einem Bein auf das andere und wieder zurück. Daraufhin kreischt Lopez hysterisch: »Huch, du kannst ja tanzen! Bist du schwul?« – Nun ist aber Schluss, jaulte ich auf. So ein Stuss kann doch nicht unzensiert weltweit über die Mattscheiben und Leinwände laufen. Jedenfalls fiel in diesem Moment mein Entschluss, dieses Buch zu schreiben.

Ein Brief der Kölner Tanzschule Schulerecki, der mir anderntags wie ein Wink des Schicksals ins Haus flatterte, bestätigte mich in meinem Vorhaben: »Ihre Tochter ist seit kurzem in einem unserer Tanzkurse angemeldet. Wir freuen uns über die Teilnahme, haben aber in dieser Saison ein großes Problem. Wie in allen Tanzschulen in Deutschland melden sich auch bei uns für einen typischen Schüler- und Jugendkurs mehr Mädchen als Jungen an. Das Verhältnis liegt etwa bei zehn Damen zu sechs Herren. Wir gleichen das Defizit in der Regel mit ›ehemaligen‹ Tänzern aus, die den Kurs schon einmal besucht haben und nochmals kostenlos wiederholen dürfen, den sogenannten ›Gastherren‹ oder ›Hospitanten‹.«

»Macht doch nix«, beruhigte ich meine Tochter, »mit den guten Tänzern macht das Ganze doch auch viel mehr Spaß«. ›Fein‹, dachte ich insgeheim und wünschte ihr einen Gastherrn wie Mr. Hattric an den Hals und am besten auch noch zwei kleine Italiener.

Onkel Heinz und die Kometen

Zum Tanzen gehören zwei, nein, eigentlich drei: zwei kleine Italiener und Onkel Heinz. Das stand für mich schon fest, bevor ich richtig lesen und schreiben konnte. Wenn wir sonntagnachmittags bei Oma und Opa eingeladen waren, hoffte ich jedes Mal, dass auch Onkel Heinz da war, denn dann gab es nicht nur Apfelkuchen und Hefezopf, sondern sehr viel zu lachen und die zwei kleinen Italiener noch dazu.

Onkel Heinz war damals zwar schon erwachsen, hatte eine Arbeit, ein Rennrad, ein Moped und ein Auto, aber weil er noch nicht verheiratet war, wohnte er noch zu Hause bei meinen Großeltern. Im Wohnzimmer standen zwei der drei Dinge, die Onkel heilig waren: sein Akkordeon und seine Musiktruhe.

Verglichen mit dem Radio, das bei uns zu Hause in der Küche stand, wirkte Onkels braune Musiktruhe von Nordmende wie ein heiliger Schrein. Und ein klein wenig ähnelte sie auch dem Nähmaschinenschränkchen von Oma. Auf der Vorderseite der tönenden Wunderkiste befand sich ein eingebautes Radio. Links und rechts davon konnte man zwei kleine Schranktüren öffnen. In diesen Fächern hatte Onkel Heinz seine Platten verstaut. Wenn man den Plattenspieler bedienen wollte, musste man den Deckel der Musiktruhe hochheben und mit einem Metallstab fixieren.

Onkel ließ sich nie zweimal bitten, Musik zu machen. Es genügte das Stichwort »Zwei kleine Italiener«, und schon kramte er die magische Scheibe von Conny Froboess hervor. Und los ging es: »Eine Reise in den Süden ist für andre schick und fein, doch zwei kleine Italiener möchten gern zu Hause sein.«

Spätestens wenn es hieß »Zwei kleine Italiener, die träumen von Napoli«, hob mich Onkel Heinz hoch auf seinen Arm und tanzte einen Schieber mit mir. Dabei wirbelte er uns so wild herum, dass Oma um ihr Geschirr bangte. Wenn sie sich zu sehr aufregte, hatte er einen Trick, der immer wirkte: Er nahm die Oma in den Arm und drehte mit ihr ebenfalls ein paar Runden. Gegen nichts anderes auf der Welt hätte ich diese Küchenbälle eingetauscht. Höchstens gegen eine Fahrt im türkisfarbenen Ford Taunus 12m. Das war das dritte und, soweit ich mich erinnere, auch das allergrößte Heiligtum von Onkel Heinz.

Dass Onkel so verrückt war auf dieses Juwel auf vier Rädern, konnte ich gut verstehen. Es musste ihm so gehen wie mir: Etwas Aufregenderes als eine »Rundreise« im 12m gab es einfach nicht. »Rundreise« klang sicher ein bisschen großspurig, aber eigentlich war das Wort zutreffend, denn Onkel kurvte uns einmal rund um unser kleines pfälzisches Heimatdorf. Solange mein Bruder klein war und noch nicht mitfahren durfte, genoss ich den exklusiven Charakter dieser Touren sehr. Dann sangen wir zusammen ganz laut die kleinen Italiener, und Onkel Heinz machte seine Späße ganz für mich allein.

Wenn wir am Bahnhof nach rechts auf die Landstraße abbogen, war in der Ferne schon das Ziel unseres Ausflugs zu sehen: die Stinnes-Fanal-Tankstelle. Dort ließ Onkel den Wagen volltanken und die Windschutzscheibe waschen. Bezahlt wurde in der kleinen Kneipe neben der Tankstelle. Und wenn man schon mal da war, gab es dort ein Bierchen für Onkel Heinz und für mich eine Flasche Sinalco und ein Päckchen Salzstangen.

Manchmal suchten wir einen Schlager in der Jukebox aus.

Onkel Heinz mochte »Die Liebe ist ein seltsames Spiel« von Connie Francis und »Cindy, oh Cindy« von Margot Eskens besonders gerne. Dass er bei diesen Schlagern nicht zum Schwofen aufgelegt war, lag wohl an den Texten. Irgendwie leuchtete es mir ein, dass »Cindy, oh Cindy, dein Herz muss traurig sein, der Mann, den du geliebt, ließ dich allein« nicht so leicht in die Beine gehen konnte wie »Pack die Badehose ein« – meine zweite Lieblingsplatte aus der Musiktruhe von Onkel Heinz. Onkel wusste damals wohl auch nicht, dass Tanzen bei Kummer aller Arten helfen kann. Auch ich sollte das erst drei Jahrzehnte später erfahren.

Limonade, Salzgebäck und Benzingeruch bilden jedenfalls seit diesen Tankrundfahrten für mich auch heute noch eine ähnlich kuriose synästhetische Einheit wie der Mond, schlabberige Unterröcke und ausgeleierte Büstenhalterträger. Das mag abstrus klingen, aber seit meiner Kindheit denke ich, wenn ich den Mond sehe, tatsächlich unweigerlich an altbackene Dessous. An dieser bizarren Assoziationskette ist ebenfalls Onkel Heinz schuld. Um zu erklären, wie dies zustande kam, muss ich weiter ausholen.

Onkel Heinz ist vier Jahre jünger als mein Vater und bis heute der beste Beweis dafür, dass genetische Verwandtschaft keineswegs mit Seelenverwandtschaft einhergehen muss. Die beiden Brüder waren so verschieden wie Walzer und Twist. Mein Vater hatte ein klares Ziel, das er auch mühelos erreichte: die mittlere Beamtenlaufbahn bei der Bahn. Onkel Heinz träumte davon, große Tanzsäle zum Kochen bringen – genau wie Peter Kraus und Benny Goodman. Es ist ihm gelungen, zumindest in der Pfalz. Und wenn er nicht geflunkert hat, sogar auch einmal drei Wochen lang in Florida. Doch dazu später mehr.

Dass man als Musiker in der Welt herumkommen kann, wusste er von seinem Onkel Albert. Ich nannte das kleine dürre Männlein ebenfalls so, obwohl er eigentlich mein Großonkel gewesen ist. Onkel Albert hatte in den 1920er Jahren seine Klarinette in den Seesack gepackt und war nach New York gereist.

Das Auswandern von Musikern hatte schon seit dem 19. Jahrhundert Tradition in dieser Gegend; im Politikerdeutsch würde man sie heute als »strukturell schwache Region« bezeichnen. Mit kaum mehr als einem Musikinstrument, ein paar handgeschriebenen Noten und großen Hoffnungen wagten damals viele hungrige junge Männer die Fahrt ins Ungewisse. Viel zu verlieren hatten sie nicht; »Etwas Besseres als den Tod finden wir überall«, hatten schon die Bremer Stadtmusikanten erkannt.

Wohin es wen verschlagen hatte, war zeitlebens das Lieblingsthema von Onkel Albert. Manche Musiker waren in französischen, holländischen oder englischen Seebädern gelandet, andere wiederum waren weit gereist und ließen sich in Australien, Neuseeland oder China nieder. Onkel Albert jedenfalls hatte den Broadway vor Augen, als er sein pfälzisches Kuhdorf hinter sich ließ und mit der Columbus von Bremerhaven aus nach Amerika schipperte.

Englisch konnte er kaum, und für den Broadway reichte es auch nicht ganz. Trotzdem blieb er zwei Jahre lang in Manhattan. Tagsüber arbeitete er als Bote bei einem Uhrmacher, abends spielte er Klarinette im Orchester des Zirkus Busch. Offenbar jedoch war ihm während der ganzen Zeit Omas Schwester Friedhilde nicht aus dem Kopf gegangen. Da sie ihm in all ihren Briefen schrieb, dass sie ihm auf keinen Fall nach New York folgen wollte, war er in sein pfälzisches Dorf zurückgekehrt, um sie zu heiraten. Die beiden bekamen zwei

Kinder, bauten ein Häuschen, hatten Hasen, Hühner, Katzen und Ziegen und waren glücklich miteinander.

Dennoch hatte ich immer den Verdacht, dass Onkel Albert in New York noch glücklicher gewesen wäre. Wann immer man nämlich bei ihm beiläufig das Stichwort Amerika fallenließ, kam ein ganz besonderes Leuchten in seine wasserblauen Augen. Meistens schlurfte er dann zum Wohnzimmerschrank und kramte ein graues Album hervor. Für mich war es das Elefantenalbum, denn das Foto, das mich darin am meisten beeindruckte, war dasjenige, auf dem Onkel Albert in einer schmucken Uniform auf dem Rücken eines großen Elefanten saß und stolz in die Kamera lächelte. Es leuchtete mir vollkommen ein, dass es Onkel Heinz einmal mindestens so weit bringen wollte wie Onkel Albert.

Die Voraussetzungen dafür waren gut, denn er trat mit seinem Akkordeon in der Tanzkapelle Komet auf. In der spielten neben Onkel Heinz noch ein Schlagzeuger, ein Trompeter, ein Posaunist, zwei Saxophonisten und ein Kontrabassist. In der Anfangszeit, erzählte mir Onkel neulich, hätten sie nicht einmal Mikrophone und Lautsprecher gehabt. Nur der Sänger hatte als Verstärker ein Megaphon. Das war ein Trichter mit einem Haltegriff, also eine Art Sprachrohr, in das gesungen wurde. Das änderte sich Anfang der sechziger Jahre, als Onkel anfing, aus alten Radiolautsprechern Bühnenlautsprecher zu basteln.

Zu gerne hätte ich die Kometen einmal live gehört, aber für kleine Mädchen wie mich, sagte Onkel Heinz, seien seine Auftritte immer viel zu spät in der Nacht. Zum Trost spielte er mir dann die neuesten Schlager auf dem Akkordeon vor und erzählte mir Geschichten von früher, als er als vierzehnjähriger Bub mit dem Musikmachen angefangen hatte.

Dass er im Jahr 1952 überhaupt Chancen hatte, so jung in

einer Kapelle spielen zu können, lag daran, dass es so kurz nach dem Krieg nur wenig Ensembles und Musiker gab. Onkel hatte zudem mit seinem Akkordeon besonders gute Karten. Das Instrument hatte er sich nämlich unter anderem deswegen ausgesucht, weil er damit die Leute auch gut mal alleine unterhalten konnte. Außerdem konnte das kleine Onkelchen als Musiker die gesetzlichen Altersvorschriften unterlaufen, denn damals durften Jugendliche unter 16 Jahren nicht auf Abendveranstaltungen gehen, und ab 16 Jahren konnten junge Leute nur bis 22 Uhr in Begleitung eines Erwachsenen ausgehen. Wer sich nicht daran hielt, bekam ein Strafmandat von zwei Mark.

Die Anlässe, zu denen Komet auftrat, waren der Fasching, Ostersonntag, der Tanz in den Mai, die Kirchweihfeste, das Erntedankfest und der erste Weihnachtsfeiertag. Komet war angesagt und konnte sich vor Anfragen aus den Nachbarortschaften kaum retten, was bei einer Gage von 15 Mark am Abend auch in finanzieller Hinsicht erfreulich war. Das muss damals viel Geld gewesen sein, denn ein durchschnittlicher Stundenlohn lag zwischen 70 Pfennig und einer Mark. Ein Glas Bier kostete 42 Pfennig, und der Eintritt zu einer Tanzveranstaltung zwei Mark für die Männer und 1,50 Mark für die Frauen.

Was sagt uns dieser Preisunterschied? Wollte man die Männer eher vom Tanzen fernhalten, weil es zu viele Tanzwütige gab und zu wenig Tänzerinnen? Onkel Heinz mokiert sich auch heute noch gerne über den Aberwitz dieser Diskriminierungsmaßnahme. Fest steht eines: Tanzen war auch für Männer eine wichtige Angelegenheit, als Onkel Heinz jung war. Für ihn war sie nicht ganz so wichtig wie das Musizieren, aber er wusste ganz genau, dass man bei den »Drei Ersten«, also bei den Eröffnungstänzen der Kirchweih, unbedingt eine gute Figur machen musste. Dann schaute nämlich das ganze Dorf zu. Es wurde erstens genau registriert, wer mit wem tanzte, will meinen, wer mit wem eventuell ein Techtelmechtel hatte. Und zweitens gab man fürs ganze restliche Jahr den Deppen ab, wenn man die »Drei Ersten« vermasselte.

So gesehen kam Onkel Heinz gar nicht umhin, an dem Tanzkurs teilzunehmen, der zweimal im Monat im Sälchen vom »Schneidernickel« stattfand. Den Unterricht erteilte ein Tanzlehrer aus Kaiserslautern, der eigens dafür anreiste. Außer Polka, Walzer, Tango, Rheinländer, Slowfox und Foxtrott brachte er den Jugendlichen auch bessere Manieren bei. Unter anderem erklärte er den Jungen, wie man ein Mädchen höflich aufforderte, wie man es nach dem Tanz wieder an seinen Tisch brachte und ihm den Stuhl zurechtrückte, bis es wieder ordentlich saß. Der Kurs zog sich über ein paar Wochen hin und kostete ungefähr 15 Mark. Onkel muss wohl insgesamt sehr ehrgeizig gewesen sein, denn er brüstete sich damit, dass er die Tanzschritte jedes Mal noch stundenlang zu Hause mit dem Besen geübt hätte.

Onkel Heinz machte sich auch gerne lustig darüber, dass der Tanzlehrer eigens erwähnte, dass man zu einem Ball in den feinsten Kleidern kam, die man im Schrank hatte. Das hätte er sich sparen können, denn damals war es selbstverständlich, dass die Männer immer in Anzug und Krawatte ausgingen. Und die Frauen fieberten sowieso jedem Fest entgegen, weil sie sich endlich mal wieder richtig schön machen konnten. Zur Kirchweih legten sich die Mädchen und Frauen im Dorf sogar jedes Jahr ein neues Kleid zu. Das durfte vorher auf gar keinen Fall öffentlich getragen werden.

Wenn Komet in den umliegenden Ortschaften auftrat, blieb den Musikern nichts anderes übrig, als zu ihrem Einsatzort zu laufen, denn in den 1950er Jahren hatten die wenigsten Leute ein Auto. Nur der Arzt hatte eines und vielleicht der Pfarrer und der Lehrer. Wenn Onkel erzählte, wie er dann vor den Auftritten schon am frühen Nachmittag aufbrechen musste, um rechtzeitig um sieben vor Ort zu sein, tat er mir immer ein bisschen leid. Der Fußmarsch war ja schon anstrengend genug, aber dann musste er auch noch das schwere Instrument bei Wind und Wetter bergauf und bergab auf dem Rücken schleppen.

Doch nicht nur die Musiker legten damals lange Fußmärsche in die benachbarten Ortschaften zurück. Wenn irgendwo in der Umgebung Tanz war, taten sich die jungen Männer und Frauen aus einem Ort zusammen und marschierten am Nachmittag gemeinsam los, damit sie rechtzeitig abends zum Ballbeginn da waren. In der gleichen Formation gingen sie dann auch nachts wieder zurück. Wenn sie zu viel getrunken hatten, was eigentlich immer der Fall war, dann brauchten sie für den Rückweg dreimal so lange wie für den Hinweg.

Interessant waren diese reinen Vergnügungsausflüge für Onkel Heinz aus zwei Gründen. Zum einen konnte er auf diese Weise viel mehr Bekanntschaften machen, zumal ihm die Mädchen aus den anderen Dörfern immer viel schöner vorkamen als die heimischen. Und zum anderen hörte er, wie gut oder schlecht die Konkurrenz war und was die anderen Kapellen so im Repertoire hatten. Wenn die einen Titel im Programm hatten, den er noch nicht kannte, dann bestellte er ihn so rasch er konnte; schließlich hatten die Kometen viele Fans, und die wollten sie auch behalten.

Onkel Heinz ging zwar jeden Tag zur Arbeit, aber richtig glücklich wirkte er eigentlich nur am Wochenende, wenn er Musik machen oder tanzen gehen konnte. Die Kirmessaison begann am zweiten Maiwochenende und dauerte bis zum ersten Wochenende im November. Ab dem Jahr 1959 wurden seine Kirchweihgigs dann weniger beschwerlich für ihn. Er hatte genug Geld gespart, um sich endlich ein Moped zu kaufen.

Mit dem lindgrünen NSU Quickly muss er dann im Spätsommer den weiten Weg nach Kaiserslautern gebraust sein. Bis heute ist er sehr stolz darauf, dass er der Erste aus der Verwandtschaft war, der meinen Eltern dort im städtischen Krankenhaus zu meiner Geburt gratuliert hat. Wahrscheinlich war also Onkel Heinz die gute Fee, die mir schon am elfenbeinfarbenen Gitterbettchen der Babystation meine Liebe fürs Tanzen einflüsterte. Zumindest war er der Erste, der mir den Zusammenhang zwischen Motorisierung und Partyfrust erklärte.

Im Jahr 1961 kaufte Onkel Heinz sein erstes Auto: einen gebrauchten rotbraunen DKW 1000 S. Diesen Wagen kenne ich allerdings nur vom Hörensagen. Erinnerungen daran habe ich nicht, und Fotos gibt es keine. Warum? Meinen Vater, der eigentlich alle familiären Großereignisse mit seiner Agfa-Sucherkamera ebenso liebevoll wie lückenlos in den diversesten Alben dokumentiert hat, muss die Anschaffung des Autos irgendwie gewurmt haben; schließlich war er der Ältere, und nun hatte ihn der kleine wilde Bruder buchstäblich überholt!

Das Gefährt veränderte das Leben von Onkel Heinz dramatisch. Wenn er mit den Kometen einen Auftritt in einem anderen Ort hatte, kam er ohne viel Aufhebens dorthin und konnte sogar noch jemanden mitnehmen. Und wenn er einfach nur tanzen gehen wollte, ergab sich mit einem Mal die Möglichkeit, an einem Abend auf mehreren Kirchweihbällen zu tanzen! Wenn es einem auf dem einen Ball nicht gefiel, konnte man mit seiner Clique in kurzer Zeit zur nächsten

Ortschaft fahren und nachsehen, ob dort vielleicht die bessere Stimmung, die bessere Musik und die noch schöneren Mädchen waren. Da alle, die ein Fahrzeug zur Verfügung hatten, diese frühe Form von Partyhopping betrieben, veränderten sich die Bälle.

Es dauerte nicht lange, da fiel Onkel Heinz auf, dass etwas verlorengegangen war. Immer öfter fing er an, von der Zeit zu schwärmen, als er noch kein Auto hatte. Damals, sagte er immer wieder, damals seien die Bälle einfach gemütlicher und schöner gewesen, weil alle da blieben, wo sie waren. Die mit Blumen und Girlanden geschmückten Säle, die an kühleren Tagen mit großen Bulleröfen geheizt wurden, waren immer bis den auf letzten Platz ausverkauft. Die Leute rückten eng zusammen, und damit ja kein Platz im Saal verschwendet wurde, saßen die Musiker manchmal sogar auf einem schwebenden Podium, das an der Wand befestigt war.

Mangels Alternativen muss auch die Vorfreude auf die Tanzveranstaltungen größer gewesen sein, mehr noch: Man lebte darauf hin, verabredete sich schon im Vorfeld, wer als Erster schon um sieben hingehen würde, um für die ganze Clique einen guten Sitzplatz zu sichern. Um 20 Uhr war Ballbeginn, und zwischen 24 und ein Uhr wurde eine Tanzpause eingelegt. Da gingen dann alle in die Gaststätte, um sich zu stärken. Die Sparsamen brachten ihre Brote von zu Hause mit. Wer Geld hatte, orderte Rippchen, Bratwurst oder Leberknödel; dazu gab es Brot und Sauerkraut. Ab ein Uhr wurde weitergetanzt, und keinem wäre es eingefallen, die ganze Nacht lang durch die Gegend zu rasen, um eine noch aufregendere Party zu finden.

Warum auch? Die eigentliche Sensation des Abends stand ja noch bevor. Die Kapelle setzte ein mit dem Mondscheinwalzer. Dann wurden fast alle Lichter im Saal gelöscht, und ein großer leuchtender Mond zog gemächlich im langsamen Walzertakt über die Tanzfläche hinweg. Das optische Spektakel basierte auf einer quer durch den Saal verspannten Seilkonstruktion und war eigentlich ein ziemlich kippeliges Unternehmen, denn im Inneren des selbstgebastelten Papierlampions brannte eine Kerze.

Es war eine Ehre, wenn man als junger Mann mit dem »Mondziehen« betraut wurde, schließlich brauchte es dafür sowohl Rhythmus- als auch Fingerspitzengefühl. Immer wieder gab es Rangeleien darum, wer den Lampion ziehen durfte. Die ganz Cleveren sahen jedoch zu, dass sie bei diesem Feuerwerk an Romantik eine schöne Tänzerin im Arm hatten. Näher konnte man der Dame seines Herzens fürs Erste nicht kommen.

Onkel Heinz gab im Zusammenhang mit der Mondgeschichte auch immer wieder gerne Anekdoten über Dessous zum Besten. Lange Zeit war ich unsicher, ob ich diese Geschichten, bei denen Onkels erwachsene Zuhörer immer ganz besonders schrill kreischten, auch richtig verstanden hatte. Für Männer, soviel hatte ich jedenfalls begriffen, schien es ganz grob zwei Kategorien von Frauen zu geben: Die einen hatten Knoten im Unterrock, die anderen nicht!

Es dauerte Jahre, bis ich begriff, dass sich die besagten Knoten an den Trägern der Dessous befanden. Ganz leicht und unauffällig zu ertasten waren sie offenbar beim Tanzen, wenn der Herr die Dame in den Arm nahm, also rein tanztechnisch auf Tuchfühlung ging. Die Schlüsse, die Onkel aus seinen geheimen Tanzboden-Erkundungen zog, klangen so rätselhaft, dass sie sich mir für immer einprägten: »Die mit den Knoten, die haben die alten Unterröcke ihrer Mütter an. Die fordert man besser kein zweites Mal auf.«

Lange Zeit konnte ich mir überhaupt nicht vorstellen, was

an den passend gemachten mütterlichen Unterkleidern so verkehrt sein sollte. Ich nehme auch an, dass in dieser Angelegenheit viel mehr Männerphantasie als reale Anschauung im Spiel gewesen ist. Wahrscheinlich stellte sich das arme Onkelchen vor, dass junge Damen, die Unterwäsche trugen, die fühlbar ein paar Nummern zu groß war, ohne Oberbekleidung eventuell aussehen könnten wie seine Mutter, seine Tante und seine Großmutter. Immerhin bekam er einmal in der Woche, wenn Waschtag war, auf der Wäscheleine im Garten zu sehen, was die Damen in seiner näheren Umgebung so alles unter ihren Kleidern und Kittelschürzen trugen.

Ich erinnere mich selbst auch noch sehr gut an diese allwöchentliche fleischfarbene Dessousparade, bei der panzerartige Textilien an der Wäscheleine hingen: monströse blickdichte Büstenhalter mit zahlreichen stützenden und hebenden Querverstrebungen, schwere Unterkleider mit eingearbeiteter Büste, Korsetts und Hüftgürtel aller Arten. Bei manchen Sachen konnte ich mir nicht einmal vorstellen, wozu sie dienten, geschweige denn, wie man sie sachgerecht anlegte. Noch war ich klein und brauchte so etwas nicht, aber es schwante mir, dass die Körper der erwachsenen Frauen in Form gebracht, wenn nicht gar gebändigt werden mussten.

Insofern war und ist es nachvollziehbar, dass sich der junge Onkel für Frauen interessierte, die etwas anregendere Wäsche in der passenden Größe trugen. Als er mir eines Tages eine von ihnen vorstellte, ahnte ich, worauf es ihm ankam. Rosy, die Doris Day ähnlich sah und später auch meine Tante wurde, hatte lange lackierte Nägel in Puderrosa, Lippenstift in der gleichen Farbe und eine sehr beeindruckende weizenblonde Turmfrisur. Sie trug Pumps und hatte ein enges Etuikleid im gleichen Türkis wie der Taunus 12m.

Tante Rosy arbeitete in einem Frisiersalon in Kaiserslautern. Von dort brachte sie mir ab und zu kleine Parfumflakons und Probe-Lippenstifte mit, mit denen sie mein Nichtenherz eroberte. Diese Kostbarkeiten verstaute ich in meiner Barbiepuppen-Kiste, die vor allem eines war: eine Schatulle voller märchenhafter Ballträume. Dass man schon ganz besonders gut aussehen musste, wenn man mit dem Königssohn tanzen wollte, wusste schließlich schon das Aschenputtel: »Und als es mit diesem Kleide auf der Hochzeit erschien, erstaunte jedermann über seine Schönheit. Der Königssohn aber hatte gewartet, bis es kam, nahm es gleich bei der Hand und tanzte nur allein mit ihm. Wenn die andern kamen und es aufforderten, sprach er: ›Das ist meine Tänzerin.‹«

Wow, ein schönes Kleid und die richtigen Schuhe, und schon tanzte der Prinz mit einem die ganze Nacht lang! Zumindest meine Barbie war dank der Nähkünste meiner Mutter auf alle royalen und bürgerlichen Eventualitäten vorbereitet. Sie hatte ein Cocktailkleid, ein Ballkleid, ein Kleid fürs Büro. Dazu kamen Handtaschen, Hochfrisuren, Make-up und zarte Pumps mit sehr hohen Absätzen.

Irgendwann, da war ich mir sicher, irgendwann würde auch ich ein Leben in hochhackigen Tanzschuhen haben. Elegant und unbeschwert. Unter meinen wunderbaren Kleidern würde ich immer nagelneue, knisterfeine Unterwäsche tragen. Ich wäre eingehüllt in ein dezentes pudriges Parfum und würde leichtfüßig auf dem Kirchweihball dahinschweben. Auf der Bühne würden Onkel Heinz und die Kometen für Stimmung sorgen, und wenn im Saal die Lichter ausgingen und der Papiermond quer durch den Raum zuckelte, käme ein schöner Tänzer daher und würde mich nicht nur um den nächsten Tanz bitten, sondern auch um meine Hand. – Ich sollte mich irren. Vorerst jedenfalls.

Echte Cowboys tanzen nicht

Beim Kindermaskenball im Goldenen Ochsen wiederholte sich Jahr für Jahr die gleiche Enttäuschung: Jungs kamen zwar auch dorthin, aber nicht zum Schieber- oder Polonaisetanzen, sondern zum Cowboy-und-Indianer-Spielen. Wüst stoben die Winnetous und Little Joes mit Pfeil und Bogen, Flinten und Revolvern übers Parkett. Mädchen spielten bei ihren Gefechten keine Rolle. Die wurden bestenfalls mal kurz angerempelt oder als Geisel des feindlichen Lagers gekidnappt. Eher hätten die Krieger ihre Carrera-Bahnen eigenhändig zertrümmert, als sich mit einem Mädchen auf der Tanzfläche sehen zu lassen.

So kam es, dass die Funkenmariechen kichernd mit Prinzessinnen und Matrosinnen tanzten und sich erstmals in ihrem Leben fragten: Warum tanzen die Kerle eigentlich nicht? – Insgeheim konnte ich mir die Tanzscheu der Jungen allerdings schon erklären: Wenn man sich aufs Tanzen einließ, konnte es sein, dass man ruckzuck verheiratet war. Opa zum Beispiel hatte mir einmal erzählt, wie er Oma im Jahr 1930 beim Tanz in den Mai aufgefordert hatte. Gefallen habe sie ihm einfach, erinnerte er sich ein wenig verlegen, obwohl sie einen ganzen Kopf größer gewesen sei als er. Nach ein paar Walzerrunden hatte sich mein kleiner Opa dann schon entschieden: »Die soll meine Frau werden.« – Wenn das Tanzen in den Cowboy-und-Indianer-Familien zu ähnlich schicksalsträchtigen Entscheidungen geführt hatte, war mir klar, warum sich die Jungen nicht mit halbgaren Funkenmariechen wie mir einlassen wollten und lieber unter sich blieben.

Einen Trost gab es jedenfalls: Meine Oma, meine Mutter und Tante Rosy hatten ihre Männer beim Tanzen erobert. Tante verriet mir eines Tages sogar, dass sie schon lange in Onkel Heinz verliebt gewesen war, ohne dass er davon wusste. Sie war ein großer Fan der Kapelle Komet, und wann immer die Jungs auftraten, war Tante Rosy auch da. Eines Tages kam es, wie es kommen musste. Als sie Onkel Heinz auf einer Kirchweih im Publikum sitzen sah und ausnahmsweise mal nicht auf der Bühne, wusste sie genau: Jetzt oder nie! Als die Kapelle die Damenwahlrunde ausrief, lief sie schnurstracks durch den Saal auf Onkel Heinz zu und bat ihn um den nächsten Tanz. Onkel muss anhand des Unterrocktests gleich festgestellt haben, dass es sich um eine Frau handelte, mit der man ruhig öfter tanzen konnte. Und als die Kapelle dann auch noch unfassbarerweise wie bestellt »Ich tanze mit Dir in den Himmel hinein« spielte, war die Sache geritzt.

Die Damenwahlrunden waren ohnehin immer einer der großen Höhepunkte des Abends, der sich für die Musiker in ganz besonderer Weise auszahlte. Die Kapelle spielte eine Tanzrunde, dann folgte eine kurze Pause, in der einer der Musiker von der Bühne herunterkam und mit einem Körbchen im Publikum umherging, um Trinkgeld bei den Tänzern zu sammeln.

Von Onkels Ballgeschichten konnte ich einfach nicht genug bekommen. Wann nur, dachte ich, wann würde ich endlich zum ersten Mal richtig zum Tanz gehen dürfen? Noch musste ich mich mit den Kindermaskenbällen begnügen. Dort gab es allerdings keine Kapelle, sondern Musik aus dem Lautsprecher. Und der einzige Junge, der dort eventuell mit mir tanzte, war mein fünf Jahre jüngerer Bruder. So herzig lieb ich ihn auch immer schon hatte – seine Aufforderungen zählten irgendwie nicht so richtig.

Glücklicherweise brauchte man für einige der fetzigsten Tänze auch gar keinen Partner. Twist zum Beispiel. Twist war der letzte Schrei, und natürlich hatten auch die Kometen »Let's Twist Again« im Programm. Der Schriftsteller Ralf Rothmann hat in seinem Roman *Milch und Kohle* sehr lustig beschrieben, wie es geht: »Du stellst einen Fuß vor und tust, als würdest du mit der Schuhspitze eine Kippe ausdrücken, so. Und die Arme und Hände bewegst du, als würdest du dir mit einem Handtuch den Rücken abfrottieren, so. Das ist alles. Dabei gehst du runter, runter – und wieder hoch. Und dann den anderen Fuß vor, Kippe ausdrücken, Kreuz frottieren, runter, hoch – und immer schneller.«

Twisten konnte jeder, twisten konnte man überall, und vor allem brauchte man dazu nicht mal einen Tanzpartner. Viel raumgreifender und auch unvergleichlich schweißtreibender als der Twist war dagegen der Kasatschok. Bei diesem lustigen Kosakentanz kam man im Prinzip auch ohne direkten Tanzpartner aus, doch hilfreich war es schon, wenn man jemanden zur Seite hatte. Kasatschok war die schiere Akrobatik. Die Arme wurden über der Brust gekreuzt. Dann ging man in die Hocke und streckte im Wechselsprung mal das linke, mal das rechte Bein gerade nach vorne. Zwischendurch wurden so markig wie irgend möglich die Hacken zusammengeschlagen. Das wilde Vergnügen begann im langsamen Tempo und steigerte sich zur wüsten Raserei. Gewonnen hatte, wer zuletzt umfiel. Der Kasatschok konnte aufgrund seiner Sportlichkeit hin und wieder auch Jungen auf die Tanzfläche locken. So kam es, dass sich Mädchen und Jungen doch zumindest gemeinsamen wetteifernd und Beine werfend auf der Tanzfläche befanden, was man kühnerweise vielleicht schon als eine Art Vorläufer des modernen Hip-Hop-Battels betrachten könnte.

Der Letkiss verursachte ein ähnlich wildes Durcheinander

auf der Tanzfläche wie der Kasatschok. Die meisten männlichen Wesen reagierten zwar eher mit Fluchtreflexen auf den finnischen Letkiss-Import. Onkel Heinz war begeistert davon und summte den Ohrwurm permanent: »Dab, dab dabdarabdadab. Dab dab, dabdarabdadab …« Beim Letkiss wurde geklatscht, gehüpft, gewalzt und am Ende sogar – nomen est omen – geküsst. Theoretisch. Bei den Kindermaskenbällen verzichteten wir selbstredend auf den abschließenden Part.

Dem unermüdlichen Dokumentationswillen meines Vaters ist es zu verdanken, dass es sogar ein Polonaisenfoto aus meiner Kindheit gibt. Eingepfercht zwischen einer Prinzessin vor mir und einem Cowgirl hinter mir marschiere ich durch das Sälchen des Goldenen Ochsen, mime Ausgelassenheit und singe wahrscheinlich so etwas Ähnliches wie »Ja, dann geht's Humba, Humba, täterä, täterä …« oder »Schnaps, das war sein letztes Wort …«. Dass ich bei genauerem Hinsehen irgendwie verloren wirke in meinem Funkenmariechenkostüm, wundert mich heute gar nicht; Polonaisen, einst feierliche und royale Schreittänze, haben heute meistens einen unangenehmen Beigeschmack von verordnetem Frohsinn. Ums Tanzen geht es dabei auch gar nicht, sondern um ein Los-stell-dich-nicht-so-an-und-sei-einfach-fröhlich-Gefühl. Konsensmaßnahmen dieser Art waren mir offenbar auch schon als Funkenmariechen unsympathisch.

Selbst wenn die närrischen Würdenträger im Fernsehen bei »Mainz, wie es singt und lacht« oder bei »Mainz bleibt Mainz« in Polonaisenformation auf der Bühne herummarschierten, fand ich das meistens albern. »Wolle mer se roilosse«, die notorische rhetorische Frage an das Publikum im Saal, fand ich dafür umso genialer. Klar wollten sie die Büttenredner und die Margit Sponheimer und den Ernst Neger reinlassen, schließlich saßen die Leute in ganz Deutschland genau wie wir mit Salzbrezelchen und Ananasbowle vor ihren nagelneuen Fernsehern und wollten unterhalten werden.

Ich erinnere mich heute noch genau an den Tag, als die Flimmerkiste zu uns kam. Es war der 20. Juli des Jahres 1969. Mein Vater hatte das Gerät eigens zu diesem Stichtag erstanden, denn wir sollten unbedingt dabei sein, wenn der erste Mensch den Mond betrat. Außerdem hatten sich meine Eltern entschlossen, am Telekolleg Englisch teilzunehmen, weil sie mir beim Übergang auf das Gymnasium behilflich sein wollten. Ich erinnere mich noch gut an den heiligen Ernst, mit dem sie sich Woche für Woche nach Feierabend durch die Lektionen quälten. Offenbar trauten sie den forschen bildungspolitischen Ideen von Willy Brandt noch nicht so ganz.

Unser Fernseher sah ganz ähnlich aus wie Onkels Musiktruhe. Ein braunes Schränkchen auf vier staksigen Beinen, das auf der Vorderseite zwei abschließbare Falttüren hatte. Obendrauf stand die Zimmerantenne, die für den optimalen Empfang eigentlich in der gegenüberliegenden Zimmerecke postiert werden musste. Als Neil Armstrong aus dem Raumschiff kletterte und im Mare Tranquilitas den bis dato spektakulärsten Schritt der Menschheit tat, hatten wir noch nicht herausgefunden, dass ein vollkommen störungsfreies Bild nur auf diese Weise zu haben war. Deswegen fand die Mondlandung bei uns im Schneegestöber satt.

Die verschneiten Bilder, die Apollo 11 in unser Wohnzimmer schickte, haben meine Idee von Fernsehen wohl auf alle Zeiten geprägt. Wenn ich den Fernseher anschalte, erwarte ich auch heute immer noch insgeheim Spektakuläres. Die krude Verflechtung von romantischen Mondscheinwalzern und verknoteten Dessousträgern konnten die Bilder der Mondlandung seltsamerweise dennoch nicht korrigieren.

In andere Sphären

*War es ein zitronengelbes Ufo, das da plötzlich in der Hofein*fahrt stand? Nein, es war der neue Wagen von Onkel Heinz. Ein Ford Capri. Die knallige Kiste war mehr als ein Auto, sie war ein Statement. Vom schwarzen Vinyldach über die langgezogene Motorhaube bis hin zu den Alufelgen vermittelte dieses Fahrzeug nur eine einzige Botschaft: Ich geb Gas!

Dass dieser deutsche Muscle-Car eigentlich eine geniale Mogelpackung war, merkte man erst auf den zweiten Blick. Von weitem wirkte der Capri zwar wie ein rasanter Zweisitzer, bei genauerer Betrachtung aber entpuppte er sich als viersitzige Familienkutsche. Onkel Heinz konnte darin Tante Rosy, meinen kleinen Cousin Stefan und den eigensinnigen Foxterrier Gipsy unterbringen und genoss dennoch das Gefühl, einen Sportwagen zu fahren.

Wirklich komfortabel war der Capri nicht, aber Onkel Heinz liebte ihn ähnlich inbrünstig wie ich meine erste Jeans liebte. »Spalttablettenhose« nannte meine Familie dieses Lieblingsstück, was zweifellos mit der extrem körpernahen Schnittführung in der Gesäßregion zu tun hatte. Rückblickend muss ich zugeben, dass diese Hosen ungefähr so alltagstauglich waren wie Trockenshampoo gegen Fetthaare.

Wegen der sehr engen Hosenbeine konnte man die Knie nur bis zu einem Winkel von zirka 45 Grad beugen. Doch Einschränkungen dieser Art nahm man gerne in Kauf, wenn man ansonsten nur langweilige Klamotten in Kindergröße 164 im Kleiderschrank hängen hatte. In ein paar Jahren würde ich gewagte, großgemusterte Kleider tragen wie Vivi Bach und einen weißen Karmann Ghia mit roten Ledersitzen fahren wie unsere schicke Nachbarin. Und insgeheim träumte ich auch von einem Freund, der aussehen sollte wie Günther Netzer. – Meine Jeans war ein Anfang. Wer fragte da nach Tragekomfort!

Apropos Komfort: Auch Oma und Opa beschwerten sich kaum, wenn sie wahnsinnig sportliche Verrenkungen vollbringen mussten, um auf die tiefliegenden Rücksitze des Capri zu gelangen. Oma schluckte vor jeder Fahrt eine erhöhte Dosis an Reisetabletten, weil sich Onkel mit seiner Neuanschaffung auch einen flotteren Fahrstil angewöhnt hatte.

Auch in musikalischer Hinsicht schaltete Onkel Heinz zu Beginn der 1970er Jahre einen Gang höher, schließlich hatte die Zukunft gerade angefangen. Untrügliche Vorboten waren große Diskotheken und überdimensionierte Gemeindemehrzweckhallen in Waschbetonoptik. So große Säle zu bespielen, war für die Kometen eine echte Herausforderung, zumal sie sich zunehmend gegen die jüngeren Beatbands behaupten mussten.

Onkel Heinz tat so, als sei die aufkeimende Konkurrenz nicht wirklich ernstzunehmen: »Ach, diese Starkstrommusiker«, sagte er manchmal mit einem lässigen Schulterzucken, aber die langhaarigen Rocker brachten ihn ganz schön in Zugzwang. Unter anderem machte sich das daran bemerkbar, dass er sich eine Hammondorgel und ein elektronisch verstärktes Akkordeon kaufte. Auch sein Äußeres ließ den Willen zur Innovation erkennen. Neben Schlaghosen und einem Sortiment grellbunter Krawatten hatte sich Onkel Heinz ultrabreite Koteletten zugelegt. Das lenkte fürs Erste von seinem schwindenden Deckhaar ab. Der Ford Capri tat ein Übriges.

Die Kometen traten in neuen Formationen auf – zunächst als »Pazifik«, später als »Kurt Schneider Sextett«. Dass die Tanzkapellen den Namen des Bandleaders trugen, war eine Mode, die Onkel Heinz sehr gut gefiel, erinnerte sie ihn doch an all seine großen Vorbilder, deren Platten er so gern hörte: Glenn Miller, Benny Goodman, Max Greger, Hugo Strasser, Günther Noris.

Ich bin ziemlich sicher, dass sich Onkel Heinz wie Glenn Miller fühlte, wenn er mit seiner Kapelle auf den amerikanischen und kanadischen Airbases in Ramstein und in Zweibrücken spielte. Jedenfalls schwärmte er häufig von diesen Auftritten in den Offizierskasinos. Es amüsierte ihn allerdings, dass die Soldaten zwar Tanzmusik bestellt hatten, die sie sogar in harten amerikanischen Dollars bezahlten, aber den ganzen Abend lang mit den Ladys ihres Herzens in den Clubsesseln festsaßen; auf den riesigen Tanzflächen der Kasinos wiegten sich höchstens zwei, drei Pärchen im Klammerblues von einem Bein auf das andere. Aber da der Dollar damals noch bei einem sagenhaften Kurs von 4,20 Mark stand, spielte Onkel die gewünschte »Schmusemusik« gerne – auch wenn keiner tanzte.

Mir dagegen stand in dieser Zeit der Sinn sehr nach Tanzen. Denn eines war sicher: Tanzen gehörte zum Glück wie die Sahne auf den Erdbeerkuchen. Das wusste ich aus den alten Filmen. Sobald getanzt wurde, war klar: Gleich kriegen sie sich, gleich kommt das Happy End. Dann sang jemand so etwas Ähnliches wie »Es muss ein Stück vom Himmel sein«. Dazu schmachteten die Geigen, und das verliebte Paar schwebte über ein halsbrecherisch spiegelglattes Parkett, was ja eigentlich eine ganz hübsche symbolische Anspielung auf das Wagnis war, auf das sich die beiden gerade so blindlings einließen.

Wirklich erzählen konnte man das eigentlich keinem, dass man sich allen Ernstes Filme wie »Die Mädels vom Immenhof«, »Die Drei von der Tankstelle« oder »Kaiserball« anschaute. Aber das war egal. Gab es etwas Schöneres, als an einem Samstag- oder Sonntagnachmittag im Fernsehen einen alten Film zu sehen – vorzugsweise mit Doris Day oder Romy Schneider? Zu steigern war diese Wonne noch durch ein Stück frisch gebackenen Marmorkuchen. Und wenn es dann auch noch regnete oder schneite und man draußen absolut gar nichts verpasste, war es kaum auszuhalten vor Gemütlichkeit.

Ganz besonders gern sah ich mir Filme an, in denen getanzt wurde. »Ich tanz mich in dein Herz hinein« zum Beispiel. Die Männer hatten darin beeindruckend akkurate Wasserscheitel, und die Frauen schwebten ständig in wallenden weißen Seiden- und Straußenfedernroben durch Hotelsuiten, die so groß waren wie unsere Schulturnhalle. Wenn Fred Astaire und Ginger Rogers wie verrückt steppten, hielt es mich nicht mehr auf der Couch, so mitreißend fand ich diese Tanzexplosionen. Und tagelang ging mir der Titelsong nicht mehr aus dem Kopf: »Diesmal fühl ich, dass das Glück uns nicht entrinnt, wenn wir tanzen und so herrlich nah uns sind.« – Als ich Jahre später den Film im Original sah, wurde mir klar, dass die unsynchronisierte Textfassung natürlich noch mehr unter die Haut ging: »Heaven … I'm in heaven, and my heart beats so that I can hardly speak. And I seem to find the happiness I seek, when we're out together dancing cheek to cheek.« – Wange an Wange, das war doch ein anderes Kaliber als »wenn wir tanzen und so herrlich nah uns sind …«

Noch mehr ging mir das Herz auf bei dem Film »Singing in the Rain«. Der deutsche Titel hieß »Du sollst mein Glücksstern sein«, was eigentlich eine irreführende Verharmlosung war, denn wer hätte dahinter einen der grandiosesten Tanzfilme aller Zeiten vermutet. »Ich bin heut ganz verdreht, ganz herrlich durchgedreht, denn ich bin so verliebt, so verliebt wie noch nie«, sang der wunderbare Gene Kelly und steppte dabei ein einmaliges Glückssolo im strömenden Regen. Er strahlte dem grauen Himmel entgegen, als gäbe es nichts Schöneres auf der Welt als dieses lausige Wetter. Und dann tanzte er mit dem Regen, mit dem Laternenpfahl, mit dem Schirm. Er hüpfte über Pfützen, platschte wild wie ein kleiner Junge in den tiefen Wasserlachen herum. Es war nicht zu übersehen, er tanzte vor Glück! So unbändig schön konnte die Liebe also sein!

Mir war es am liebsten, wenn ich solche Filme alleine sehen konnte, dann merkte auch keiner, dass ich bei rührenden Szenen meistens weinen musste. Bei »Dick und Doof« und »Die kleinen Strolche« fand ich es toll, wenn mein kleiner Bruder dabei war. Dann konnten wir noch tagelang über die Späße lachen. Aber bei den rührseligen Filmen störte er mich. Nicht einmal er sollte wissen, dass ich wegen so was heulte, denn eigentlich war alles an diesen Filmen sehr kitschig und sehr altmodisch – die Kleider, die Frisuren, die Probleme und ganz besonders die Musik, alles war von anno Tobak. Schließlich wollte ich mit der Mode gehen, und ein Mädchen, das im Zeitalter von Abba und T.Rex modern sein wollte, das hatte einen Sitzsack aus Knautschlack und einen Flokatiteppich im Jugendzimmer und hörte die Hitparaden rauf und runter. Bei »Sissi« dahinzuschmachten oder gar bei Heinz-Erhardt- und Hans-Moser-Filmen, ging wirklich überhaupt nicht!

Musik, über die man in der Schule und mit Freundinnen reden konnte, kam aus Luxemburg. Noch bevor ich überhaupt eine Idee davon hatte, wo das Land auf der Landkarte zu finden war, hatte ich die Frequenzen und den Programmplan des Senders Radio Luxemburg auswendig im Kopf. Maria, die ältere Schwester meiner Schulfreundin Carmen, hatte sogar ein Radio mit einer speziellen grünen Taste. Wenn man die drückte, stellte sich das Gerät automatisch auf Radio Luxemburg ein.

Was hätte ich dafür gegeben, den schmissigen Radio Luxemburg-Sound mit einem Knopfdruck herbeizuzaubern, anstatt umständlich am Drehknopf unseres Küchenradios zu kurbeln und mich mit meinen Eltern zu streiten, ob ich meine wilde »Beatlesmusik« gerade hören konnte oder nicht! Zumindest hätte ich sofort meine Fototapete für so ein Radio geopfert. – Wobei es sich mit Blick auf das romantische Waldmotiv besonders gut zu schöner Musik träumen ließ.

Meine Musik kam vom Band, und zwar von einem Tonbandgerät, das mir meine Eltern eigentlich aus pädagogischen Gründen geschenkt hatten. Hauptsächlich sollte ich damit jede Woche für sie die Lektionen des Telekollegs Englisch mitschneiden. Doch diese Mission erledigte sich rasch von selbst. Einerseits kamen meine Eltern im Alltag gar nicht dazu, die vielen Lektionen nachzuarbeiten, und andererseits zeigte sich bald, dass ich auch ohne häuslichen Anschub gut in der Schule zurechtkam. Nun gab es für meine wunderbare Bandmaschine von Grundig nur noch einen einzigen Verwendungszweck: die Hitparaden.

Felix, mein kleiner Bruder, muss beides gehasst haben, sowohl das Tonband als auch die Fernsehcharts. Wenn samstags »Disco« mit Ilja Richter im Fernsehen lief oder die ZDF-Hitparade mit Dieter Thomas Heck, dann hieß es zwar für mich »Licht aus! Spot an!« und Tonband ab. Aber für Felix war das der Startschuss für eine echte Tortur: Er musste sich entweder aus der Reichweite des Fernsehers entfernen oder eine Ewigkeit lang stillsitzen und ruhig sein. Und zwar mucksmäuschenstill. Denn wenn ich mein Bandgerät und mein Mikrophon im Wohnzimmer vor dem Fernseher postiert hatte, war es ratsam, das Atmen auf ein überlebensnotwendiges Minimum zu reduzieren. Nur bei absoluter Flachatmung und vollkommener Körperstarre war eine halbwegs akzeptable Aufnahme zu erzielen. Das Ganze hatte dann zwar eine ziemlich muffig-dumpfe Raumatmo, aber immerhin konnte ich die Woche über die aktuellen Hits hören und die ersten Tanzschritte dazu üben.

»Schritt zurück, Schritt zurück und tapp. Schritt vor, Schritt vor und tapp« – das war der Discofox, den uns Carmens Schwester Maria beigebracht hatte. Sie hatte uns beiden nicht nur die Radio-Luxemburg-Taste und die Monatsregel voraus, sie hatte die Tanzstunde längst hinter sich und durfte auch schon in die Disco gehen. Wenn sie von ihren Nächten in der Diskothek Aquarius in Neustadt an der Weinstraße schwärmte, hingen wir geradezu an ihren Lippen. Nach heutigen Maßstäben hatte das Aquarius für uns ungefähr den Stellenwert, den die alljährliche Vanity Fair Party bei der Oscarverleihung für aufstrebende Starlets hat. Ein Traum, aber eigentlich unerreichbar.

Doch die utopische Ferne des pfälzischen Nachtlebens hielt uns keineswegs davon ab, weiterhin wie besessen Discofox zu üben, wann immer sich in den Schulpausen, im Schulzug oder zu Hause die Gelegenheit bot. Manchmal hielten wir dabei die Arme in Tanzhaltung und stellten uns den jungen Mann als Tanzpartner vor, in den wir gerade besonders verliebt waren.

Das Repertoire an imaginären Tanzpartnern war unerschöpflich, denn wenn wir mal gerade keinen aktuellen Schwarm hatten – was aber eher selten vorkam –, tanzten wir durchaus auch gern mit Little Joe von Bonanza, mit Rex Gildo oder mit dem sommersprossigen Bud von Flipper. Ganz gleich, mit wem wir im Geiste auch tanzten, die Schrittfolge bestimmten wir: »Schritt zurück, Schritt zurück und tapp. Schritt vor, Schritt vor und tapp.« Schließlich wollten wir vorbereitet sein, wenn es mit der Tanzschule richtig losging. Insgeheim probten wir natürlich nicht nur für die Tanzschule, sondern hauptsächlich für später, fürs Aquarius.

Tag für Tag hatten wir das Ziel unserer Discoträume auf unserem Schulweg vor Augen. Das heißt, wir mussten schon einen fünfminütigen Umweg einplanen, wenn wir an der Neubaupassage, in der das Aquarius lag, rein zufällig vorbeikommen wollten. Wenn wir uns dort an den abgedunkelten Scheiben der Disco die Nasen platt drückten, gab es eigentlich so gut wie gar nichts zu sehen, dafür umso mehr zu riechen. Ein Duftcocktail der Verruchtheit drang durch die Fenster- und Türritzen und beflügelte unsere Phantasie. Im Nachhinein lassen sich die Ingredienzien des geheimnisvollen Aquarius-Odeurs leicht identifizieren. Die Kopfnote: kalter Zigarettenrauch. Die Herznote: Alkohol. Die Basisnote: indische Räucherstäbchen.

Da wir Letzteres so gar nicht verorten konnten, hielten wir es für etwas ganz Verbotenes. Maria hatte uns erzählt, dass die Hippies, die wahren Könige des Aquarius, keine normalen Zigaretten rauchten, sondern »Hasch«. Nach dem Genuss einer solchen Zigarette sollte man dann ganz besonders wild tanzen können; doch über all das, schärfte uns Maria ein, durften wir auf gar keinen Fall mit den Eltern sprechen. – Unfassbar, an was für Sensationen wir in wenigen Jahren teilhaben würden! Bis dahin hieß es, sich in Geduld zu üben und natürlich: »Schritt zurück, Schritt zurück und tapp. Schritt vor, Schritt vor und tapp.«

Der Zufall wollte es, dass ich in jener Zeit zum ersten Mal Schrittfolgen ganz anderer Art sah, die mich nicht wieder losließen. Meine Eltern hatten darauf bestanden, dass ich sie nach Neustadt zu einem festlichen Abend im Saalbau begleiten sollte, schließlich sei ich nun alt genug, um auch »ordentliche« Musik zu hören und nicht nur Hitparadenschlager. Ich war davon gar nicht begeistert, denn die Aussicht, einen ganzen Abend lang das zu hören, was dem Geschmack meiner Eltern entsprach, wirkte alles andere als verlockend. Aber immerhin war es ein Anlass, bei dem ich meine neuen weinroten Plateauschuhe endlich einmal tragen konnte. Schließlich hatte ich sie meiner Mutter nur mühsam abringen können. Sie fand die Blockabsätze viel zu hoch für ein junges Mädchen und auch viel zu unpraktisch, weil man wegen der steifen Sohle eigentlich überhaupt nicht richtig darin gehen konnte.

Wahrscheinlich kann ich mich heute noch so genau an diese Schuhe erinnern, weil ich Mutter am Ende des Abends aufgrund der schmerzenden Blasen an meinen Fersen insgeheim recht geben musste. Hinzu kam, dass mir die Plumpheit meiner Plateauschuhe durch einen Programmpunkt des Abends ganz besonders bewusst wurde: eine Ballettszene.

Was genau damals getanzt wurde, weiß ich nicht mehr. Trotzdem verdichtete sich diese Aufführung für mich zu einer kostbaren Erinnerung: Zart und frisch wie Schneekristalle wirkten die Tänzerinnen, als sie in ihren weißen Trikots und Tutus über die Bühne rauschten. Sie balancierten in kleinen Walzerschritten auf ihren Fußspitzen, drehten sich auf einem Bein um sich selbst. Sie lächelten, drehten sich wie Kreisel und wirbelten umher, federleicht, mühelos, so als wollten sie nie mehr damit aufhören. Es schien, als lächelten sie mit den Beinen, mit dem ganzen Körper. Wie schafften sie das? Wie konnte man so schön sein? So herrlich tanzen?

Eine ungefähre Vorstellung von Ballett hatte ich schon, seit es einen Fernseher bei uns zu Hause gab. In den Shows »Der

Goldene Schuß« mit Vico Torriani oder »Vergißmeinnicht« mit Peter Frankenfeld trat immer auch ein Fernsehballett auf. Doch diese Tanzvorführungen auf dem Bildschirm packten einen nicht, konnte man doch dabei bequem auf der Couch herumlümmeln und Salzbrezelchen knuspern; sie waren nicht einmal annähernd so faszinierend wie das getanzte Schneegestöber.

Als Carmen und ich am anderen Tag in der großen Pause unsere Discofoxschritte übten, kam ich mir vor wie ein pummeliges Nilpferd. »Schritt zurück, Schritt zurück, tapp, Schritt vor, Schritt vor, tapp«, und das in meinen plumpen Clogs. – Wobei ich später feststellte, dass man in den Holzpantinen mühelos auf die Fußspitzen gehen konnte! – Ich erzählte Carmen, wie gut mir das Ballett gefallen hatte, und fragte sie, ob sie wisse, wo man das lernen könne. Carmen sagte, sie kenne sich damit auch nicht aus, aber wir könnten ja mal unsere Klassenkameradin Victoria fragen, die habe neulich von ihren Ballettstunden erzählt.

Dieser Vorschlag gefiel mir nicht. Ich mochte Victoria, aber sie kam aus einer Welt, in der ich mich nicht auskannte. Das wurde mir zum ersten Mal in einer Deutschstunde bewusst. Unsere Lehrerin war eine rundliche, kleine Dame, die, obschon allem Augenschein nach kurz vor dem Rentenalter, darauf bestand, dass wir sie mit »Fräulein Katz« ansprachen. Sie hatte uns gebeten, unsere Lieblingsbücher mit in den Unterricht zu bringen, damit sie sich ein Bild machen könne, was wir so läsen. Ich hatte »Grüne Nixe Jessica« und »Hanni und Nanni« mitgenommen. Fräulein Katz packte meine beiden Bücher mit zwei spitzen Fingern an, legte sie rasch beiseite und ging weiter, um sich mit den anderen Lektürestapeln zu befassen. Bei Victoria nahm sie sich mehr Zeit als bei allen anderen; sie kommentierte jedes ihrer Bücher ausführlich und sagte sogar einmal: »Entzückend! Entzückend!« Dann fragte sie Victoria, ob sie sich eines der Bücher ausleihen und mit nach Hause nehmen könne. In diesem Moment verstand ich, dass es nie egal ist, was man liest.

Victoria hatte nicht nur die besseren Bücher, sie war auch schön wie der Schutzengel, der über Omas Bett hing. Am liebsten hätte ich sie fortwährend angestarrt, um ihr Geheimnis zu verstehen. Alles an ihr war Anmut und Liebreiz; sobald man ihr gegenüberstand, fühlte man sich wie ein Elefant.

Es kostete mich Überwindung, Victoria anzusprechen. Trotzdem gab ich mir einen Ruck und traute mich in der großen Pause. »Ballett macht großen Spaß«, sagte sie freundlich. »Frau Souriseaux, meine Lehrerin, ist zwar sehr streng, aber im Ballett muss man auch etwas leisten, damit man Fortschritte macht.« Dann zeigte sie mir ein paar Übungen, die sie zu Beginn jeder Stunde an der Ballettstange machten. Sie beugte die Knie, grätschte die Beine zum Spagat, stellte sich auf ein Bein und streckte einen Arm nach vorne und den anderen zur Seite. Zum Schluss erhob sie sich auf beide Zehenspitzen und hielt die Arme so über ihren Kopf, dass ihr Gesicht durch den Rahmen, den ihre Arme bildeten, noch hübscher wirkte.

Ich war begeistert. Genau das wollte ich auch lernen. Auf meine Frage, ob ich mich in der Schule von Frau Souriseaux auch anmelden könne, neigte Victoria ihr Köpfchen zur Seite und sagte: »Du bist wahrscheinlich schon zu alt, Ballett muss man früh anfangen. Ich tanze schon sieben Jahre.«

Carmen spürte wohl, dass meine Begeisterung auf einen Schlag dahin war. Um mich abzulenken, schwadronierte sie eifrig, dass sie sich das gleich gedacht habe und dass es sowieso viel mehr Spaß mache, mit Jungs zu tanzen. Ein echter Trost war das nicht. Denn das war ja schließlich etwas ganz anderes: mit Jungen tanzen! Wie und vor allem wo sollten wir denn überhaupt Jungen kennenlernen? Schließlich war unsere Schule ein Lyzeum, wie Fräulein Katz immer sagte, ein Gymnasium, in dem nur Mädchen aufgenommen wurden. Jungen sahen wir nur aus der Ferne: im Schulbus, auf dem Schulweg, im Hallenbad. Mit anderen Worten, die Situation war trist, aber es gab Licht am Horizont. In ein paar Jahren würde alles besser werden. Dann wären wir alt genug für die Tanzstunde, dann würde die Sache mit den Jungen auch einfacher.

Die Welt wartete auf uns. Wenn »Hot Love« von T.Rex auf Radio Luxemburg lief, träumten wir von den tollen Typen aus den höheren Jungenklassen der benachbarten Schule. Zunächst erhofften wir uns vor allem eines von ihnen: Wir würden mit ihnen sozusagen in eine andere Dimension eintreten und tanzen, tanzen, tanzen – ganz gleich, ob zu »Barfuß im Regen« oder zu »It Never Rains in Southern California«. Hauptsache tanzen!

Nicht nur Südkalifornien, sondern ganz Amerika rückte mit einem Mal ganz nahe, als mein Vater befördert und in seine Heimat in die Westpfalz versetzt wurde. In dieser Region zwischen Ramstein, Landstuhl und Kaiserslautern war nach dem Zweiten Weltkrieg der größte Stützpunkt der amerikanischen Streitkräfte außerhalb der USA errichtet worden. Von der siebten Klasse an ging ich nicht mehr in Neustadt zur Schule, sondern in der amerikanischen Satellitenstadt Kaiserslautern. Militärfahrzeuge und amerikanische Soldaten gehörten in K'town so selbstverständlich zum Stadtbild wie die Fußballfans vom Betzenberg.

Es gefiel mir zwar, dass wir jetzt ganz nahe bei Oma und Opa und Onkel Heinz lebten, aber ich vermisste meine Freundin Carmen sehr. Sie fehlte mir nicht nur beim Discofox-Üben. Keiner war so unermüdlich im Gummitwisten wie sie. Und ich habe bis heute nie wieder jemanden getroffen, dessen Haare so herrlich süß nach Afri-Cola dufteten wie Carmens brauner Pagenkopf.

Die Musiklehrerin in meiner neuen Schule fragte mich, ob ich ein Musikinstrument lernen wollte. Eigentlich konnte ich schon eines spielen, denn mein Vater hatte mir und meinem Bruder das Blockflötespielen beigebracht. An Weihnachten spielten wir damit Jahr für Jahr vor der Bescherung auf, aber ein Instrument, mit dem man sich jenseits des Tannenbaums sehen lassen konnte, war das wirklich nicht. Je älter ich wurde, umso lächerlicher kam ich mir damit vor. Irgendwann weigerte ich mich, darauf zu spielen.

Gab es etwas, das ich stattdessen gerne gelernt hätte? Nein. Tanzen wollte ich und nichts anderes. Insgeheim träumte ich immer noch vom Balletttanzen. Doch einerseits hatte ich die Befürchtung, dass ich dafür schon längst zu alt war, und zum anderen wäre es mir auch anmaßend erschienen, mir Ballettstunden zu wünschen. Absolut niemand in meiner engeren Umgebung wäre auf eine solche Idee gekommen. Ballettstunden! Genauso gut hätte ich mir ein Rennpferd wünschen können!

Zudem spürte ich, dass dieser Sphäre der Ruch des Frivolen und Exzentrischen anhaftete. Ballettmädchen seien eingebildet, hieß es jedes Mal, wenn ich das Thema beiläufig angeschnitten hatte. – Also fand ich mich stiekum damit ab, dass Ballett anscheinend nur etwas für die Victorias dieser Welt war. Ihre Eltern spielten Tennis, fuhren im Mercedes an die Riviera und ließen sich scheiden, weil der Mann mit der Sekretärin »poussiert« hatte. – Ballett, das hatte gerade noch gefehlt!

Ich entschied mich für Geige. Wie ich auf diese Idee kam, weiß ich nicht mehr genau. Ich erinnere mich nur daran, dass ich mir gerne vorstellte, dass ich in einem schicken schwarzen Abendkleid mit meiner Geige in einem großen Orchester säße und gemütlich vor mich hin fidelte. Dass auch meine ganze Familie einhellig von dieser Vision begeistert war, ist im Nachhinein vollkommen unverständlich. Es gibt wenig Instrumente, die bei dilettantischer Handhabung so grausam klingen wie die Geige. Überraschenderweise versuchte aber niemand, mir das Geigen auszureden. Mein Großvater machte das Ganze jedenfalls zur Chefsache, fuhr in die Stadt und kaufte mir eine Schulgeige.

Es rührte mich, dass mein kleiner kugeliger Opa an seinen Sparstrumpf ging, um mir einen Wunsch zu erfüllen, der nicht einmal von Herzen kam. Schon alleine deswegen nahm ich mir fest vor, ihn nicht zu enttäuschen; außerdem sah ich mich in der Pflicht, das fortzuführen, was in meiner Familie schon immer viel zählte: Musik. Doch in Zeiten, als alle Jugendlichen davon träumten, Gitarrensolos zu spielen wie Jimi Hendrix, gab es wohl kaum ein uncooleres Instrument als die Geige. Es war mir egal: Ich übte regelmäßig und ignorierte erstaunlich stoisch die spöttischen Bemerkungen, die ich mir des Öfteren anhören musste, wenn ich mit meinem grauen Geigenkasten unterwegs war.

So schrammelte ich jahrelang beharrlich, aber leidenschaftslos vor mich hin. Immerhin brachte ich es trotzdem im Schulorchester bis zur zweiten Geige. Kurz vor dem Abitur wurde mir klar, dass ich es auf dem Instrument niemals zu Brillanz bringen würde, was ich in allen ästhetischen Belangen jedoch für unentbehrlich hielt. Daraufhin packte ich meine Geige ein und spielte nie wieder einen Ton darauf. Heute hängt sie verstaubt und ramponiert in meinem Arbeitszimmer an der Wand und warnt mich täglich – mehr oder weniger erfolgreich – vor Halbherzigkeiten jedweder Art.

Tanzen bis zur Perfektion

1974 im Frühjahr war es so weit: Endlich im Tanzstundenalter! Obwohl der Geist der Achtundsechziger auch an der pfälzischen Provinz nicht ganz spurlos vorübergegangen war, gab es in unserem vorrevolutionären Alter von vierzehn Jahren nur eine echte Gesinnungsfrage: In welche Tanzschule wollte man gehen? Zu Gerdi Marquardt, zu Zöller oder zu Metzger? Meine Klasse meldete sich quasi geschlossen bei Gerdi Marquardt an. Diese Tanzschule war angesagt – wahrscheinlich weil sie ganz neu war. Die anderen hatten eine längere »Tradition«, und das war etwas, womit man zu dieser Zeit absolut nicht punkten konnte.

Jedenfalls hegten wir Mädchen die schummrige Dornröschenphantasie, dass wir bei Gerdi Marquardt die interessanten Typen von dem benachbarten Jungengymnasium »Rittersberg« endlich richtig kennenlernen konnten. Bislang begegneten wir ihnen immer nur auf dem Schulweg. Da in meinem Jahrgang die Koedukation noch nicht eingeführt war, blieben männliche Wesen meine ganze Schulzeit lang eine eher theoretische Größe. Das hatte, wie ich heute weiß, durchaus auch positive Seiten. Zum Beispiel erhöhte es die Wahrscheinlichkeit, dass wir uns ernsthaft am Physik-, Chemie- und Matheunterricht beteiligten. Andererseits nährte das Treibhausklima unserer männerfreien Zone auch einige ebenso ungesunde wie surreale Vorstellungen. So glaubten wir allen Ernstes, dass sich unsere Traumprinzen genau wie wir danach verzehrten, mit uns im Quickstepp ins erste Liebesglück zu tanzen.

Entsprechend groß war die Enttäuschung darüber, dass unsere Dreamboys nicht bei Gerdi Marquardt antanzten. Wir fanden bald heraus, dass sie auch bei Zöller und Metzger nicht gesichtet wurden. Das Ergebnis unserer Recherchen war frustrierend: Sie hatten Wichtigeres zu tun als Foxtrott, Walzer und Cha-Cha-Cha zu lernen. Sie waren »alternativ« und »anti«. Das waren wir ja auch – irgendwie. Aber wenn es ums Tanzen ging, hätten wir bedenkenlos gegen das Sonntagsfahrverbot während der Ölkrise verstoßen.

Doch für richtige Spontis gab es keine faulen Kompromisse: Wer die Stones, Bob Dylan und Cat Stevens hörte, Schlaghosen, Parkas, Fransenboots und lange Haare trug, der tanzte auf gar keinen Fall! Und schon gar nicht in der Tanzschule. Das war wirklich der Inbegriff der Spießigkeit und kam gleich nach den Gardinen mit den Goldkanten. So kam es, dass die verträumten Dornröschen bei Gerdi Marquardt mit den braveren Jungs vorliebnehmen mussten.

Da sich in unserem Anfängerkurs rein statistisch zwei Mädchen um einen Jungen balgten, teilte uns die Tanzlehrerin gleich in der ersten Stunde mit, dass einige von uns in den Genuss kämen, mit Absolventen der fortgeschrittenen Kurse zu tanzen. Dass das eigentlich eine freudige Botschaft war, begriffen wir erst, nachdem wir die tänzerischen Qualitäten dieser gedungenen Kavaliere kennengelernt hatten. Zunächst konnten wir unsere Enttäuschung kaum verbergen, dass wir mit so alten Kerlen, die wahrscheinlich schon über 18 waren, tanzen sollten!

Die Lehrerin zeigte uns als Erstes den Grundschritt des langsamen Walzers. Das ist »Standard«, und zwar im doppelten Wortsinn. Sie ließ uns die Männerschritte und die Frauenschritte erst einmal alleine üben, bevor wir uns alle in zwei Reihen aufstellten, die Mädchen auf der einen, die Jungen auf der anderen Seite des Tanzsaals. Dann sollten wir uns im Reißverschlusssystem zu Paaren zusammenfinden. – Wenn man das vorher gewusst hätte! Es wäre sicher möglich gewesen, dem Schicksal ein wenig nachzuhelfen und sich in der Nähe der interessantesten Jungen zu plazieren. So musste die junge »Dame« fürs Erste mit dem »Herren« vorlieb nehmen, der ihr zufällig gegenüberstand.

Da mir die Einzelheiten dieser Paarfindung entfallen sind, gehe ich davon aus, dass der erste Tanzpartner meines Lebens keinen wahrhaft unvergesslichen Eindruck auf mich machte. Eines ist mir allerdings immer in Erinnerung geblieben: Ich wurde bei dieser ersten Tanzrunde fast ohnmächtig vor Aufregung, weil ich es kaum fassen konnte, dass ich tatsächlich einem jungen Mann gegenüberstand, der gleich mit mir tanzen würde – Auge in Auge und sozusagen zum Küssen nahe!

Ein solches Gänsehaut-Gefühl kannte ich bislang nur aus dem Schwimmbad, wenn einen die Jungen aus lauter Befangenheit ins Wasser warfen und dann im Zug einer neckischen Balgerei eine halbe Ewigkeit lang unter Wasser tauchten und das Bikinioberteil am Rücken schnalzen ließen. Dabei schluckte man unfreiwillig so viel Chlorwasser, dass meistens das ganze semierotische Geplänkel mitsamt der Flirtlaune baden ging.

So groß die Erwartungen an die Tanzstundenzeit auch gewesen waren – an den Unterricht selbst habe ich heute nur noch vage Erinnerungen. Es wäre gelogen, wenn ich an dieser Stelle im Detail über wunde Zehen, geschundene Schienbeine, verrenkte Arme, angstschweißnasse, zittrige Hände und versagende Deodorants berichten würde. Ganz dunkel erinnere ich mich, dass all das in irgendeiner Weise vorkam, aber die Einzelheiten sind mir nicht mehr gegenwärtig. Was wohl bedeutet, dass alles nicht so schlimm, aber auch längst nicht so aufregend war wie erhofft.

Dafür steht mir vieles, was in dieser Zeit eigentlich eher zum Randgeschehen zählte, noch deutlich vor Augen. Unter anderem weiß ich noch ganz genau, wie duftend und samtig mir die frühe Abendluft jedes Mal vorkam, wenn ich nach dem Tanzunterricht zur Bushaltestelle ging. K'town leuchtete. Plötzlich gefiel mir sogar der protzige futuristische Betonklotz in der Stadtmitte, der nach seiner Einweihung im Jahr 1968 einige Jahre lang das höchste Rathaus der BRD gewesen ist.

Am liebsten hätte ich den ganzen Nachhauseweg in Tanzschritten zurückgelegt, eingehüllt in den näselnden Sound der Bee Gees oder in den Soul von Barry White. Das Leben hatte Rückenwind, und – die Musikpuristen unter den Lesern mögen es mir verzeihen – es fühlte sich genauso an wie die schmelzigen Philadelphiasound-Streicherteppiche des Love Unlimited Orchestra – einfach zum Abheben. »Butterfly«, der komische Schmetterlingshit von Daniel Gérard, war dagegen eine echte Bleiente.

Sollte mich je jemand auffordern, fürs Exil auf einer einsamen Insel einen Überlebenssoundtrack zusammenzustellen, dann stünde ein Song immer an erster Stelle: »Pata Pata« von Miriam Makeba. Ich hätte die Tanzlehrerin am liebsten jedes Mal umarmt, wenn sie diese Platte auflegte und uns den Cha-Cha-Cha beibrachte. Den Grundschritt konnte ich mir nicht zuletzt deshalb sofort einprägen, weil uns Gerdi Marquardt von den kubanischen Wurzeln dieses Tanzes erzählte und von dem scharrenden Geräusch, das die zertanzten Schuhsohlen der Tänzer in den kubanischen Clubs erzeugten: Cha-Cha-Cha!

Sogar die schüchternsten Tanzschüler wurden bei »Pata Pata« munter. Diese musikalische Überdosis an Lebensfreude hexte Schwung in die Beine. Das Tanzen ging dann quasi wie von selbst – zumindest bei den meisten. Der überwiegende Teil des Songtextes war für uns nicht zu verstehen, aber den englischen Zeilen war zu entnehmen, worum es ungefähr ging: »Pata pata is the name of a dance we do down Johannesburg way. And everybody starts to move as soon as pata pata starts to play, hoo …« Huhh, ganz gleich, mit welchen »Herren« ich gerade tanzte, spätestens beim englischen Refrain hätte ich laut juchzen können.

Erst später wurde mir klar, dass dieser ausgelassene Partysong, der 1967 als erster afrikanischer Titel die Top Ten der US-Pop-Charts erobert hatte, von einer politisch verfolgten Künstlerin stammte. Miriam Makeba, die Harry Belafonte einmal als die schönste Stimme Afrikas bezeichnet hat, war 1960 aufgrund ihrer Kritik am südafrikanischen Apartheidsregime aus ihrem Heimatland verbannt worden. Als sie 1968 in ihrer neuen amerikanischen Wahlheimat den Black-Power-Aktivisten Stokey Carmichael heiratete, sorgte das FBI dafür, dass die Sängerin in den USA zur unerwünschten Person erklärt und ausgewiesen wurde.

Die Ironie des Schicksals wollte es, dass die kämpferische Künstlerin ausgerechnet mit diesem simplen Song weltberühmt wurde. »Pata Pata« erzählte von nichts weiter als vom Ausgehen, vom Tanzen und vom Feiern. »Oooh, every Friday and Saturday night it's pata pata-time. The dance keeps going all night long till the morning sun begins to shine, hey …« Das trotzige Partyfeeling aus den Townships kam auf der ganzen Welt gut an, auch und ganz besonders im militärgrauen K'town.

Das Beste an meinem Miriam-Makeba-Frühling war die »Perfektion« bei Gerdi Marquardt. Diese Veranstaltung, die jeden Sonntag von 16 bis 20 Uhr in den Räumen der Tanzschule stattfand, war ein Angebot, die Tanzlektionen der Woche unter Partybedingungen zu üben. Nicht im Unterricht und auch nicht auf dem Abschlussball, nur bei der »Perfektion« gab es einen Vorgeschmack auf das, was wir eigentlich suchten: richtigen Schwof.

Vor der Perfektion war nach der Perfektion. Die ganze Woche über freute ich mich schon darauf und dachte unentwegt darüber nach, wie ich mich am nächsten Sonntag schminken und frisieren könnte und was ich anziehen würde. Wobei es in meinem Fall gar nicht viel zu überlegen gab. Die Qual der Wahl bezog sich eigentlich nur auf das Oberteil. Jeans waren sowieso ein Muss. Kleider und Röcke kamen höchstens in Frage, wenn sie so aussahen, als hätte sie schon eine griechische Bäuerin um die Jahrhundertwende getragen oder ein Blumenmädchen anno 1969 in Woodstock.

Flohmarkt-Flair war das unumgängliche Gebot der Stunde, dem ich dank einiger Trouvaillen aus den Schränken meiner Mutter und meiner Großmütter gerecht werden konnte. Zu toppen war der Retro-Look nur durch Handarbeiten aus der eigenen Produktion. Eines meiner Glanzstücke war ein selbstgestrickter weißer Baumwollpulli im Perlmuster, mit Dreiviertel-Arm. Bewusst hatte ich seine Länge so konzipiert, dass das untere Bündchen just mit der Oberkante des Hosenbunds in der Taille abschloss. Bei normaler Körperhaltung war das ein geradezu sittsam anmutendes Ensemble. Doch sobald ich die Arme in Tanzhaltung nach oben anhob, blitzte unter dem Pullover ein bisschen nackte Haut hervor – was mir eigentlich nicht ganz unrecht gewesen ist.

Jahrelang hatte dieser Pulli einen Ehrenplatz in meinem Kleiderschrank. Der Grund? Obwohl er längst vergilbt und ramponiert aussah, hütete ich ihn wie eine Reliquie, weil ich ihn getragen hatte, als mich der eingangs schon erwähnte Mr. Hattric bei der sonntäglichen Perfektion zum Tanzen aufgefordert hatte! Dass Teenager zu übersteigerten Projektionen neigen, ist bekannt, und wenn sie auf reinen Mädchenschulen unterrichtet werden, ist ohnehin mit dem Schlimmsten zu rechnen. Doch die Begegnung mit Mr. Hattric war mehr als eine Teenager-Schwärmerei. Dennoch habe ich mich schon oft gefragt, was um Himmels willen an dieser Begegnung so besonders gewesen ist. Schließlich hatte ich weder zum ersten Mal getanzt, noch hatte sich daraus eine Verliebtheit oder gar eine Beziehung ergeben. Trotzdem verwandelte sich Mr. Hattric für mich zu einem Säulenheiligen.

Dass er nicht nur gut tanzte, sondern auch gut aussah, war mir schon bei meinem ersten Perfektionsnachmittag aufgefallen. Er hatte einen ganz leichten, hinreißenden Silberblick, der mich ähnlich faszinierte wie der schielende Löwe Clarance in der Fernsehserie »Daktari«. So ein König des Dancefloors fordert doch keine Anfängerin wie mich auf, dachte ich, als er auf mich zukam. Mein Herz klopfte vor Aufregung. Meinte er tatsächlich mich? Mich unerfahrenes Hühnchen? Kein Zweifel, er war quer durch den Raum geradewegs auf mich zugegangen und fragte mich: »Hast du Lust, mit mir zu tanzen?« Meine Knie wurden weich wie Schokolade in der Sonne. Was für eine Frage! Natürlich wollte ich mit ihm tanzen. Nichts lieber als das. Doch im gleichen Moment fiel mir alles Mögliche ein, das dabei vielleicht schiefgehen konnte. Würde ich auch ja die Füße richtig setzen und nicht stolpern? Sah ich gut aus in meinem weißen Pullover? Wirkte das Deo noch?

Schon nach der ersten Tanzrunde waren alle Bedenken verflogen. Theoretisch hatte ich längst begriffen, dass ein gemeinsamer Tanz nur funktionieren kann, wenn einer führt, also Impulse gibt, wohin es gehen soll, und der andere sich darauf einlässt. Punktum. »Der Herr führt, die Dame folgt« – wie oft hatten wir das in der Tanzstunde gehört. – Blöd, hatte ich dann meistens gedacht; »Damen und Herren«, das hörte sich so gestelzt an, als wären wir gar nicht gemeint. Kein Wunder, dass unsere Dreamboys etwas gegen Tanzschulen hatten. Sie waren keine »Herren«. Sie waren Kerle, die sich zum x-ten Mal »Easy Rider« angesehen hatten und davon träumten, Fußball zu spielen wie Paul Breitner und Pelé. Klar, dass sie diese Damen-und-Herren-Welt einfach nur blöd fanden!

Die Tänze mit Mr. Hattric fühlten sich allerdings alles andere als blöd an. Es war so unbeschreiblich aufregend, dass ich gar nicht dazu kam, überhaupt an so etwas wie Schrittfolgen zu denken. Meine Beine bewegten sich wie von selbst im Takt der Musik. Ich spürte genau, in welche Richtung er tanzen wollte. Ich genoss es, dass ich sofort verstand, wann er mir eine Drehung oder eine Promenade anbot. Himmlisch. Zum ersten Mal tanzte ich wirklich.

Was und wie lange wir getanzt haben, weiß ich nicht mehr. Es können drei, es können zehn Tänze gewesen sein. Fest steht, sie verwandelten mich. Weg war die Angst, falsche Schritte zu machen. Ich fühlte mich sicher und frei. Was meine Freundinnen gleich sagen würden, war mir egal, und letztlich dachte ich auch nicht darüber nach, ob ich reelle Chancen hatte, bei Mr. Hattric zu landen. Es gab etwas, das mir mehr bedeutete: Ich tanzte. Wir tanzten. Für einen ewigen Moment lang gab es nur die Musik, ihn, mich und diesen Tanz.

Der weiße Pulli, der einzige Zeuge dieser denkwürdigen Begebenheit, landete bei meinem letzten Umzug in der Altkleidersammlung. Meine brasilianische Freundin Theresa, eine Feng-Shui-Expertin, hatte mir eingeschärft, wie wichtig es sei, Ballast abzuwerfen, um einen neuen Lebensabschnitt unbeschwert und heiter beginnen zu können. Als mir die

Hattric-Devotionalie beim Packen in die Hände fiel, dachte ich an Theresas Empfehlungen und legte das ausgeleierte Ding sofort auf den Altkleiderstapel. Als ich den Hattric-Pullover dann schließlich in die Rotkreuztüte stopfte, war mir trotzdem ganz wehmütig zumute, aber es blieb dabei. Er ist weg. Aber das tänzerische Erweckungserlebnis, an das er mich erinnerte, hatte sich ohnehin schon lange unauslöschlich in mein Köpergedächtnis eingeschrieben.

Wenn es um mein Abschlussballkleid geht, sind mir Theresas asiatisch-brasilianische Glücksformeln allerdings vollkommen wurscht. Obwohl ich die Robe aus Teenagertagen mit absoluter Sicherheit nie mehr tragen werde, schaffe ich es nicht, mich von ihr zu trennen. Dabei sollte schon ein Blick auf das Schildchen mit der Konfektionsgröße 34 genügen, um zu realisieren, dass ich bestenfalls mit angehaltener Luft hineinpassen könnte – wenn ich es denn wollte. Trotzdem gehört es wie mein erster und einziger Parka zu den wirklich unantastbaren heiligen Kühen in meinem Kleiderschrank. Sakrosankt ist das Kleid nicht etwa, weil die inneren Bilder, die damit verknüpft sind, so unwiederbringlich und kostbar wären. Im Gegenteil: Der materielle Wert des alten Fummels ist unerheblich, und die Erinnerungen an den Ball sind mittlerweile sehr verblasst. Wirklich unvergesslich ist die aufwendige Suche nach diesem Kleid, die bei meiner Mutter mutmaßlich zu depressiven Verstimmungen geführt hatte.

Als Erstes musste sie nämlich verkraften, dass ich mir auf keinen Fall ein Kleid von ihr nähen lassen wollte. Ich hatte ganz klare Vorstellungen von einem Look, der ganz auf der Höhe der Zeit sein sollte – so ungefähr wie Onkels Capri. Und bei aller Liebe, so viel modisches Know-how traute ich meiner Mutter einfach nicht zu. Schließlich verriet mir ihre unausrottbare Vorliebe für Pumps mit Pfennigabsätzen, dass sie noch nicht ganz im Zeitalter des Aquarius angekommen war.

Sie biss in den sauren Apfel und trat mit mir in den Osterferien zur Shoppingtour durch die Boutiquen und Kaufhäuser in Kaiserslautern an. Der Tag ging vorüber, wir fanden nichts. Andere Stadt, neue Geschäfte, neues Glück, sagte sich meine Mutter und fuhr anderntags mit mir nach Neustadt. Doch nachdem wir dort alle Konfektionshäuser und Boutiquen durchkämmt hatten, war auch diese Hoffnung dahin. Entweder war ich zu schmächtig für die großen Roben, oder ich fand sie indiskutabel scheußlich. Schließlich hatte ich raspelkurze Haare wie Twiggy und auch ungefähr ihre Figur. Dazu passte einfach kein altmodisches Rüschenfroufrou. Ich suchte nach modernen Abendkleidern. Die gab es in den schicken Boutiquen natürlich auch, doch seltsamerweise waren dort die Preise meist überhaupt nicht nach den Vorstellungen meiner Mutter.

Was tun? Der Balltermin nahte, und ich hatte kein Kleid. Da ich in Stilfragen sehr zum Leidwesen meiner Eltern schon früh eine familienuntypische Unerbittlichkeit entwickelt hatte, war ich entschlossen, nur zum Ball zu gehen, wenn ich auch ein wirklich schönes Kleid bekäme. Quasi in letzter Minute fand ich die Rettung zufällig auf meinem Schulweg. Im Schaufenster einer Galerie für Kunsthandwerk in der Fackelstraße lag es: mein Kleid! Das oder keines, dachte ich, als ich das lavendelblaue bodenlange Teil sah.

Daran stimmte alles: der moderne Schnitt in A-Linien-Form ohne kitschige Chichis. Das überdimensionierte Blumenmuster »Made in Finland« im topaktuellen Marimekko-Stil; es hätte Vivi Bach bestimmt auch gefallen. Dank der exquisiten handwerklichen Qualität sah Mutter dann auch über den Preis hinweg, der haarscharf über dem Budget lag, das sie bewilligt hatte. Es mag dabei auch ein Hauch von Eigennutz im Spiel gewesen sein. Denn ob meines unbeugsamen Eigensinns in Kleidungsfragen hatte sie allen Anlass zu befürchten, dass ihr Veto dazu führen könnte, dass der Ball dann auch für sie in Wasser gefallen wäre.

Im Nachhinein muss sie ihre Nachgiebigkeit ein bisschen gewurmt haben, zumindest verwies sie im Lauf der Jahrzehnte immer mal wieder auf die Unrentabilität dieser Investition. Im Prinzip hatte sie sogar recht. Den finnischen Siebziger-Jahre-Traum habe ich höchstens drei- oder viermal getragen. Erinnerungen an tänzerische Höhenflüge verbinde ich leider auch nicht damit. Dennoch erfreut es mich jedes Mal, wenn ich das Kleid in meinem Schrank hängen sehe. Zugegeben, der Aufwand, der mit seiner Anschaffung verbunden gewesen ist, war nach landläufigen Vorstellungen alles andere als angemessen. Aber es hat mich sehr glücklich gemacht. Darum geht es beim Tanzen. Die Mode weiß das.

Abendkleider enthüllen wie kein anderes Kleidungsstück die weibliche Lust an der Verwandlung. Dem Reiz, die Alltagskluft abzustreifen und für ein paar Stunden eine andere zu werden, kann kaum ein weibliches Wesen widerstehen. Selbst Coco Chanel, die die Tagesmode mit ihren sportiven Entwürfen zu Anfang des 20. Jahrhunderts revolutionierte, hatte immer auch eine Schwäche für opulente, luxuriöse Abendkleider. Ihr Motto: »Tagsüber eine Raupe und nachts ein Schmetterling.«

Ein wunderbares Bild, doch es verschweigt, dass die angestrebte modische Transformation zu den größten Herausforderungen eines Frauenlebens gehört. Die Anschaffung eines Abendkleids ist ein heikles Unterfangen und eigentlich nur zu vergleichen mit den Anforderungen, die der Kauf eines Badetextils mit sich bringt. Doch wer diese Anstrengung scheut, den bestraft das Leben. Selten steht die Realitätstauglichkeit unserer Selbstentwürfe so ungeschützt auf dem Prüfstand wie in jenen Momenten, wenn wir der Welt im Abendkleid oder im Badekostüm gegenübertreten.

Im missglückten Abendkleid auf einen Ball zu gehen, muss sich in etwa so anfühlen, wie in Jeans, Boots und Windjacke auf einer eleganten Hochzeitsfeier aufzutauchen. Ein Fauxpas im wahrsten Sinne des Wortes, in den ich in den Sommerferien nach der Tanzstundenzeit völlig überraschend hineingeschubst worden war. Meine Schulkameradin Pit und ich waren auf Einladung unserer französischen Brieffreundinnen in die Bretagne gereist. Als wir am Bahnhof in Nantes ankamen, wurden wir von unseren Brieffreundinnen und ihren Eltern abgeholt. Meine Gastfamilie hatte sich für mich eine Überraschung zur Begrüßung ausgedacht. Vom Bahnsteig weg fuhren wir directement zu einer großen Hochzeitsfeier. Et voilà, kaum hatte ich französischen Boden unter den Füßen, stand ich schon im teutonischen Räuberzivil mitten in einer französischen Hochzeitsgesellschaft.

Bei unserer Ankunft registrierte ich einige gehobene Augenbrauen und mehr als ein amüsiertes Lächeln. Doch selbst eine Pause zum Umziehen hätte mich nicht gerettet. In meiner Reisetasche befanden sich nur Kleider, die für den mit den Brieffreundinnen eigentlich vereinbarten Campingurlaub am Atlantik geeignet waren. Sollte ich da vielleicht etwas in den Briefen von Martine überlesen haben? Da hatten Pit und ich ganz Frankreich von Südost nach Nordwest durchquert, waren in Paris in einem Affenzahn vom Gare Montparnasse zum Gare du Nord gepest, und am Ende fand ich mich hier als deutsches Landei auf einer todschicken Franzosenparty wieder. Mir war nach Abreisen. Und zwar umgehend. – Wann immer mir heute meine Mitmenschen einen Hang zum Eskapistischen nachsagen, verweise ich als Erstes auf mein bretonisches Hochzeitstrauma.

Das Menü versöhnte mich wieder mit der Welt. Nach dem ersten Gang verschob ich meine Fluchtpläne und beschloss, das Ganze unter »typisch französisch« abzuhaken. Und solange wir ruhig am Tisch säßen, würde meine rustikale Garderobe ja auch nicht weiter auffallen.

Nach dem Essen eröffnete das Brautpaar den Tanz mit einem Walzer. Die Kapelle spielte Musette-Musik, wie ich sie bis dahin nur aus alten französischen Filmen kannte. Auf Schallplatte hätte ich das nicht unbedingt haben müssen, aber Onkel Heinz wäre davon begeistert gewesen. Keine Starkstrommusiker – Akkordeon, Klarinette, Kontrabass, Gitarre und Schlagzeug –, alles unplugged. Hätte ich doch nur meine Tanzschuhe dabei, ging es mir durch den Kopf, dann könnte ich wenigstens meine neuen Tanzkünste erproben! Zwei der anwesenden jungen Männer gefielen mir besonders gut. Vielleicht würden sie mich ja auch trotz meiner Boots auffordern … – Ein frommer Wunsch! Selbst Highheels von Dior hätten nicht verhindern können, was dann geschah. Kaum war der Hochzeitswalzer vorüber, strömten wie auf Verabredung fast alle Männer aus dem Saal hinaus auf die Hotelterrasse. Ich folgte ihnen, um herauszufinden, was der Grund für diese Massenflucht sein könnte. Draußen traf ich den Vater meiner Brieffreundin, der gerade dabei war, es sich in einer netten Männerrunde in der prallen Sonne bequem zu machen. In der einen Hand hielt er eine Zigarette, mit der anderen fächelte er sich Luft zu. Sein Gesicht war rot angelaufen, der Schweiß rann ihm von der Stirn. »Ouhh, Béatrice«, ächzte er zu mir gewandt, »il fait chaud, il fait très chaud!« Dann genehmigte er sich einen so kräftigen Schluck Rotwein, dass man den Eindruck bekam, dieses Getränk sei der denkbar beste Durstlöscher überhaupt. Ja, ja, sagte ich kleinlaut, es sei wirklich »très chaud«, sehr warm, und ging wieder hinein in den Saal.

Dort fragte ich meine Brieffreundin, was es denn mit der abrupten Tanzpause auf sich habe. Tanzpause? Tout va bien, sagte sie mit einem Achselzucken, alles liefe ganz normal. Um uns herum hatten sich die Frauen zu kleinen Plauderrunden zusammengefunden. Die wenigen Männer, die geblieben waren, erinnerten mich irgendwie an das Gedicht »Jardin du Luxembourg« von Rilke, das wir gerade im Deutschunterricht besprochen hatten. »Und dann und wann ein weißer Elefant …«, hieß es darin. Die Kapelle spielte einen Musette-Walzer nach dem anderen; ein paar ältere Herrschaften tanzten dazu dezent am Rande der Tanzfläche. In der Saalmitte spielten die Kinder Fangen und bewarfen sich gegenseitig mit Reiskörnern und Rosenblättern.

»Tu aimes danser?«, fragte mich die Mutter meiner Brieffreundin. »Oui, Madame«, antwortete ich leicht verstört, gewiss, ja, ich tanze sehr gerne. Das ließ sich Madame nicht zweimal sagen, nahm mich an der Hand und führte mich auf die Tanzfläche. Dann drückte sie mich entschieden an ihre ausladende Oberweite und sagte freundlich aber bestimmt: »Une Valse!« Die enge Tanzhaltung kam mir zwar ganz seltsam vor, aber nun gut, andere Länder, andere Sitten. – Ja, sehr gerne einen Walzer, Madame.

Wunderbar, dachte ich und stellte mich auf ein schwungvolles Eins-zwei-drei, Eins-zwei-drei ein. Aber nichts da. Madame tanzte etwas ganz anderes. Kleine Schrittchen im Carré, kaum Drehungen. War das ein Walzer? Vielleicht lag es an meinen ungeeigneten Schuhen, dass unsere Drehungen nicht richtig in Schwung kamen? Madame ließ sich nicht beirren, sie tanzte ihre eigenwillige Valse, die so gar nichts zu tun hatte mit dem raumgreifenden Wiener Walzer, den ich in der Tanzschule gelernt hatte.

Nach ein paar Takten gab ich jeden Widerstand auf, ließ alle erlernten Schrittmuster beiseite und passte mich ihren Vorstellungen eines Walzers an. Heute weiß ich, dass das, was Madame als Walzer bezeichnete, eine länderspezifische Walzervariante gewesen ist, eine Mischform aus der alten französischen Musette und dem Wiener Walzer. Ich bin sicher, dass unser deutsch-französischer Walzer nicht virtuos aussah, aber nach einer Weile verstand ich ihre Schrittfolgen und ließ mich von ihr führen. Und dann machte die Sache richtig Spaß.

Mehr als zwanzig Jahre später wurde ich bei meinen ersten Tangostunden wieder an Madame erinnert. Die Rollen sind im Tango unmissverständlich definiert: einer führt, einer folgt. Impuls und Reaktion. Mit einem Mal verstand ich, dass Madame mir damals ganz en passant nicht nur gezeigt hatte, wie man einen Musette-Walzer tanzt. Sie hatte mir beigebracht, dass ein geglückter Tanz vergleichbar ist mit einem guten Gespräch. Beides erfordert Aufmerksamkeit und die Bereitschaft, sich im doppelten Wortsinn berühren und bewegen zu lassen. Nicht mehr und nicht weniger als das.

Hirtentänze in K'town

Kürzlich fand ich in einer mit »K'town« beschrifteten Schachtel zwei Eintrittskarten der Turn- und Sportgemeinde 1861 Kaiserslautern mit der Aufschrift »Großer Jugend-Beat-Ball«. Die graublaue Karte war gültig am Sonntag, den 9. Februar 1975, die gelbgraue am Sonntag, den 24. Februar 1974. Beginn jeweils um 17.11 Uhr. Ende: 22 Uhr. Ganz besonders herzig: »Es spielt die Terpsi-Combo.« Einerseits rührte es mich, dass ich diese beiden Eintrittskarten aufgehoben hatte, andererseits machten sie mich vollkommen ratlos. Über 30 Jahre lang hatte ich sie aufbewahrt, hatte sie also ganz offensichtlich dem Strom des Vergessens entreißen wollen, und nun hielt ich sie in Händen und wusste nicht mehr, woran sie mich eigentlich erinnern sollten.

Es ist unwahrscheinlich, dass ich die Billetts wegen der grafischen Gestaltung aufgehoben hatte, obschon sie wirklich bemerkenswert ist. Neben Datum und Uhrzeit befindet sich jeweils eine kleine Illustration darauf. Das Motiv aus dem Jahr 1974 zeigt einen dicken glatzköpfigen Mann, in dessen Mund gerade eine Zigarre explodiert. Er trägt eine akkurate Fliege, und auf seinem Kopf prangt eine schräge Kerze. Mehr Dada ging wirklich nicht. Das Emblem aus dem Jahr 1975 wirkt dagegen regelrecht bieder: Eine Frau mit Toupierfrisur und Narrenhütchen prostet einem kahlen Clown mit Pappnase zu. Die beiden sind inniglich geeint durch eine sie umrankende Luftschlange.

Um meinem Gedächtnis auf die Sprünge zu helfen, beschloss ich, meine Schulfreundinnen Charlotte und Babs anzurufen und sie zu fragen, ob sie sich an die besagten Faschingsbälle erinnern konnten. Babs wusste zu meiner Beruhigung auch keine Einzelheiten mehr über die Jugend-Beat-Bälle. Sicher, wir waren zusammen dort gewesen. Aber war da was Besonderes gewesen? Eher nicht. Dafür fiel Babs sofort unsere Suzi-Quatro-Mania ein. Wir verehrten die zornige Rockerin. Sie war für uns ungefähr das, was Joan Baez für die echten Achtundsechziger gewesen sein muss: eine Ikone. So wie Suzi wollten wir sein: sehr wild und sehr sexy.

Da wir ahnten, dass man zumindest die Wildheit auch üben konnte, veranstalteten wir des Öfteren Suzi-Wettbewerbe. Wer die Rockröhre am besten nachmachen konnte, hatte gewonnen. Die wichtigsten Wertungskriterien waren das virtuose harte Spiel der Luftbassgitarre und synchron dazu rotierende Kopfbewegungen bei gleichzeitigem exzessivem Haareschütteln. Am besten funktionierte das zu dem Song »Can the Can«. Babs gewann den Wettbewerb meistens. Mit ihren üppigen Locken war sie eindeutig im Vorteil. Meine zauseligen Twiggy-Härchen machten einfach nichts her, da konnte die sonstige Performance noch so rockig sein.

Babs erinnerte sich an die bizarrsten Details unserer Suzi-Phase, die ich alle längst vergessen, oder sagen wir besser: aus guten Gründen verdrängt hatte. Doch das Schwelgen in Suzi-Erinnerungen brachte keinerlei Klärung der Frage, wieso ich die Ballkarten der TSG 1861 Kaiserslautern aufgehoben hatte. Auch der Anruf bei Charlotte half nicht weiter. Im Gegenteil, sie stritt sogar ab, je eine so absurde Veranstaltung besucht zu haben. Offenbar hatte ich mit meinem Ansinnen überraschenderweise einen wunden Punkt berührt. Die Tanzstunde, sagte sie, sei für sie sowieso ein absoluter Alptraum gewesen. Und zwar von »A« wie »Abschlussball« bis »Z« wie »zu groß«.

Charlotte gehörte zu den Großen in unserem Jahrgang. Mit

14 Jahren hatte sie schon das Modelgardemaß von 1,80 Meter erreicht und überragte viele der Jungen in unserer Tanzstunde um Längen. – Von einem der Jungen hatten wir gehört, dass er bei der Suche nach einem Anzug für den Abschlussball in der Konfirmationsabteilung fündig geworden war. Als es darum ging, den geeigneten »Herrn« für den Abschlussball zu akquirieren, musste Charlotte mit einem der größeren gedungenen »Aushilfsherren« vorliebnehmen. Sie hatte es als Schmach empfunden, daran konnte ich mich erinnern. Unfassbar, dass diese Kränkung noch drei Jahrzehnten nachwirkte.

Ich hatte das Glück gehabt, dass mich ein Junge aus freien Stücken gefragt hatte, ob ich mit ihm zum Abschlussball gehen wollte. Dennoch hatte ich in meiner Begleitung leider keinen Partner gefunden, der die Vision verfolgt hätte, mit mir die höheren Weihen des Welttanzprogramms zu erlangen. Im Gegenteil: Während des Balls war bei ihm – wie bei den meisten Jungen in unserem Kurs – so etwas wie Erleichterung zu spüren, dass das ganze Tamtam endlich vorüber war und man sich nun wieder auf Fußball und Autos konzentrieren konnte, also auf die wirklich relevanten Themen des Männerlebens.

Doch zurück zu den Eintrittskarten: Es wird wahrscheinlich immer ein Geheimnis bleiben, was mich bewogen hatte, sie zu archivieren. Vielleicht sollten sie mich darüber hinwegtrösten, dass ich keinen der weiterführenden Kurse bei Gerdi Marquardt besuchte. So vieles hielt mich davon ab. Zum einen war weit und breit kein fester Tanzpartner in Sicht. Zum anderen entmutigte mich, dass keine meiner Freundinnen Lust hatte, mit mir die weiterführenden Kurse zu besuchen. Selbst die eifrigsten Standard- und Lateintänzerinnen wagten sich kaum noch aus der Deckung, galt diese Form des Tanzens doch zunehmend als vollkommen out. Hatte man bei einem Abba-

Konzert jemals Leute paarweise tanzen gesehen? Selbstverständlich nicht! Als mir zu allem Überfluss auch noch meine Eltern signalisierten, dass sie eine Vervollkommnung meiner Tanzkünste für entbehrlich hielten, gab ich auf. – Wobei sie ganz sicher mehr die Familienkasse im Auge hatten als den antibürgerlichen Zeitgeist. Angesichts all dieser Hemmnisse müssen mir Ballkarten vermutlich wie eine Verheißung vorgekommen sein, so als besagten diese Erinnerungsstücke: Das hier ist erst der Anfang. Die Zeit der großen Bälle steht noch bevor.

Es wäre auch in Betracht zu ziehen, dass ich es einfach nur poetisch fand, Ballerinnerungen zu kultivieren. Überhaupt unternahm ich in dieser Zeit auf einmal schrecklich romantische Dinge. Ich pilgerte in Symbolismus-Ausstellungen und bemalte Käse-Spanschachteln im Stil des Fin de Siècle. Ich nähte mir Bauernblusen in allen Variationen, traf mich ständig mit meinen Freundinnen zum Teetrinken und Marmeladekochen. Ich sammelte Blumen aller Arten, um sie zu trocknen, machte lange elegische Waldspaziergänge mit unserem Dackel Flux, pausierte an lauschigen Orten, um die Wolken zu studieren und zu lesen – am liebsten Romane von Hermann Hesse oder Gedichte von Else Lasker-Schüler und Rainer Maria Rilke. Und selbstverständlich schrieb ich auch selbst Gedichte und füllte die Seiten meines Tagebuchs.

In meiner bukolischen Phase ging ich sogar so weit, von einem Dasein als Schäferin zu träumen. Ich stellte mir vor, mit Schlapphut, Overknee Boots und dramatischem Schäfer-Maximantel topmodisch auf einer Wiese herumzustehen, wahlweise Schafe oder Wolken zu zählen und ansonsten ein beschauliches Leben im Einklang mit der Natur zu führen. Dankenswerterweise brachte mich mein landwirtschaftlich geschulter Großvater rasch wieder davon ab. Er nahm meine dünnen Arme in seine schwieligen Arbeiterhände und stellte mir eigentlich nur ein paar Fragen: »Kind, wie willst du mit diesen Handgelenken Gatterpfähle einrammen, Böcke kastrieren und Lämmer auf die Welt holen? Außerdem – willst du wirklich Tag und Nacht alleine sein? Meinst du nicht auch, dass Schafehüten harte Männerarbeit ist? Willst du dir nicht lieber eine schöne Arbeit im Trockenen suchen?«

Das klang nicht wirklich emanzipiert. Es überzeugte mich trotzdem. So kam es, dass ich mich auf ein Berufsziel kaprizierte, bei dem ich auf ebenso romantische Weise alleine arbeiten konnte, aber nicht ständig eine ganze Schafherde am Bein hatte: Schreiben, das wäre ideal. Ganz gleich, was, Hauptsache schreiben. Als Stil-Vorbilder hatte ich natürlich nur gutaussehende Stubenhocker im Sinn wie die Bohème des Café Flore, Ingeborg Bachmann und Virginia Woolf.

Meine Deutschlehrerin nährte diesen Selbstentwurf nach Kräften, indem sie mir Talent und Potenzial bescheinigte. Meine Eltern fanden das alles viel zu windig und empfahlen mir mit Blick auf die Rente die höhere Beamtenlaufbahn. Die Suzi-Quatro-Anteile meiner noch unausgereiften Persönlichkeit sehnten sich nach wilden Motorradfahrten und ausschweifenden Disconächten in Amerika, was zugegebenermaßen nicht ganz zu meinen romantischen Träumen vom alternativen Landleben passte. Darin nämlich sah ich mich als Olivenbäuerin – nach Feierabend mit einem griechischen Adonis im Mondschein tanzend.

Der innere Wettstreit meiner Neigungen war verwirrend. Dass er sich plötzlich dramatisch zugunsten der kreativen Talente entwickelte, war einem der Dreamboys vom Rittersberg zu verdanken. Er wollte Theaterregisseur werden, las Walter Benjamin und hörte am liebsten Mahlersymphonien und die melancholischen Platten von Wolfgang Ambros. All das war eindrucksvoll, aber mein Herz eroberte er aus einem ganz anderen Grund.

Wir hatten uns auf einer Fete an der neugegründeten Hochschule in Kaiserslautern getroffen. Wir Burgfräuleins waren mit hohen Erwartungen zu diesem Ereignis gekommen, erhofften uns ein bacchantisches Fest, interessante, souveräne Männer, die uns endlich aus unserem Dornröschenschlaf wachküssen und natürlich auch mit uns bis zum Morgengrauen tanzen sollten. Es erübrigt sich fast zu sagen, dass wir enttäuscht wurden. Die erträumten Supermänner waren offenbar alle schon in die Semesterferien abgereist. Dafür trafen wir die Dreamboy-Clique vom Rittersberg. Die Kerle ließen sich mittlerweile sogar dazu herab, mit uns zu reden – offenbar hatten sie beschlossen, uns die bourgeoisen Tanzstundeneskapaden nachzusehen.

Dass man mit ihnen keineswegs Wange an Wange schwofen konnte, war klar; schließlich hatten sie nie eine Tanzschule von innen gesehen. Zu unser aller Überraschung brachten wir sie immerhin zu fortgeschrittener Stunde dazu, mit uns ein paar alternative Hirtentänze in großer Runde zu wagen. Ganz beiläufig versammelten wir uns im Kreis und tanzten im Stil von Alexis Sorbas. Besonders praktisch war, dass man bei diesem bärigen Kollektivtanz den Parka anbehalten konnte. Auch das Bierglas musste man nicht eigens abstellen. Es reichte, wenn man einen Arm frei hatte, um einen losen Kontakt zum Nebenmann zu halten. Trotz des rustikalen Tanzstils lief es einem bisweilen heiß und kalt den Rücken hinunter. »Le Métèque« von Georges Moustaki hätte von mir aus ewig laufen können. »Et nous ferons de chaque jour / Toute une éternité d'amour / Que nous vivrons à en mourir …«

Der Abend endete in beschaulicher Eintracht. Die Röschen

von der Burg hatten zumindest ein bisschen getanzt, die Tanzstunden-Totalverweigerer hatten eine wahrscheinlich ganz neue Erfahrung gemacht: Sie brauchten sich nur im Rhythmus der Musik zu bewegen, und schon waren die Frauen entzückt!

Passend zur versöhnlichen Stimmung ging auf unserem Nachhauseweg ein warmer Platzregen nieder. Das inspirierte den Regisseur in spe zum Tanzen. Er sang und steppte wie einst Gene Kelly im Regen. In diesem Moment fiel es mir ein: War das nicht der Typ, der an den »Perfektions«-Nachmittagen manchmal an der Bar gesessen und uns beim Tanzen zugeschaut hatte? Ja, sicher war er das! Endlich traute er sich aus der Deckung. Als er in seiner überschwänglichen Tanzlaune sogar einen Laternenpfahl in seine Choreographie mit einbezog und mit beiden Beinen in einer knöcheltiefen Pfütze so wild herumstapfte, dass er keinen trockenen Faden mehr am Leib hatte, verstand ich das als getanztes Versprechen. Ich konnte nicht widerstehen – »You to me are everything« von The Real Thing war von nun an meine neue Hymne.

Drei Jahre lange waren wir ein Paar. Wir gingen viel zusammen ins Theater und ins Kino, doch zum Tanzen konnte ich den Gene-Kelly-Imitator leider nie mehr so richtig bewegen. Gewiss, es gab hin und wieder ein lässiges Freestyle-Rocken auf Partys und in Kneipen, doch wirklich getanzt hat Kelly nie mit mir. Neulich entdeckte ich per Zufall, dass er inzwischen eine gut gehende Kneipe führt. »Tanz in den Mai« stand auf dem Plakat an der Eingangstür. Für sorgfältig inszenierte Pointen, dachte ich, hatte er ja schon immer was übrig. – Wirklich, sehr witzig.

Wenn ich auf Onkel Heinz gehört hätte, wäre mir dieser Jahrzehnte umspannende Gag wahrscheinlich entgangen. Im

Zuge seiner Unterrockträgerstory hatte er mir immer wieder eingeschärft: »Nimm nur einen Mann, mit dem du auch gut tanzen kannst. Wenn das klappt, dann kann der Rest nicht wirklich schiefgehen.« – Es gab Momente in meiner Vergangenheit, in denen ich Onkel Heinz recht geben musste. Andererseits weiß ich heute aus Erfahrung, dass sein Ratschlag nur mit Einschränkungen gilt. Es gibt nämlich die wunderbarsten Begegnungen auf der Tanzfläche, die nicht nur die Beine, sondern auch die Herzen zum Fliegen bringen können. Trunken vor Tanzvergnügen taumelt man danach von der Tanzfläche und wäre auf der Stelle bereit, Haus und Hof für diesen Menschen zu verlassen. Die Erfahrung lehrt, dass das schnöde Erwachen auf dem Fuße folgt, denn nicht selten geht einem mit so manchem Traumtänzer jenseits des Tanzbodens schon nach zehn Minuten der Gesprächsstoff aus. Doch das ist ein anderes Kapitel. Darüber später mehr …

»Hier, für den Abiball!«, sagte jüngst mein punkrockender Stiefsohn und blätterte mir stolz fünf Eintrittskarten auf den Tisch. In diesem Moment fiel mir ein, dass mein Abschied von der Schule keineswegs derart schwungvoll gewesen war. Es gab eine Rede des Direktors, eine Rede der Schülervertretung, aber ein Ball wurde wahrscheinlich gar nicht in Betracht gezogen, weil dies vermutlich zu größeren Tumulten in der tanzfeindlich gesinnten Schülerschaft geführt hätte. Seitens der militanten Tanzgegnerinnen wäre mit Suizid- oder Terrordrohungen zu rechnen gewesen; ja, auch unter den Röschen gab es entschiedene Tanz-Abstinenzlerinnen, die alles niedermachten, was nicht dem nonkonformistischen Geist der achtundsechziger Revolte entsprach! Konventionelles Tanzen stand genau wie das Abschließen von Bausparverträgen auf der Liste der geächteten bürgerlichen Aktivitäten ganz weit vorne. Die übrige Schülerschaft hätte sich wahrscheinlich dauerhaft zerstritten, weil keine Einigkeit in der Musikauswahl zu erzielen gewesen wäre. Die Mädels, die mit amerikanischen GIs in die Disco gingen, hörten von morgens bis abends Stevie Wonder und Mamas and Papas. Der Rest teilte sich auf in Hardrock und Queerbeet von A wie Abba bis Z wie Zappa. Und last but not least: Mit wem hätten wir in der jungenfreien Zone überhaupt tanzen sollen!

Meine Kölner Freundin Martha hätte auf diese Frage sofort eine Antwort gewusst. Während ich im brodelnden Meltin' Pot K'town aufwuchs, hatte sie ihre Schulzeit nicht nur auf einer reinen Mädchenschule verbracht, sondern sogar in einem hermetisch abgeschotteten Nonnenkloster auf dem platten Land. Doch dort achtete die Schulleitung erstaunlicherweise sehr auf das tänzerische Wohlbefinden der jungen Damen. Tanzunterricht erhielten Martha und ihre Mitschülerinnen von den Nonnen höchstpersönlich. An Karneval und zu den Abiturbällen wurde der komplette gleichaltrige Jahrgang des benachbarten Jungengymnasiums zum Schwof eingeladen. Marthas Augen leuchten heute noch, wenn sie von diesen Bällen erzählt, und ihr Lächeln wirkt so selig, als hätte sie gerade »Yester-Me, Yester-You, Yesterday« von Stevie Wonder im Ohr. Die Glückliche! Selbst wenn die Dreamboys in Sänften zu unserem Abiturball herangeschleppt worden wären, hätten wir sie bestenfalls zu Hirtentänzen bewegen können! Doch ich bin sicher: Wir hätten ausgelassen und überglücklich mit ihnen in unseren schönsten selbstbestickten Bauernblusen im Kreis getanzt.

»Dance away the heartache«

»Rama Lam ding dong«, wummerte es schon von weitem. »Rama Lam Ding Ding Dong«. Wo waren wir denn hier gelandet! »Peppermint« stand in weißer Leuchtschrift auf mintfarbenem Hintergrund über der Eingangstür der kleinen Kneipe. Rechts neben der Tür saßen zwei Blondinen in pastellfarbenen Etuikleidern an einem kleinen Bistrotisch, tranken Cocktails und präsentierten den Passanten ihre fabelhaften Beine in dramatisch hohen Slingpumps. Eine der beiden hatte ihren mit Wasserstoffperoxyd gegerbten Schopf damenhaft auftoupiert und sah aus wie eine erblondete Jacky Kennedy bei der Inaugurationsfeier im Weißen Haus. Die andere trug eine Turmfrisur wie Tante Rosy früher, als sie noch nicht mit Onkel Heinz verheiratet gewesen war. Fand hier ein Kostümfest statt, oder waren wir womöglich mitten in die Dreharbeiten für einen Kinofilm geraten?

Gespannt öffneten wir die Eingangstür des Lokals. Das Interieur sah aus, als hätte man eine amerikanische Milchbar aus den fünfziger Jahren mit Discoglamour aufgepeppt. Die Aufmachung der Gäste passte perfekt zum Ambiente: Die Männer trugen Smokingjacketts, Röhrenhosen, spitze Schuhe und pomadige Haartollen wie King Elvis in seinen besten Zeiten. Ihre Partnerinnen ähnelten den lustigen Mädels vom Immenhof: Pferdeschwänzchen, Zöpfchen, Ballerinenschuhe oder Pfennigabsatzpumps, Tellerröcke, aufbauschende Perlon-Petticoats kombiniert mit kessen Tupfenblüschen und Halstüchern.

»Well they've got a new dance and it goes like this«, dröhnte es aus den Lautsprecherboxen. »Yeah the name of the dance is Peppermint Twist / Well you like it like this, the Peppermint Twist.« Wie auf Kommando wirbelten die Teddyboys und -girls plötzlich so wild durch den kleinen Raum, dass die Tüllröcke nur so flogen. »It goes round and round, up and down. Round and round, up and down. Round and round and a up and down. And a one two three kick, one two three jump.« Die Männer warfen ihre Partnerinnen in die Höhe und fingen sie nach einer Drehung wieder auf. Schon vom Zusehen wurde einem ganz schummerig. Die Frauen hüpften, sprangen für einen kurzen Moment in der Grätsche auf die Hüfte ihrer Tanzpartner und umschlangen sie mit den Beinen. Dann lösten sie sich wieder, sprangen hoch in die Luft und rutschten kurz vor der Bodenlandung zwischen den Beinen der Männer durch, um auf der anderen Seite mit einer kleinen Drehung wieder in die Senkrechte zu kommen. Das Ganze wirkte nicht nur sehr akrobatisch und sexy, es war auch sehr lustig. »Kelly«, sagte ich zu dem Regisseur in spe, »Kelly, hier bleiben wir erst mal!« Kelly stimmte zu, allerdings nicht ohne einen bedauerlichen kleinen Vorbehalt: »Ich werde auf gar keinen Fall tanzen«, sagte er, »und schon gar nicht dieses Zeug mit Überschlag und Kicks und Twists.«

Die verrückte Szenerie war genau der richtige Kontrast zu dem öden Tag, den ich gerade an der Philosophischen Fakultät der Kölner Universität hinter mich gebracht hatte. Einer der Professoren in Literaturwissenschaft hatte uns zum Studienbeginn mit einer so furchteinflößenden Empfehlung empfangen, dass ich am liebsten gleich wieder gegangen wäre: »Jeder Tag, an dem Sie nicht mindestens acht Stunden gelesen haben, ist ein verlorener Tag.« – Ich sah mich schon in der Literaturhölle schmoren, aber glücklicherweise gab es einen Philosophieprofessor, der uns ans Herz legte, nicht nur Bücherwissen anzuhäufen. Dabei ging er durch die Reihen, blickte jedem Studenten in die Augen und sagte: »Sie sind alle noch so jung. Machen Sie Ihre eigenen Erfahrungen, leben Sie.« Ich war mir sicher, dass er dabei unter anderem an die Art der Lebensfreude dachte, die den Twistern und Rock 'n' Rollern vom Peppermint ins Gesicht geschrieben stand.

Irgendwann später erfuhr ich, dass das kleine Kölner Peppermint ein großes Vorbild in New York hatte. »The Peppermint Lounge« war ein legendärer Nachtclub in der fünfundvierzigsten Straße in Midtown Manhattan. Weltberühmt wurde der Club durch die Band Joey Dee and the Starliters, die 1961 mit ihrem Song »Peppermint Twist« einen Nummer-1-Hit gelandet hatten. Die Adresse des Clubs erfuhr jeder, der genau zuhörte: »Well meet me baby down at 45th street where the Peppermint Twisters meet.« Nachdem auch die Beatles bei ihrem ersten Amerika-Besuch dort getwistet hatten, wurde das Lokal endültig zur Kultstätte.

Pop-Größen dieser Dimension gingen im Kölner Peppermint leider nicht ein und aus. Stammgäste waren eher ortsansässige Prominente wie Jürgen Zeltinger, der mit einer kölschen Version von »Walk On The Wild Side« und der lokalpatriotischen Punkhymne »Müngersdorfer Stadion« bekannt geworden war. Das passte gut zu dem grauen Köln, das in einem Hässlichkeitsranking deutscher Städte damals garantiert auf einem der Spitzenplätze gelandet wäre – woran sich bis heute übrigens nur sehr wenig geändert hat.

Die Stadt war im Zweiten Weltkrieg von den Alliierten praktisch dem Erdboden gleichgemacht worden. Danach wurde sie durch die Bausünden der sechziger und siebziger Jahre ein zweites Mal vollkommen verwüstet. Als ich 1978 nach Köln kam, waren viele Kölner Plätze und Straßenzüge noch um ein Vielfaches hässlicher als heute. Trotzdem fühlte ich mich auf Anhieb wohl in dieser merkwürdigen Stadt. Per Zufall hatte ich eine kleine Wohnung in einem Hinterhof gefunden, die ganz meinen romantischen Vorstellungen vom Studentenleben entsprach. Sie hatte viel Altbau-Charme, aber auch zwei große Nachteile: Im Winter erfror man schier darin, weil es keine Heizung gab und die Wärme des elektrischen Heizöfchens nicht ausreichte für die hohen Altbauräume. Hinzu kam, dass sie in unmittelbarer Nähe des Barbarossaplatzes lag, der aufgrund seiner brachialen Nachkriegsbebauung bis heute Kölns allerunwirtlichster Platz ist. Doch sobald ich an meinem Schreibtisch saß und in den grünen Hinterhof und auf die Türme der frühromanischen Basilika St. Pantaleon schaute, hatte ich die trostlose Umgebung schon vergessen.

Das übergangslose Nebeneinander von spektakulärer Hässlichkeit und größter Behaglichkeit ist übrigens typisch für Köln. Das war offenbar auch schon im 19. Jahrhundert so. Johanna Schopenhauer notierte im Jahr 1825 in ihrem Reisetagebuch: »Die Stadt Köln macht, wenn man ihre Straßen betritt, keinen besonders freundlichen und erheiternden Eindruck, sie ist eine seltsame Zusammensetzung von schön und hässlich, von alt und neu, wobei Ersteres immer noch das Übergewicht behält, von beklemmender Düsterheit und freundlicher Helle.« Sie hatte recht. Vieles an dieser Stadt ist unerträglich, ihre fatale provinzielle Selbstzufriedenheit zum Beispiel. Doch gleichzeitig kultivieren die Rheinländer einen ganz unnachahmlichen Leicht-Sinn, der – wie in meinem Fall – dazu führen kann, dass man auf völlige schizophrene Weise an dieser Stadt hängt, obwohl man sie eigentlich von Grund auf scheußlich findet.

Dass ich mich so rasch mit Köln anfreundete, lag mit Sicherheit auch daran, dass es in meiner Straße eine herrliche Eisdiele aus den fünfziger Jahren gab, die »Schmecklecker«

hieß. Der Besitzer war mindestens doppelt so alt wie das Mobiliar und ebenso freundlich wie die Bäckerin gleich nebenan. Sie brachte mir bei meinem ersten Einkauf auf sehr feinfühlige Weise bei, dass die Kölner ihr Kaffeegebäck schlicht und einfach »Teilchen« nennen und nicht etwa »Kaffeestückchen«, wie ich es aus meiner pfälzischen Heimat kannte. Zusammen mit dem rheinischen Teilchen tütete sie mir die überzeugendste aller Kölschen Lebensweisheiten ein. Nichts für ungut, meinte sie, »jede Jeck es anders«. Damals wusste ich zwar noch nicht ganz genau, was wohl genau unter einem »Jeck« zu verstehen war, aber es klang auf jeden Fall freundlich und interessant. Hier wird man's schon aushalten können, dachte ich und blieb.

Verglichen mit dem verschlafenen K'town, kam mir Köln sowieso vor wie das Tor zur Welt. Geographisch waren diese beiden Orte nicht einmal 250 Kilometer voneinander entfernt, aber dennoch lagen Welten dazwischen. Wenn ich nach einem Besuch in der Pfalz nach Köln zurückfuhr, fühlte ich mich wie John Travolta, der als Tony Manero in »Saturday Night Fever« die Brooklyn Bridge überquerte, das öde Bay-Ridge hinter sich ließ und nur noch eines vor Augen hatte: Manhattan. Dazu passend dudelte ich den Soundtrack der Bee Gees ohnehin permanent: »Staying alive, huh, huh, huh, huhhh, staying alive …«

Köln war nicht Manhattan, aber es war Neuland. Absolutes Neuland sogar. In Kaiserslautern hatte ich weder jemals Teddy-Boys and -Girls kennengelernt noch Menschen wie meine zwei Nachbarn, die beide Werner hießen. Der eine bestand darauf, dass wir uns duzten, der andere blieb beim Sie. Werner-Du, mein Nachbar zur Rechten, klingelte eines Tages an meiner Tür und fragte, ob ich einen Kühlschrank hätte. Ich war verwirrt. Ja, sicher hatte ich einen Kühlschrank. Das war sogar das Erste, was ich mir für meinen Studentinnenhaushalt gekauft hatte – zusammen mit einer Waschmaschine. Diese Geräte waren und sind doch quasi die Grundvoraussetzung für ein wirklich eigenständiges Dasein.

Werner-Du schien meine Verblüffung gar nicht bemerkt zu haben und fragte direkt, ob er denn ganz kurz so übers Wochenende etwas in meinem Kühlschrank zwischenlagern könne. Das sei doch klar, sagte ich jovial, selbstverständlich würde ich ihm gerne aushelfen, denn außer Butter, Marmelade, Quark, Milch, Käse und zwei Schwarzweißfilmen befand sich nichts in meinem Kühlschrank. Daraufhin verschwand Werner in seiner Wohnung und rückte umgehend mit einem schweren, mit festen Gummibändern verschnürten Plastiksack in meiner Küche an. Um den schweren, unhandlichen Packen in meinen unschuldigen, quasi fabrikneuen Kühlschrank zu wuchten, mussten wir die mittleren Sprossengitter entfernen und meine spärlichen Vorräte in den seitlichen Türregalen unterbringen. Auf meine Frage, was denn in dem Sack sei, antwortete Werner-Du vage: »Bisschen Fleisch, für 'ne Aktion.« Dann bedankte er sich fürs Erste – »Ja, dann tschüs, bis Montag.«

Selten war mir ein Wochenende so gespenstisch lange vorgekommen. Jedes Mal, wenn ich mich meinem Kühlschrank näherte, beschlich mich ein mulmiges Gefühl, und ich öffnete ihn nicht öfter als unbedingt nötig. Ein paar Tage später las ich dann in der Zeitung von Werner-Dus Aktion. Er hatte in seinem Happening unter anderem Skulpturen aus Gips geschlachtet und ihr blutiges Innenleben freigelegt. Der Kunstkritiker war begeistert und lobte die existenzielle Dimension des Happenings. Ich konnte mir genau vorstellen, was er damit meinte.

Werner-Sie, ein melancholischer älterer Herr mit aristokratischer Nase und exquisitem Rasierwasser, war Maler und wohnte ein Stockwerk höher. Eines Tages fragte er mich, ob ich während seines Urlaubs seine Balkonblumen gießen könne. Ich fühlte mich sehr geehrt durch sein Vertrauen und erinnere mich noch gut daran, wie sehr mich seine Wohnung beeindruckte, als ich sie zum ersten Mal sah. Das Leben von Werner-Sie schien sich über Jahrzehnte hinweg in verschiedenen Erinnerungsschichten in diesen Räumen abgelagert zu haben. Nichts wirkte beliebig, alles hatte seinen Platz. Jedes Bild, jedes Buch, jedes Möbelstück, jeder Teller, jede Blumenvase war aufgeladen mit Bedeutung und Geschichten. Ich mochte die melancholischen Bilder von Werner-Sie. Offenbar beschäftigte ihn das Himmelsgeschehen sehr. Auf all seinen abstrakten Zeichnungen und Gemälden sah man Sonnen und Monde am Horizont. Ob sie gerade auf- oder untergingen, war ganz von der eigenen Befindlichkeit abhängig.

»Es gibt so viele Künstler in Köln, weil die Stadt sexy ist«, behauptete meine Kommilitonin Lilli, als ich ihr von meinen illustren Nachbarn erzählte. »Die Kölner sind tolerant, sie feiern und unterhalten sich gerne, und irgendwie sind sie auch von Grund auf größenwahnsinnig. Künstler mögen das.« Lilli war eine der wenigen gebürtigen Kölnerinnen in meinem Semester. Vor dem Literaturstudium hatte sie zwei Jahre lang in München eine Fotografenlehre gemacht. Meinen Einwand, dass München doch wirklich um einiges schöner sei als Köln, entkräftete sie mit einem Argument, das mir sofort einleuchtete: »In den Münchner Discos kann man nicht vernünftig tanzen.«

Lilli erzählte mir, dass sie während ihrer Zeit in München in allen, aber auch wirklich in allen irgendwie relevanten Discos der Stadt gewesen sei, und überall habe sie das gleiche Trauerspiel erlebt. »Auf den Tanzflächen tummelten sich die tollsten Frauen, und die Männer hingen an der Bar herum und guckten zu. Die Bussi-Bussi-Frauen nutzten die Tanzfläche eigentlich nur, um sich zu präsentieren und um zu sondieren, welchen Mann sie aufs Korn nehmen könnten. In Köln tanzen die Leute dagegen aus Spaß an der Freud.«

Na ja … Ich war skeptisch und fragte die Lokalpatriotin, ob sie denn unter dem Sammelbegriff »die Leute« in diesem besonderen Fall auch Menschen männlichen Geschlechts subsumiere. Lilli blieb hartnäckig und präsentierte mir eine Theorie, der man zumindest oberflächlich gesehen eine gewisse Plausibilität zubilligen musste. Dass sich in Köln, anders als in München, auch viele Männer zu tanzen trauten, erklärte sie mir, sei einzig und allein der zunehmend erstarkenden Kölner Schwulenszene zu verdanken. Homosexuelle täten sich ja längst nicht so schwer mit dem Tanzen wie die Heteros, dozierte Lilli fachkundig: »Heteromänner tanzen so ungern, weil sie ja vielleicht eine schlechte Figur abgeben könnten. Deswegen trauen sie sich erst auf die Tanzfläche, wenn auch andere Männer da sind.« Fürs Erste gab ich klein bei: Lillis Worte in Gottes Ohr.

Es erübrigt sich fast zu erwähnen, dass Lilli und ich Freundinnen wurden. Soweit es das schmale Bafög-Budget erlaubte, gingen wir, wann immer wir konnten – quasi zu Feldforschungszwecken! –, miteinander zum Tanzen aus. Über die Ziele unserer Exkursionen waren wir uns in der Regel schnell einig: Anfangs standen das Coconut oder das Luxor zur Auswahl, die später dann harte Konkurrenz vom Alten Wartesaal bekamen. Lillis kühne Disco-Theorie allerdings reizte mich permanent zum Widerspruch. Schon vom bloßen Hinsehen war erkennbar, dass die Präsenz von schwulen Tänzern keineswegs die Tanzfreudigkeit bei heterosexuell orientierten Männern steigerte, aber Lilli hielt eisern an ihrer These fest. Ich war sicher, dass es in den Kölner Discos nicht viel anders aussah als in den bayrischen, aber ich beließ es dabei; Hauptsache wir tanzten.

Was tanzten wir? Freestyle natürlich. Alles war möglich, alles war erlaubt, aber gut sah es eigentlich nur aus, wenn es einer auch wirklich stilvoll beherrschte. Die Koordination von Arm-, Bein- und Fußarbeit musste genauso stimmig wirken wie die Kopf- und Beckenrotation. Soweit ich mich erinnern kann, formierte sich mein tänzerisches Selbstverständnis aus einem bizarren Amalgam aus Suzi Quatro, Donna Summer und Emma Peel.

Das Auffordern war vollkommen out, schließlich waren wir emanzipiert. Wir tanzten, wenn uns danach war, und warteten nicht, bis uns Mr. Right auf die Tanzfläche führte. Wer Lust hatte zu tanzen, der legte einfach los. Alle Verrenkungen waren erlaubt, nur nichts, was erahnen ließ, dass man je eine Tanzstunde absolviert hatte. Selbst der Stehblues aus unserer Teenagerzeit war abgeschafft. Dazu hätte man ja einen Partner gebraucht, und selbst wenn man draußen im richtigen Leben einen hatte, auf der Tanzfläche tanzte jeder für sich allein.

Hin und wieder trafen wir echte Spezialisten im Alleintanzen, die ähnlich wie John Travolta in »Saturday Night Fever« alle Aufmerksamkeit auf sich zogen, sobald sie sich der Tanzfläche näherten. Die wenigsten hielten allerdings tatsächlich, was ihre pompösen Auftritte versprachen. Meistens driftete ihre One-Man-Show schon nach wenigen Schritten ins Psychedelische ab. Das musste nun wirklich nicht sein. Abgedrehte Hippie-Séancen fanden wir definitiv vorgestrig.

Discokugeln, zuckende Lichtorgeln und Flashinstallationen waren dagegen sehr aufregend. Das glamouröse Glitzern konnte allerdings nicht immer davon ablenken, dass dieses Freestyle-Rocken im Grunde etwas Trauriges hatte. Ich fand, dass es einen auf Dauer verlassen und elend machte, genau wie das dramatische Schwarzlicht in vielen Discos, das hauptsächlich die weißen Blusen und T-Shirts grandios zum Leuchten brachte. Den Gesichtern verlieh es eher einen seekranken Touch.

Als Kelly, mein Regisseur in spe, sich für andere Spielorte und Hauptdarstellerinnen zu interessieren begann, gab es kaum etwas Hilfreicheres, als mit Lilli um die Häuser zu ziehen. Gegen Melancholie-Attacken gab es kein besseres Gegenmittel als »Tainted Love« von Soft Cell oder »Dance away« von Roxy Music. Die antidepressive Wirkung setzte schon nach den ersten Takten ein: »Dance away the heartache, / Dance away the tears. / Dance away the heartache, / Dance away the fears.« Wenn ich mich ganz fürchterlich unbehaust fühlte, waren Joy Division – »Love will tear us apart« und die Talking Heads ein Trost. »The wind in my heart / The dust in my head« – Wenn schon leiden, dann wenigstens cool, am besten nur »Once In A Lifetime«.

Lilli teilte meinen Musikgeschmack leider gar nicht. Sie konnte ohne weiteres auf Songs wie »Skandal im Sperrbezirk« von der Spider Murphy Gang tanzen. Während ich bei allem, was unter dem Label Neue Deutsche Welle lief, quasi von einer totalen Lähmung erfasst wurde, drehte Lilli dabei so richtig auf. Wie ein Gummiball hopste sie wild umher, schüttelte dazu heftig ihren Kopf. Mir verhagelten die Gib-Gas-ich-will-Spaß-Songs vollkommen die Lust aufs Tanzen. Lilli gegenüber konnte ich dieses Unbehagen immerhin auf eine Kurzformel bringen: »Es übersetzt sich einfach nicht!«

Das klang zwar verdächtig nach dem Heidegger-Seminar – Das Sein zum Tode! –, das ich schon im zweiten Semester absolviert hatte, aber im Kern umschrieb die kryptische Formel schon, was in mir vorging: Tanzen bedeutete mir mehr als nur das »Abhotten« oder »Abzappeln«, wie Lilli es nannte. Aber ich konnte nicht einmal genau sagen, was der Grund für meine Unzufriedenheit war. Wir hatten uns amüsiert, hatten getanzt – gerockt, besser gesagt –, wir hatten gelacht und geflirtet, und dennoch wurde ich das Gefühl nicht los, dass mir etwas ganz Entscheidendes fehlte.

Rein äußerlich gab es keinen Anlass für meinen Frust. Ich hatte ein paar Stunden in irgendeiner gutbesuchten Disco verbracht, hatte mich auf die Tanzfläche begeben und getanzt. Im Grunde wusste ich jedoch sehr genau, was mir fehlte: das Gefühl, *mit* jemandem zu tanzen. Ich sehnte mich danach, dass jemand – ganz gleich, ob Mann oder Frau – wirklich *mit mir* tanzte. Nicht frei flottierend *neben, vor oder hinter mir,* sondern *mit mir.*

Gewiss, dieses Gefühl konnte sich auch beim Freestyle-Rocken einstellen. Wenn mir jemand gefiel, dann tanzte ich mit ihm oder mit ihr auch über eine größere Distanz hinweg. Alle Bewegungen waren dann nur für ihn, für sie, unsere Verbindung war der Blick. Auf diese Weise konnte man gleichzeitig mit mehreren Leuten tanzen und musste sich nicht im Geringsten festlegen. Und sobald man den Blick abwandte, war man wieder für sich. Eine halbe Wendung reichte, und man drehte sich nur um sich selbst. Das hatte was.

Wenn einem danach war, nahm man den Blickkontakt einfach wieder auf. Leute, die einem ganz besonders gut gefielen, konnte man auch ohne weiteres gezielt »anbumpen«. Dabei versetzte man dem »Angetanzten« einen neckischen Knuff mit der Hüfte bzw. mit dem Hintern. Wenn man das gut draufhatte, sah das ziemlich verrucht aus; im Kern war es aber sehr unschuldig, auch wenn die Songtexte so schwül waren wie die von Donna Summer – »Lookin' for some hot stuff baby this evenin'. I need some hot stuff baby tonight.« Cyndi Lauper lag im Grunde genau richtig – »Girls just wanna have fun«.

Ralf, ein ehemaliger Schulkamerad von Lilli, nahm dieses Motto übrigens sehr wörtlich. Er brüstete sich gerne damit, dass er sich in seiner Lieblingsdisco zu Beginn des Abends stets eine Weile unter der Stahltreppe am Eingang postierte, um herauszufinden, welche Frauen keine Höschen unter ihren Röcken hatten. Uns gegenüber behauptete er, dass sagenhaft viele höschenlose Kölnerinnen unterwegs seien. Lilli meinte, da könne durchaus etwas dran sein, aber ich hatte angesichts der epidemisch grassierenden weiblichen Hosenmode so meine Zweifel. Jedenfalls erreichte Ralf durch sein Selektionsverfahren unter der Treppe angeblich eine nahezu hundertprozentige Treffsicherheit beim »Abschleppen«.

Nicht selten fielen mir über all dem lässigen Disco-Posieren die aufregenden Tänze mit Mr. Hattric ein. Oder die Unterrockstory von Onkel Heinz. Eigentlich konnte er mit seinen Tanzpartnerinnen auf ganz unverbindliche Weise viel näher auf Tuchfühlung gehen, als das beim »Abhotten« in der Disco überhaupt möglich war. Einen Discotänzer so nahe an sich heranzulassen, dass er fühlen konnte, wie es um die Qualität meiner Dessous stand, kam eigentlich schon einer Einladung zum gemeinsamen Frühstück gleich. Und das überlegte man sich bei all den Aids-Schlagzeilen wirklich mehr als zweimal.

Die Zeit für platonische Lieben war perfekt. Ich hatte gleich zwei. Meine Kommilitonen Harry und Hotte. Harry war über den Umweg des zweiten Bildungswegs an die Uni geraten, was er aber nur als Zwischenstation betrachtete, denn eigentlich wollte er zum Film. Das war plausibel, denn er war nicht nur ein wandelndes Filmlexikon, sondern mit seiner geschätzten Körpergröße von zwei Meter zwanzig schon an sich eine herausragende Erscheinung. Der einsame Wolf war seine Paraderolle. Alles an ihm war Drama: seine sonore Stimme, seine Gesten, seine sinistre Garderobe – ein Mix aus Nouvelle Vague und Italowestern. Harry war schon dreißig, als ich ihn kennenlernte und kam aus einem Kaff in Westfalen, aber seine wahre Heimat, betonte er gerne, war der Rock 'n' Roll. Ich wusste ungefähr, was er damit meinte, fühlte mich allerdings kein bisschen »on the road«. Eher schon zwischen allen Stühlen.

Harry war ein sagenhaft guter Redner. Wenn er von seinen wilden Zeiten in St. Germain und New York erzählte, beschlich mich jedes Mal der Eindruck, dass ich in meiner pfälzischen Provinzjugend so ziemlich alles verpasst hatte, was man nach 68 hatte verpassen können; allem voran: das wilde, abenteuerliche Uschi-Obermeier-Lebensgefühl. Im Nachhinein erkenne ich natürlich das testosterongesteuerte Kalkül hinter Harrys Rhetorik. Vermutlich hatte er sich ausgemalt, dass er auf lange Sicht der Rainer Langhans in meinem Leben sein könnte; doch diesbezüglich musste ich ihn enttäuschen. Nie hätte ich mein herrlich autonomes Ein-Zimmer-Küche-Diele-Bad-Leben für einen Ex-Hippie aufgegeben!

Trotzdem hörte ich mir Harry zuliebe ein Bob Dylan-Konzert im Rhein-Neckar-Stadion in Mannheim an und ein Konzert der Stones im Müngersdorfer Stadion in Köln. So sehr ich mich auch bemühte, ich konnte Harrys Begeisterung nicht teilen. Am meisten verschreckte mich der marihuanageschwängerte depressive Tanzstil der eingefleischten Rock 'n' Roller. Da war mir das fröhliche »Abzappeln« mit Lilli noch lieber! Wenn es sein musste, sogar zu Nenas »99 Luftballons«.

Harry habe ich jedenfalls eine bis heute andauernde Aversion gegen psychedelische Gitarrensoli zu verdanken. Und meine Vorbehalte gegen sentimentale Achtundsechziger gehen auch auf sein Konto. Die Alt-Hippies rockten, aber sie tanzten nicht; zumindest nicht miteinander.

Ganz anders dagegen Hotte aus dem Mittelhochdeutsch-Seminar, der immer sehr kluge Diskussionsbeiträge lieferte und an einem Roman im Stil von Arno Schmidt schrieb. Kennengelernt hatte ich ihn während einer Gruppenarbeit. Eigentlich waren mir derlei Projekte immer ein Graus. Sie liefen nämlich erfahrungsgemäß immer darauf hinaus, dass einer die Gruppenarbeit schrieb und die anderen die Kopien machten. Mit dem blitzgescheiten Hotte war das anders. Er schwätzte nicht blöd rum, er hielt sich an alle Absprachen und war ebenso konstruktiv wie lustig. Hotte rangierte schon nach wenigen Wochen in meinem Gefühlshaushalt in der Kategorie »Brudergefühle«. Und zwar ganz oben – ein Mann zum Liebhaben. Als er mir eines Tages erzählte, dass er beim letzten Familienfest mit seiner Tante Walzer und Foxtrott getanzt hatte, überlegte ich sogar, ob ich ihn nicht vielleicht doch besser in die Kategorie »Männer zum Verlieben« hochstufen sollte. Aber es blieb dabei: Hotte war mein bester Freund und neben Lilli mein liebster Sparringspartner in Sachen Ausgehen.

Eines Tages fragte mich der Herzensbruder, ob ich mitkäme zu einem Konzert. Hotte wusste auch nicht genau, was das für eine Band war, die da im Souterrain der Christuskirche auftreten sollte, aber sein WG-Genosse Klaus hatte ihm die Fred Banana Combo aus Düsseldorf sehr empfohlen. Fred Banana Combo … Das klang irgendwie nach Calypso, nach Bob Marley, Harry Belafonte und obendrein nach Fred Feuerstein. Spannend. – Ja dann, sagte ich, Hotte, nichts wie hin!

Wir haben dieses Konzert irgendwie überlebt. Seither wissen wir nicht nur ganz genau, mit welchen Frequenzen bei einem Punkrockkonzert in einem zwei Meter hohen Kellergewölbe zu rechnen ist, wir wissen auch, wie es sich anfühlt, wenn um einen herum plötzlich alle anfangen, Pogo zu tanzen. Es ist ungefähr so, als wäre man zwischen die stampfenden Kolben eines riesigen Dieselmotors geraten. Von starrem Ausharren ist in derlei Situationen unbedingt abzuraten, da einen die gegenläufigen Naturgewalten sonst mir nichts, dir nichts zermalmen könnten.

Hotte jedenfalls erfasste den Ernst der Lage sofort, hakte mich unter und riss mich sprichwörtlich mit zum Pogotanzen. So hopsten wir gefühlte zehn Stunden lang einträchtig nebeneinander auf und ab wie beim Zirkeltraining im Unisport. Am Ende des Abends waren wir vor allem deswegen tropfnass, weil es so eng war, dass man nicht mal genug Platz hatte, um die Jacke auszuziehen. Erstaunlicherweise konnten wir uns trotz der vielen blauen Flecken, die wir uns bei der Aktion eingehandelt hatten, dennoch eine tiefe Sympathie für den Zorn des Punk bewahren, wenngleich wir ihn damals nur als Zaungäste goutierten.

Hotte ist nach der Uni ins nördlichste Westfalen gezogen, wo er heute als Lehrer an einer Gesamtschule arbeitet. Neulich erzählte er mir, dass er gerade die ersten Revival-Punks fürs Zentralabitur fit gemacht habe. Als erfahrener Pogotänzer dürfte das kein Problem für ihn gewesen sein. Während unserer Studienzeit ergab sich nie wieder eine Gelegenheit zu einem trauten Pogotänzchen – wir haben sie aber auch nicht wirklich gesucht.

Sehr zu meinem Bedauern bin ich leider nie in den Genuss von Hottes Walzer- oder Foxtrottkünsten gekommen. Wir gingen ab und zu zusammen in die Disco und freestylten dort ein bisschen – stilvoll natürlich. Hotte tanzte auch nie, ohne einen vorher ausdrücklich aufzufordern. Meistens zupfte er einen vorsichtig am Ärmel und sagte mit einem leicht hanseatischen Einschlag: »Lass uns n' büschen tanzen.« – Es war das schiere Glück!

Geradezu spektakulär waren die Partys, die Hotte und Klaus in ihrer luxuriösen Zweimänner-WG veranstalteten. Bemerkenswert waren sie schon alleine deswegen, weil sie nicht – wie ansonsten bei Studentenpartys damals üblich – ausschließlich in der Küche stattfanden. Hotte legte Wert auf »gepflegtes« Tanzen. Dafür räumte er eigens sein großes Altbauzimmer bis auf zwei mannshohe Boxentürme leer. Und irgendwie schaffte er es auch, Klaus zu überreden, an diesen Abenden hauptsächlich als DJ zu wirken.

Ganz unter uns gestand mir Hotte einmal, dass er seinen Mitbewohner mit Bedacht bei Tanzpartys aus dem Verkehr zog. »Klaus ist ein feiner Kerl, aber sein elefantöser Tanzstil ist keinem zumutbar.« So viel Berechnung hätte ich Hotte, dem sonst jede Form von Arglist und Boshaftigkeit fernlag, nicht zugetraut. Als er mir dann den Elefantentanzstil vorführte, wusste ich, dass ihn auch ein gewisses Maß an Leidensdruck zu diesem Schritt veranlasst haben musste. Hotte hob die Arme senkrecht nach oben, legte sie ganz eng an den Kopf und vollzog vollkommen unrhythmische und konvulsive Krümmbewegungen. »Klaus wird auf der Tanzfläche zum wandelnden Rüssel«, ächzte Hotte zwischen seinen Armen hervor. »Sein ganzer Oberkörper wird zum Rüssel. Das sieht nicht nur bescheuert aus, es wird auch gefährlich, wenn er besoffen ist.«

Ich habe Klaus einige Male in betrunkenem Zustand erlebt, aber leider nie tanzend. Hotte konnte ihn offenbar davon überzeugen, dass die guten DJs die wahren Könige der Partys sind. Womit er fern allen Kalküls auch tatsächlich recht hatte. Die meisten privaten Partys scheitern, weil die Gastgeber ihre ganze Energie ins Buffet und in die Dekoration stecken und zuallerletzt, wenn überhaupt, an die Musik denken. – Wer vorsätzlich an der Musik knausert, sollte die Party besser gleich absagen.

Beim Kramen in alten Aufzeichnungen aus meiner Studienzeit fiel mir neulich eine an Hotte adressierte Postkarte in die Hände. Warum ich sie nicht abgeschickt hatte, weiß ich nicht. Vielleicht fand ich das Motiv auf der Vorderseite im letzten Moment unpassend. Es zeigte Marlon Brando im Feinripp-Unterhemd. Möglicherweise hatte ich befürchtet, dass sich der zarte Hotte von so viel Virilität eingeschüchtert fühlen könnte. Als ich dann den unfassbar pathetischen Text las, wurde mir klar, warum ich die Karte nicht auf den Weg gebracht hatte. Doch ungeachtet ihres schwülstigen Inhaltes sind diese Zeilen heute sehr aufschlussreich. Hotte war damals in zweifacher Hinsicht ein wichtiger Anker für mich. Zum einen stärkten und beflügelten wir uns gegenseitig in unseren literarischen Ambitionen, und zum anderen war er offenbar der einzige Mann in meiner Umgebung, mit dem ich über das Tanzen reden konnte.

Den ganzen Schwulst dieser Postkarte kann ich an dieser Stelle wirklich nicht preisgeben, doch eine Kostprobe darf sein. Jeannette, so viel vorab, war Hottes großer Schwarm. Sie arbeitete als Bedienung in seinem Lieblingscafé. Lange erhörte sie sein Werben nicht. In seiner Verzweiflung schwärmte er mir bei jeder Gelegenheit von all ihren körperlichen Reizen en détail vor. Und als schwesterliche Freundin hörte ich es mir auch an. Es muss mich dann leider auch zu den folgenden Zeilen inspiriert haben: »Fräulein Pohls verhärmtes Werben und die fröhlichen Eiertänze des solipsistischen Lehramtskandidaten im New Wave Look; ja selbst Jeannettes Achselhöhlen wären keine ernstzunehmenden Einwände gegen die Weltformel. Ja gerade dafür lohnte überhaupt eine Anstrengung, sie würden versteinert die Kreise mit verständnisvoll billigendem Blick aufsaugen. Aber Dir! Was sollte ich Dir über den Walzer erzählen!« – Zitatende!

Die Weltformel – meine Güte, wie konnte das passieren! Unter Drogen konnte ich nicht gestanden haben, denn erstens akzeptierte ich nur Kölsch und Riesling als Rauschmittel, und zweitens hätte ich ohnehin kein Geld für exzentrische bewusstseinserweiternde Substanzen gehabt. Wäre diese Karte damals unserem Dekan in die Hände gefallen, hätte man mich wahrscheinlich exmatrikuliert. Und dies vollkommen zu Recht.

Schwamm drüber; ich war Anfang zwanzig, hatte gerade meinen Traum vom Schafezüchten begraben und taumelte als Landei in der Großstadt umher. Und dann kam das Landei Hotte des Weges, der wie alle Landeier auch nach 68 noch in die Tanzstunde geeiert war und tanzen konnte. Nichts Besonderes, das Übliche halt. Das reichte aber offenbar schon, um mich in lyrischem Schwulst versteigen zu lassen. Nüchtern betrachtet, gibt es nur eine einzige Erklärung dafür: Ich muss in puncto Tanzen so auf dem Ast gewesen sein, dass ich den armen Hotte mit all meinen blümeranten Walzerträumen überfrachtete. Was ich damals freilich nicht ahnte: Es sollte noch viel schlimmer kommen.

Heroes

Ganz gleich wo und mit wem man sich auch verabredete, eines war in den achtziger Jahren enorm wichtig: Cooles Herumstehen. Soweit ich mich erinnere, nannte man das lässige Posieren damals noch nicht »cool«, aber heute weiß eigentlich jeder ungefähr, was damit gemeint ist. Das wichtigste Accessoire der Achtziger-Coolness war eine schwarze Lederjacke, die möglichst danach aussehen sollte, als hätte sie einem Sid Vicious von den Sex Pistols persönlich als Zeichen der Verbundenheit vermacht. Die Kölner Kultstätten der unterkühlten Art waren das EWG und das Punklokal Blue Shell. Ersteres war besonders beliebt bei Theaterleuten, Künstlern und Galeristen, die alle davon überzeugt waren, dass sie kurz vor dem Durchbruch standen. Das Blue Shell hingegen war proletarischer, punkiger. Dort lag Gewalt in der Luft, die sich keineswegs nur im heldenhaften Kampf Mann gegen Mann entlud. Ich durfte es bei meinem allerersten Besuch selbst erleben, dass die virilen Rebellen in ihrem Zorn durchaus auch mal unschuldige Objekte in die Mangel nahmen.

Der Regisseur in spe und ich waren mit unserem gemeinsamem Freund Christian im Kino gewesen und wollten auf dem Nachhauseweg noch irgendwo einkehren. Die nächste Eckkneipe sah schon von weitem interessant aus. Sie empfing einen bereits am Eingang in erfrischendem Swimmingpoolblau, und der maritime Name Blue Shell wirkte äußerst einladend. Ein kurzer Blick ins blaulackierte, neonbeleuchtete Innere genügte: Wir waren begeistert. Hier war noch mehr los als im putzigen kleinen Peppermint! So etwas hatten wir noch nie gesehen. Das Lokal passte perfekt zu »Taxi Driver«, dem Film, den wir gerade im Kino gesehen hatten. Ein Großteil der Gäste hatte sogar eine gewisse Ähnlichkeit mit dem durchgeknallten Großstadtindianer Robert de Niro.

Neben den Irokesen und Punks gab es Rockabilly-Typen, die aussahen wie Elvis und Ted Herold. Frauen waren zwar auffällig wenige da, aber die toughen, mit schweren Ketten und Hundehalsbändern dekorierten Punkladys inszenierten sich genauso selbstbewusst wie die Drag-Queens, die aussahen, als kämen sie geradewegs vom Set der Rocky Horror Picture Show. Die süßen Teddygirls taten sich da schon schwerer zwischen all den harten Typen; die meisten saßen wie hübsche Accessoires neben ihren Teddyboys. Wir kamen aus dem Staunen nicht heraus. Hier brannte die Luft. Das hier war wirklich etwas Neues. K'town ade! Was auch immer hier vorging, ich wollte es auf gar keinen Fall verpassen.

Wir kämpften uns zur Theke durch und bestellten drei Kölsch. Neben uns stand ein damals schon sehr bekannter Künstler, der heute Kunstprofessor ist. Er war umringt von herb-männlichen Jüngern, die andächtig an seinen Lippen hingen. Plötzlich wandte sich der Meister an einen seiner Adlaten und brüllte ihm etwas ins Ohr. Der angebrüllte Fan nickte zunächst, lachte gleich darauf kreischend wie ein Orang-Utan und blickte sich auch plötzlich mit dem Gesichtsausdruck eines wildgewordenen Primaten in der Kneipe um. Fiebrig wanderte sein Blick von Frau zu Frau. Mag sein, dass es ein großer Fehler war, ihm unerschrocken in die Augen zu schauen, als die Reihe an mir war. Vielleicht handelte er auch im Auftrag seines Idols, oder sein Opfer-Scan hatte ihm übermittelt, dass er meinen beiden Begleitern im Falle einer Handgreiflichkeit gewachsen sein dürfte. Jedenfalls blieb sein Blick an mir hängen. Danach nahm das Desaster in Sekundenschnelle seinen Lauf:

Das emsige Beta-Männchen warf sich mit dem todesmutigen Ingrimm eines Alphatieres, das seine Herde gegen unbotmäßige Angreifer zu verteidigen hat, in die Schlacht, stürzte schnurstracks auf mich zu, riss mir meine Handtasche von der Schulter und verschwand damit im Männerklo. Ich folgte ihm todesmutig und musste ohnmächtig mitansehen, wie er das gute Stück im Pissoir versenkte.

Sollte das etwa ein Happening sein? Na, dann bravo, meine Herren! Was auch immer es war, es war widerwärtig. – Doch alles Fluchen half nichts, ich wollte meinen Geldbeutel und den Haustürschlüssel gerne wiederhaben; und da weder der Regisseur in spe noch unser gemeinsamer Freund irgendwelche Anstalten machten, sich für mich zu prügeln, fischte ich meinen ollen Beutel halt selbst aus dem Pissoir.

Fürs Erste wollte ich nur noch eines: Den Laden in Schutt und Asche legen; wahlweise zu »London's Burning« von The Clash oder David Bowies »Ashes To Ashes«. Und dann auf der Beerdigung des Beutelversenkers tanzen, wenn es sein musste, gerne auch mit Headbanging, Pogo und allem Drum und Dran. Und fürs Finale dann ein dreifaches »Holiday in Cambodia« von den Dead Kennedys!

Ich blieb vernünftig. Um mich in Zukunft gegen tollwütige Lederjackenprimaten besser zu wappnen, hob ich hundert Mark von meinem Sparbuch ab und legte mir im Secondhandladen eine schwarze Lederjacke zu. Sie war eng und knapp geschnitten wie die, die John Travolta im Vorspann zu »Saturday Night Fever« trug. Das Ding wirkte Wunder. Trotz meines ganz und gar unpunkigen blonden Zopfes, der bis zur Hüfte reichte, sah ich darin aus, als hätte mich Vivienne Westwood persönlich gestylt.

Es muss ungefähr um diese Zeit gewesen sein, als ich mir im Antiquariat König einen bleischweren Bildband über die

Kostümabteilung der Eremitage kaufte. Wie einen kostbaren Schatz schleppte ich das Ding nach Hause und konnte mich gar nicht sattsehen an den prunkvollen Parade- und Ballkleidern. Was mich ohnehin schon als Kind unbewusst beschäftigt hatte, ließ mich von da an nicht mehr los: die Sprache der Mode.

Kleider haben eine solche Macht, dachte ich jedes Mal, wenn ich mein John-Travolta-Wämschen anzog. Es war nichts weiter als eine schwarze Lederjacke unschätzbaren Alters, und dennoch fühlte ich mich darin wie in einem Panzer, der mich auf wundersame Weise gegen alle Unbilden des Großstadtlebens feite. Hin und wieder traute ich mich damit allen schlechten Erfahrungen zum Trotz auch ins Blue Shell und kam jedes Mal unversehrt und samt Handtasche wieder heraus.

Doch noch einmal kurz zurück zum Beutelversenker. Er lief mir in den Jahren danach immer mal wieder über den Weg, denn offenbar war er ins bürgerliche Lager gewechselt und wohnte mit seiner Familie genau wie ich im Belgischen Viertel. Wenn ich ihn sah, war ich jedes Mal froh, dass ich weder im Besitz einer Schusswaffe war noch ein Springmesser bei mir hatte. Auf die Stunde einer unblutigen Revanche sollte ich 20 Jahre warten müssen. Sie ereilte mich unverhofft auf dem Friesenplatz, der gleich nach dem Barbarossaplatz der zweitödeste Platz in Köln ist. Ein idealer Ort also für eine High-Noon-Begegnung.

Es geschah an einem sonnigen Tag zu Beginn des 21. Jahrhunderts, als ich nach getaner Radioarbeit vergnügt nach Hause radelte. Ich erkannte ihn schon von weitem. Da war er schon wieder, der jämmerliche Beutelversenker – mittlerweile schmerbäuchig und mit schütterem Haar, flankiert von einem kurzbeinigen, dicken Hund. Obwohl ihn das Schicksal ganz offensichtlich mit einer fortschreitenden Verspießerung schon genug geschlagen hatte, wollte es mir nicht gelingen, meinen Groll gegen den Missetäter zu begraben. Kein Mensch auf der Welt konnte binnen weniger Sekunden eine so wüste Wut in mir entfachen wie er.

Arglos und tumben Blicks trottete er in seinem khakifarbenem Kurzärmelhemd genau auf mich zu. Nichts an seiner durchschnittlichen Erscheinung erinnerte mehr an den tollen Hecht, für den er sich in seiner Jugend einst gehalten hatte. Ich wusste sofort: Jetzt oder nie. Mein Satz musste sitzen wie ein Schuss. Ich holte tief Luft, sammelte mich wie vor einem Stabhochsprung und passte genau ab, bis wir uns unmittelbar auf Augenhöhe befanden. Dann sprach ich ihn frontal an – in einem Ton, der meiner Einschätzung nach mindestens so maliziös und unberechenbar klang wie die Stimme des späten Klaus Kinski: »Weißt du eigentlich, dass ich dich schon seit zwanzig Jahren umbringen will!« – Für eine Schrecksekunde lang sah ich genau das, was mir der Beutelversenker seit zwei Jahrzehnten schuldete: Angst. Mehr noch: Angst und Bedauern. Vor mit stand ein jämmerlicher, mickriger Typ, der nach Luft schnappte, weil er fürchten musste, gleich einer blutrünstigen Wahnsinnstat zum Opfer zu fallen.

Damit war's gut. Ich erklärte ihm in drei verächtlichen Sätzen den Grund meiner langanhaltenden Mordlust. Dann ließ ich von ihm ab und verzichtete darauf, ihn zu vernichten. Dass er mir nachrief, das Ganze täte ihm heute noch leid, sie hätten damals halt wirklich zu viel gekokst, war mir schon fast zu viel an Genugtuung. Sein hasenherziger Blick hatte mir gereicht.

Mein kleines unmerkliches Punk-Comeback fühlte sich sehr gut an. Allerdings wunderte ich mich schon ein bisschen darüber, dass ich nicht etwas Kraftvolles in der Art von »Anarchy in the UK« summte, als ich nach dem Coup nach Hause in die Moltkestraße radelte. Es fiel mir nichts Passenderes ein als »Hojotoho! Hojotoho! Heiaha! Heiaha!« aus dem zweiten Akt der Walküre.

Hätte ich Lilli nur ein paar Tage früher kennengelernt, wäre mir das Blue-Shell-Desaster vielleicht erspart geblieben. Sie unterbreitete mir nämlich gleich zu Beginn unserer Freundschaft eine Liste von Tabu-Lokalen. Keine zehn Pferde, sagte sie, brächten sie ins EWG, ins Roxy und ins Blue Shell, denn das seien die Reviere ihrer beiden freudlosen, selbstzerstörerischen Brüder. Als sie mir die beiden Punk-Deperados eines Tages vorstellte, verstand ich sofort, was Lilli meinte. Sie schlugen sich nicht nur die Nächte, sondern auch ihre Jugend achtlos um die Ohren. – Aber lebten wir nicht alle ähnlich planlos? Die Hippies hatten sich längst in Schale geworfen und sich auf breiter Front die guten Jobs gesichert, die grüne Schlacht gegen die Kernkraft war fürs Erste verloren, und Margret Thatcher und Helmut Kohl verbreiteten europaweit eher Aschermittwochstimmung denn Frühlingsgefühle. Wer setzte bei so viel no future noch auf eine bessere Welt? Wir waren eine seltsam disparate Generation von orientierungslosen »Heroes« – »We're nothing and nothing will help us. Maybe we're lying, then you better not stay. But we could be safer, just for one day«. Von David Bowie zumindest konnte man sich verstanden fühlen. – Helden waren wir schon, aber höchstens »für einen Tag«.

Das Tanzen überließen die Heroes den Disco-Weicheiern. Tanzen war allenfalls in New Yorker Clubs angesagt, denn Heroes, die es sich leisten konnten, pilgerten nach Manhattan. Dort machte man dann irgendwas mit Kunst, Schauspielerei, Mode. Aber eigentlich war es auch nicht so wichtig, was man machte, Hauptsache, man hatte das nächste Ticket zum JFK in der Tasche und ein Zimmer im »Chelsea« reserviert. Bei mir jedoch reichte das Geld bestenfalls für Bahnfahrten nach Wien, um mich auf die Spuren der zeitgenössischen österreichischen Literatur zu begeben, über die ich meine Abschlussarbeit schreiben wollte.

Mit Wien konnte man in den Zeiten der Heroes leider gar nicht punkten, schon gar nicht, wenn man aus Kostengründen ein günstiges Zimmer im Lehrerhausverein bewohnte. Spätestens zu diesem Zeitpunkt musste ich es mir selbst eingestehen: Ich war kein echter Hero. Ich war eine Doppelagentin, ein Disco-Weichei mit einer schwarzen Punkerjacke. Was blieb mir anderes als die Flucht nach vorne! Nach und nach entwickelte ich mich zur Virtuosin der Stilbrüche. Mein Lieblingsensemble bestand aus einem zarten Batistkleid, kombiniert mit schweren Springerstiefeln und meinem bewährten Lederwämschen!

Wenn ich in meine pfälzische Heimat fuhr, verzichtete ich allerdings auf derlei kühne Kombinationen, wenngleich diese Form von Mimikry jedes Mal zur Verstärkung von Weichei-Gefühlen führte. Doch meine Verwandtschaft hätte sich unnötig Sorgen um meine psychische Gesundheit gemacht. Insbesondere Onkel Heinz hätte es sich garantiert nicht nehmen lassen, ein paar gute Witze auf meine Kosten zu reißen.

Hin und wieder siegte das Disco-Gen in mir sogar vollends. Dann fuhr ich zur Kirmes oder zum Fasching in die Pfalz und tanzte Partyfox bis zum Umfallen auf alte Schinken wie »Rosamunde« oder auf Udo-Jürgens-Schlager wie »Ich war noch niemals in New York«. Ich war ein halber Hero und konnte trotzdem oder vielleicht gerade deshalb jede Zeile dieser Hymne der Daheimgebliebenen aus voller Brust mitsingen: »Ich war noch niemals in New York. Ich war noch niemals auf Hawaii. Ging nie durch San Francisco in zerrissenen Jeans. Ich war noch niemals in New York. Ich war noch niemals richtig frei. Einmal verrückt sein und aus allen Zwängen fliehn.«

Unter uns: Das war nicht das Schlechteste. In der Pfalz war die Wahrscheinlichkeit, dass man einen guten Discofoxtänzer erwischte, viel höher als in der Großstadt. Wobei der Harley-King aus dem Nachbardorf, der heimliche Schwarm meiner Mädchenjahre, sich leider, leider nie zu einem Tänzchen mit mir aufschwingen konnte. Stattdessen lud er mich zum Schnaps an die Bar ein und erzählte mir von seinen Highway-Abenteuern.

Doch ich sollte zufrieden sein. Von einem Harley-King, auf dessen Radarschirm man früher nicht einmal eine marginale Größe gewesen war, bei einem Faschingsball an die Bar eingeladen zu werden, war kaum zu toppen. Das Stelldichein muss sich dann auch dementsprechend schnell herumgesprochen haben. Oma fragte mich jedenfalls anderntags durch die Blume, wie denn der Stand der Aktien so sei. Ich konnte sie beruhigen und sagte: »War gar nix, Oma, nur ein Schnaps!« Dann wär's ja gut, meinte sie erleichtert. Der Mann sei nämlich so gut wie verlobt und hätte auch schon einen Bauplatz. Ach, Ömilein, seufzte ich, nahm sie in den Arm, tanzte einen kleinen Küchenschieber mit ihr. Die passende Melodie hatte ich noch vom Vorabend im Ohr: »Ich war noch niemals in New York. Ich war noch niemals richtig frei. Einmal verrückt sein und aus allen Zwängen fliehn.«

Onkel Heinz mochte den Song auch sehr gern, aber er betonte jedes Mal, dass er ja schon im Jahr 1980 mit seiner Bigband in Amerika gewesen sei. Das Kurt Schneider Sextett hatte auf die Konkurrenz der Starkstrommusiker, die zu ihren Auftritten mittlerweile mit Tiefladern vor den Gemeindehallen vorfuhren, mit einem genialen Trick reagiert. Sie vervierfachten ihre Besetzung und traten fortan als die »Pfälzerwaldmusikanten« im Bigband-Format auf. Gebucht wurden sie nun allerdings viel seltener für die Kirmes- und Faschingsfeste, sondern bei Großveranstaltungen und Festivals, die sich der Volksmusik verschrieben hatten.

Das spektakulärste Ereignis in Onkels Musikergeschichte war die Floridatournee der Pfälzerwaldmusikanten. Onkel Heinz hat die einzelnen Etappen dieses vierwöchigen Trips bis zum heutigen Tag im Gedächtnis parat. Man könnte ihn nachts um drei Uhr wecken und ihn nach dem Hinflug fragen, seine Antwort käme jedes Mal prompt: »Die Reise begann in Luxemburg. Nach einem Zwischenstopp in Irland ging es mit der Iceland-Air nach Orlando.« Von da an werden seine Ortsangaben allerdings jedes Mal eher vage, was daran liegen mag, dass die riesigen Hallen, die die Pfälzerwaldmusikanten auf ihrer Rundreise durch Florida bis zum letzten Platz füllten, meistens irgendwo in einer öden Vorstadtsiedlung – out of nowhere – lagen, dafür aber zirka 5000 Parkplätze hatten.

Das Publikum, das zum Großteil aus deutschen Auswandererfamilien stammte, nahm zum Teil sehr weite Anfahrten in Kauf, um die südwestdeutsche Bigband zu hören. Als Auftakt spielten die Pfälzer jedes Mal die deutsche und amerikanische Nationalhymne, und dann gab's ein schmissiges deutsches Gemütlichkeitsmedley, dass es den amerikanischen Fans ganz blümerant ums Herz wurde. Als im Nachschlag zu dieser Floridatournee dann auch noch zwei Schallplatten der Pfälzerwaldmusikanten gepresst wurden, war Onkel Heinz einfach nur noch selig.

Ungefähr zur gleichen Zeit hatte Tante Rosy das kleine Brötchenbacken ebenfalls satt und eröffnete ihren eigenen Frisiersalon. Sie engagierte zwei Gesellinnen und einen Lehrling und kaufte sich ihr eigenes Auto, einen kleinen Opel. Onkel fuhr ebenfalls eine Limousine des gleichen Fabrikats, aber seltsamerweise weiß ich nicht mehr, wie das Modell hieß. Es sah jedenfalls aus wie ein Wohnzimmer auf vier Rädern.

Damals verlor ich für eine Weile den Überblick über die »Auto-Biographien« von Onkel Heinz und Tante Rosy. Das war leider ein Indiz dafür, dass unsere Welten nach und nach auseinanderdrifteten, und wir konnten noch nicht einmal viel dagegen tun. Mein Leben hatte sich unversehens so beschleunigt, dass mir die Übergänge zwischen all den verschiedenen Sphären manchmal sehr schwerfielen. Musikalisch mochte ich Onkel Heinz und seinen Pfälzerwaldmusikanten nicht ins Reich des Musikantenstadels folgen, und die Welt der Heroes konnte ich ihm auch nicht wirklich nahebringen. Dennoch fanden wir in dieser turbulenten Zeit einen gemeinsamen musikalischen Nenner: das weltläufige Gesangs-Quartett Manhattan Transfer. Seine zeitlosen Hits wie etwa »Chanson d'Amour« oder »On a Little Street in Singapore« wärmten ihm und mir das Herz. Sie lieferten uns nicht nur Gesprächsstoff, sondern nährten auch die Zuversicht, dass wir uns nicht aus den Augen verlieren würden.

Heute bin ich sehr glücklich darüber, dass Onkel Heinz all die Jahre über viel Geduld hatte, zu warten, bis ich in meinem neuen Leben angekommen war und wieder festen Boden unter den Füßen hatte. Und ich glaube, er ist es auch. – Als er mich irgendwann Mitte der neunziger Jahre anrief und fragte, wie ich den neuen 3er BMW fände, wusste ich: Es ist wieder alles beim Alten.

»Trauen Sie Ihrem Gefühl«, stand auf dem Programm des Stücks, zu dem mich Kelly, der Regisseur in spe, eingeladen hatte. »Das musst du unbedingt, unbedingt sehen«, hatte er gesagt. In unserer privaten Inszenierung gab es entbehrliche Szenen, aber im Prinzip habe ich Kelly alles Unschöne längst vergeben – nicht zuletzt aus Dankbarkeit für die Nachdrücklichkeit, mit der er mich 1981 zum Festival »Theater der Welt« in Köln geschleppt hatte. Zu sehen gab es viele interessante Aufführungen, doch nichts fesselte mich so sehr wie die Stücke der Wuppertaler Choreographin Pina Bausch.

»Kontakthof« gefiel mir am besten. Mehr noch, das Stück ging mir so sehr unter die Haut, dass ich manche Szenen nur schemenhaft sah, weil ich ständig mit den Tränen kämpfte. Auf so packende Bilder war ich nicht vorbereitet gewesen. Ich konnte es kaum fassen: Das Bühnengeschehen wirkte wie eine Blaupause meiner Erfahrungen und meiner Sehnsucht. Wie war das möglich! Gleich am nächsten Tag kaufte ich mir eine weitere Eintrittskarte, um die Aufführung ein zweites Mal sehen zu können.

»Kontakthof« spielte in einem Raum, der aussah wie der große alte Tanzsaal im Goldenen Ochsen, wo früher unsere Kindermaskenbälle stattgefunden hatten. An Mobiliar standen auf der Bühne ungefähr zwei Dutzend alte Holzstühle, die an den Wänden aufgereiht waren, ein Klavier und ein altes elektrisches Schaukelpferd. So etwas Ähnliches hatte es in meiner Kindheit auch am Eingang des Neustadter Kaufhauses Weickert gegeben, gleich neben der Brezelfrau. Das war das Nadelöhr, durch das alle Eltern mit kleinen Kindern hindurchmussten: zehn Pfennig fürs Schaukeln und zwanzig Pfennig für die Brezel. Eigentlich kleines Geld für so viel Glückseligkeit.

»Kontakthof« spielte nicht – wie es der Name eigentlich suggerierte – an dem Ort, an dem sich Huren und Freier begegneten, sondern im altmodischen Tanzstundenambiente, wo Männer und Frauen ganz comme il faut versuchten, sich einander anzunähern und miteinander zu tanzen. Alle Tänzer hatten sich feingemacht, waren augenscheinlich mit hohen Erwartungen und großer Sehnsucht im Herzen zum Ball gekommen. Voller Schmelz war auch die Musik: Tango King Juan Llossas knödelte eine Schnulze nach der anderen: »Mein schönes Vis-à-Vis«, »Fräulein Grete«, »Blonde Clara«. Die Kostüme passten wie maßgeschneidert zu den alten Schlagern: Die Frauen trugen Cocktailkleider in leuchtenden Farben und hochhackige Pumps. Die Männer sahen in ihren korrekten Ensembles aus gedeckten Anzügen, weißen Hemden und Krawatten genauso aus wie Onkel Heinz, wenn er sich früher schick gemacht hatte für seine Auftritte mit den Kometen.

Man hatte das Gefühl, dass jedes Mal ein sentimentales Seufzen durch die Zuschauerreihen ging, wenn die ersten Takte von so wunderbaren alten Schnulzen wie »Frühling und Sonnenschein« erklangen. Alles lechzte nach Harmonie und Seligkeit, aber ein gemeinsamer Tanz wollte den Paaren auf der Bühne dennoch nicht gelingen. Zu viel Störendes ergab sich zwischen ihnen. Nichts ging mehr. Kein Tango, kein Walzer, kein Boogie-Woogie ließ sich auf traditionelle Weise vollenden.

Ständig blitzten in »Kontakthof« Erinnerungen an die klassischen Schrittfolgen des Balletts und der Gesellschaftstänze auf, aber letztendlich standen Tänzer wie Zuschauer vor einem Scherbenhaufen. Die traditionellen Rollen waren untauglich geworden, die Konventionen erwiesen sich als überholt und beengend. Die Tänzer kamen aus dem Tritt, weil ihre Welt aus den Fugen geraten war; neue Formen des Miteinanders waren nicht in Sicht.

»Kontakthof« hatte zwar keine durchgehende Handlung, aber es gab Leitmotive, die immer wieder auftauchten. Allen voran: die heikle Balance zwischen Männern und Frauen. Mal standen sie sich in freundlicher Absicht gegenüber, lächelten sich an und zeigten sich gegenseitig ihre Schokoladenseiten. Mal gingen sie vom einen auf den anderen Moment aufeinander los und piesackten sich gegenseitig mit kleinen Gemeinheiten. Sie zwickten sich, drückten sich gegenseitig die Augen zu, rissen einander Haare aus, boten sich Stühle an, um sie dann im letzten Moment wieder wegzuziehen. Sie nahmen einander mit gewinnendem Katzenlächeln bei der Hand, um dann dem anderen ungerührt die Finger einzeln nach hinten zu biegen. Eine Frau tänzelte mit neckischen Schrittchen auf einen Mann zu und biss ihn so fest ins Ohr, dass er vor Schmerzen zusammenzuckte. Sollte man weinen oder lachen über diese Torturen und Blessuren?

Beides war möglich. Es war ebenso berührend wie komisch zu sehen, wie sich aus alltäglichen Gesten virtuose Tanzsolos ergaben, nie dagewesene Pas de deux und Gruppentänze. Gesten der Annäherung verwandelten sich auf halbem Wege in Schläge. Die Sehnsucht nach Nähe und Zärtlichkeit kippte unversehens in Tätlichkeiten um. Kontakte im Sinne von echter Verständigung fanden im Kontakthof nicht statt. Nicht einmal tanzend wollte ein Dialog der Geschlechter gelingen. Die Sehnsucht nach Harmonie, die sich in den alten Schlagern spiegelte, ließ sich weder mit Worten noch auf dem Parkett bruchlos umsetzen. Es gab Zuschauer, denen das zu viel war. Sie verließen unter Protest ihre Plätze. Verstehen konnte ich das nicht, aber Pina Bauschs Aufforderung im Programmheft war wohl ernstgemeint und ließ auch Raum für Abwehrreaktionen: »Trauen Sie Ihrem Gefühl.«

Die Australierin Meryl Tankard, eine der eindrucksvollsten Tänzerinnen im damaligen Ensemble von Pina Bausch, sagte einmal über »Kontakthof«: »Wenn wir zu Anfang nach vorn an die Rampe gehen und uns von allen Seiten zeigen, dann hat das für mich sehr viel mit dem zu tun, was man im klassischen Ballett macht: sich zeigen, sich präsentieren – etwas tun, damit jemand dich liebt.«

Dieser Satz ist mir lange nachgegangen. Tanzen wir wirklich, weil wir geliebt werden wollen?

Kurioserweise brachte mich ein Lyrik-Seminar ein wenig weiter in dieser Frage, mit der sich offenbar auch schon Johann Wolfgang von Goethe beschäftigt hatte. Er kam zu dem banalen Schluss, dass die einen nur um des Begehrens und um der Liebe willen tanzen, die anderen schwingen aus schierer Bewegungslust das Tanzbein. Diese Theorie überzeugte wohl auch Johannes Brahms, der Goethes Gedicht im Jahr 1859 wunderschön vertonte.

Wechsellied zum Tanze

Die Gleichgültigen
Komm mit, o Schöne, komm mit mir zum Tanze
Tanzen gehöret zum festlichen Tag.
Bist du mein Schatz nicht, so kannst du es werden,
Wirst du es nimmer, so tanzen wir doch.
Komm mit, o Schöne, komm mit mir zum Tanze;
Tanzen verherrlicht den festlichen Tag.

Die Zärtlichen
Ohne dich, Liebste, was wären die Feste?
Ohne dich, Süße, was wäre der Tanz?
Wärst du mein Schatz nicht, so möcht ich nicht tanzen,
Bleibst du es immer, ist Leben ein Fest.
Ohne dich, Liebste, was wären die Feste?
Ohne dich, Süße, was wäre der Tanz?

Die Gleichgültigen
Lass sie nur lieben, und lass du uns tanzen!
Schmachtende Liebe vermeidet den Tanz.
Schlingen wir fröhlich den drehenden Reihen,
Schleichen die andern zum dämmernden Wald.
Lass sie nur lieben, und lass du uns tanzen!
Schmachtende Liebe vermeidet den Tanz.

Die Zärtlichen
Lass sie sich drehen, und lass du uns wandeln!
Wandeln der Liebe ist himmlischer Tanz.
Amor, der nahe, der höret sie spotten,
Rächet sich einmal, und rächet sich bald.
Lass sie sich drehen, und lass du uns wandeln!
Wandeln der Liebe ist himmlischer Tanz.

Ich musste nicht lange überlegen: Zur Fraktion der Zärtlichen wollte ich definitiv nicht gehören. Außerdem, welchen Mann hätte man schon mit »Ohne dich Süßer, was wäre der Tanz?« anschmachten können? Außer Hotte war ja kaum ein Kerl, der keine erotischen Absichten hatte, wirklich zum Tanzen zu bewegen. Wenn sich ein erotisches Geplänkel beim Tanzen ergab, war's schön und gut; wenn nicht, war man wenigstens auf dem Parkett auf seine Kosten gekommen.

Goethe war anscheinend ebenfalls ein »gleichgültiger« Tänzer. Zumindest sprach mir die Bewegungsfreude, die aus seinem Wechsellied hervorging, ganz aus dem Herzen: »Schmachtende Liebe vermeidet den Tanz.« – Zum Glück! Es war besser, wenn die Schmachtenden nicht tanzten. Denn gab es etwas Lästigeres als enthemmt balzende Liebespärchen, die schon auf offener Tanzfläche halb vollführten, was im privaten Bereich eigentlich besser aufgehoben war?

Schmusen oder Schwofen – das war also die Frage, auf die es beim Tanzen wohl letztlich hinauslief. Darüber war ich mir auch mit Lilli einig. Wir hatten beide die Erfahrung gemacht, dass sich schon nach wenigen Schritten zeigte, welche Erwartungen die Leute auf die Tanzfläche mitbrachten. Und wir waren uns auch ganz sicher, dass die tänzerischen Beweggründe bei Männern und Frauen genau diametral entgegengesetzt waren. Mit anderen Worten: Unter zehn tanzenden Männern war höchstens ein echter Tanzmaniac zu finden; der Rest nahm das Tanzen aus Gründen der Anbahnung halt auf sich. Bei den Frauen – und zum Großteil auch bei den Gays – war der Proporz genau umgekehrt.

Lilli und ich waren überzeugt davon, dass diese Faustregel auch überregionale, wenn nicht gar internationale Gültigkeit beanspruchen konnte. Uneins waren wir uns allerdings darüber, ob sie auch in der Karnevalszeit in Köln anzuwenden wäre. Lilli behauptete: »An Karneval ist hier alles anders. Dann tanzt die ganze Stadt.« In meinen ersten Kölner Jahren dachte ich das auch. Heute würde ich sagen: Es sieht nur so aus. In Wahrheit ist der Kölner Karneval ein einziges kollektives Schmusefest, das sich auf listige Weise als gigantische Schwof-Orgie tarnt.

Von Weiberfastnacht bis Karnevalsdienstag liegen sich die Einwohner der Stadt nämlich bierselig und schunkelnd in den Armen und singen rund um die Uhr sentimentale, lokalpatriotische Lieder, die hauptsächlich davon handeln, dass die Kölner in ihrem Viertel wirklich alle ganz fest zusammenhalten, dass der Dom immer an seinem Platz bleiben wird, dass das Wasser von Köln gut ist und dass »Kölle« sowieso der Nabel der Welt ist. All das hat aber nicht viel mit Tanzen zu tun.

Karneval

Als ich in meinen ersten Kölner Karneval hineinstolperte, kannte ich Lilli noch nicht. Niemand hatte mich darauf vorbereitet, dass dieses Fest weit massiver in den städtischen Alltag eingreift als Ostern, Pfingsten, Weihnachten und Neujahr zusammen. Kurz, der Karneval traf mich so überraschend wie ein Keulenschlag aus dem Hinterhalt. Nichtsahnend hatte ich mich mit dem Regisseur in spe an Weiberfastnacht in unserer Lieblingsbuchhandlung verabredet. Dort angekommen, wunderten wir uns ein wenig, dass sich so ungewohnt wenig Kunden in dem ansonsten notorisch überfüllten Geschäft befanden; aber nun gut, das konnte ja vorkommen. Nach wenigen Minuten betrat der Chef der Buchhandlung den Verkaufsraum, räusperte sich vernehmlich, rückte seine feine Brille zurecht und sagte in gereiztem Ton: »Meine Damen und Herren, ich möchte Sie bitten, nun mit Ihren Einkäufen zur Kasse zu kommen. Wir haben heute Weiberfastnacht, und es ist schließlich schon Mittag.«

Ich verstand die Welt nicht mehr: Der beste Buchhändler am Ort wollte schon um ein Uhr schließen, nur weil Weiberfastnacht war! Der Karneval, den ich aus der Pfalz kannte, hieß Fastnacht und fand entweder im ZDF bei der Prunksitzung »Mainz bleibt Mainz« statt oder auf Faschingsbällen in Waschbeton-Gemeindehallen. Dass dieses mäßig aufregende Ereignis in Köln schon vier Tage vor Rosenmontag auch Intellektuelle mit Goldrandbrillen erfasste, damit hatte ich wirklich nicht gerechnet!

Kelly und ich vertagten unser Vorhaben also notgedrungen und gingen zur Mensa.

Das Schauspiel, das sich dort bot, werde ich mein Lebtag nicht vergessen. Die Mensaköche hatten sich aus Gemüseblättern die abenteuerlichsten Kopfbedeckungen gebastelt und standen schunkelnd und kochlöffelschwenkend in der Großküche und sangen: »Drink doch eine met, stell dich net esu aan, do steihs he de janze Zick eröm.« – Den Sinn dieser Bläck-Fööss-Zeilen verstand ich damals als frisch Zugereiste natürlich noch nicht. Durch besinnungsloses Nachsingen dieser kölnischen Hymne kam ich im Lauf der Jahre dahinter, wie das Ganze in verständlichem Deutsch heißen musste: »Trink doch eins mit, stell dich nicht so an. Du stehst hier die ganze Zeit herum.«

Die Frau an der Essensausgabe geizte an diesem Tag nicht mit den Portionen. Fröhlich schunkelnd lud sie den Studenten das Tablett ordentlich voll. Mit der gleichen Großzügigkeit präsentierte sie auch ihr stattliches Dekolleté, das äußerst appetitlich unter ihrem Arbeitskittel hervorlugte. Auf dem Kopf trug sie eine rote Plastikschüssel, darunter eine strohige blonde Perücke und an den Ohren blaue Weckglasgummis. Die Kassiererin hatte sich ein Sieb auf den Kopf geschnallt und war wegen der roten Gumminase, die sie sich über die Nase gestülpt hatte, kaum zu verstehen. Dieses närrische Handicap hinderte sie keineswegs daran, trotzdem kräftig mitzusingen: »Häs de och kei Jeld, dat es janz ejal. Drink doch met un kümmer dich net dröm.« Erst die Übersetzung dieser Strophe enthüllte mir die ergreifende Message des Ganzen: Hast du auch kein Geld, das ist ganz egal. Trink doch mit und kümmere dich nicht darum.

Ich fand das alles großartig und der Regisseur in spe ebenfalls. Auf dem Nachhauseweg stellten wir fest, dass nun definitiv alle Geschäfte geschlossen hatten, während sich die Straßen und Kneipen mit Maskierten füllten. Was tun? Kelly hatte die rettende Idee: Wir riefen seinen Kölner Freund Pit und ein paar andere Kommilitonen aus seiner Film-AG an und verabredeten uns mit ihnen für den Abend zum Feiern im Früh in der Südstadt. Das einzige Problem: Wir hatten kein Kostüm. Sich unverkleidet in den Kölner Karneval zu wagen, hatte uns Pit ermahnt, sei fahrlässig und anstrengend. Genauso gut könne man sich nackt in ein Opernfoyer begeben.

Der Karneval war offenbar eine ernste Sache. Doch was tun? Ich entschloss mich kurzerhand zu einer »Fraa Babbisch«-Improvisation. Die freche Putzfrau war meine Lieblingsfigur im Mainzer Karneval. – »Babbisch« ist eigentlich ein pfälzisches Adjektiv und wird üblicherweise zur Beschreibung von Klebrigem verwendet. – Ich rollte meine Haare mit ein paar Lockenwicklern auf. Dann verhüllte ich das Ganze mit einem großen Kopftuch, das ich im Stil der Trümmerfrauen mitten auf dem Kopf verknotete. Mein geblümter Bademantel eignete sich hervorragend als Kittelschürzenersatz. Es fehlte nur noch ein Putzlappen, ein billiges, verschmiertes Augen- und Lippen-Make-up, und schon war die Fraa Babbisch ausgehfertig.

Doch was war mit Kelly? Nun zahlte sich sowohl unser mittäglicher Mensabesuch als auch Kellys Faible für absurdes Theater aus. Der Regisseur in spe ging an meinen Geschirrschrank, nahm das rote Plastiksieb heraus, setzte es auf seinen wilden Lockenkopf und sagte: »Das sollte reichen für den Assistenten von Fraa Babbisch.« Ich war einverstanden, gab aber im gleichen Augenblick zu bedenken, dass es kaum möglich sei, in diesem absurden Aufzug ohne peinliche Zwischenfälle in die Südstadt zu gelangen. Alleine der Gang durchs Treppenhaus könnte ja schon zum Desaster werde! Wenn mich die beiden ernsthaften Künstlernachbarn sähen, wäre ich ja vollkommen unten durch. Kelly kehrte den Existenzialisten heraus und sagte: »Das ganze Leben ist ein absurdes Theater. Das hier ist doch ein Klacks.«

So überheblich das auch klang, er hatte recht. Schon an der Straßenbahnhaltestelle hatten wir uns an unseren grotesken Aufzug gewöhnt, denn wohin man auch schaute, sah man närrisch Kostümierte, die noch viel lustiger aussahen als Fraa Babbisch und ihr Assistent. Die wenigen unkostümierten Passanten taten so, als wäre das ganze Schauspiel völlig normal und verzogen keine Miene.

Wir drängten uns in die Straßenbahn, die so voll war wie die U-Bahn in Tokio in den Stoßzeiten des Berufsverkehrs. Direkt neben uns stand eine kleine Clown-Truppe in Lappenkostümen, die trotz der Enge auf ihre Trommeln eindroschen und aus vollem Hals brüllten: »Mer losse d'r Dom in Kölle, denn do jehööt hä hin. Wat sull dä dann woanders, dat hätt doch keine Sinn.« – »Köln ist verrückt!«, schrie ich Kelly ins Ohr. »Jeck«, schrie die Frau im Kuhkostüm neben mir zurück. »Kölle es jeck.«

Später sollte mir noch des Öfteren auffallen, wie wichtig den Kölnern diese Unterscheidung ist, denn das »Jecksein« ist, anders als das Verrücktsein, völlig frei von pathologischen Beiklängen. Lilli erklärte mir einmal, dass es auch sehr wichtig sei, Karnevalsjecken bloß nicht mit Karnevalisten zu verwechseln. Ein Jeck ist ein Mensch, der für sein Leben gerne Karneval feiert. Dies kann bei einem Karnevalisten nicht unbedingt vorausgesetzt werden, denn er gehört in jedem Fall irgendeinem eingetragenen Karnevalsverein an, hat wahrscheinlich einen höheren Posten in einer Bank oder einer Kanzlei und legt größten Wert darauf, sich vom gemeinen Karnevals-Fußvolk durch eine fesche Gardeuniform abzuheben. – Jecke Ausnahmen bestätigen selbstverständlich diese karnevalistische Regel.

Karnevalisten fahren auch nicht mit der Straßenbahn, sondern werden in klimatisierten Bussen zu ihren Sitzungen und

Umzügen gekarrt, wo sie weitgehend ungestört unter ihresgleichen feiern können. Insofern bin ich mir sicher, dass ich an meinem ersten Tag im Karneval hauptsächlich von echten Jecken umgeben war und somit die rundum sympathischen Seiten dieses Kölner Brauchs kennenlernen durfte. »The first cut is the deepest« – diese lebenskluge Erkenntnis gilt auch und gerade beim Karneval. Ich habe mir schon oft ausgemalt, zu welchen verheerenden Spätfolgen es hätte führen können, wenn es mich als Kölnneuling in irgendeinen roten oder blauen Funkenbiwak oder gar in das Hunnenlager verschlagen hätte! Die seelische Verstörung wäre bestenfalls durch einen Discofoxmarathon mit einem Jan-van-Werth-Offizier zu korrigieren gewesen oder durch eine Ehrenmitgliedschaft bei den Treuen Husaren.

Nun, ich hatte jedenfalls Glück, auch wenn es auf den ersten Blick nicht danach aussah, als wir endlich vor der Pforte des alten Brauhauses Früh im Veedel angekommen waren. Kelly öffnete die Tür, und wir konnten es nicht fassen: Vor uns eine einzige undurchdringliche Wand. Ein wogendes, schunkelndes Massiv aus wildkostümierten Menschen, die sich allesamt verständlicherweise in geräumigere Verhältnisse hineinphantasierten: »Jetz hät dat Schmitze Billa en Poppelsdorf en Villa. Et hät en eigen Hus, et Bill es fein erus.« Die singenden Jecken hatten sich links und rechts untergehakt und schunkelten von einem Bein aufs andere. Wer auf dem Boden keinen Platz gefunden hatte, stand auf den Stühlen, Tischen oder Bänken. Umfallen konnte da drinnen niemand, denn die Leute standen so dicht an dicht, dass ein Kollabieren schon aus Platzgründen ganz unmöglich war. Ideale Voraussetzungen offenbar, um sich singend am weit größeren Unglück anderer zu ergötzen: »Däm Schmitz sing Frau es durchjebrannt. Trallarallarallalla. Wohin, dat es noch unbekannt. Trallarallarallalla …«

Pit hatte vorgeschlagen, sich an der Theke zu treffen, was mir nun vor Ort wie ein Himmelfahrtskommando vorkam. »Wahnsinn«, sagte ich zu Kelly, »da kommen wir nie rein.« Man hätte sich ja auch nicht mir nichts, dir nichts bei einem Abba-Konzert ganz vorne an der Bühne verabredet. Kelly schaute mir in die Augen und sagte: »Komm, das schaffen wir!« Dabei wirkte er so tapfer und zuversichtlich, als stünde uns eine dreiwöchige Amazonas-Expedition durch eine unerschlossene Kopfjägerregion bevor. Der riesengroße Pit hatte uns von weitem gesichtet und winkte uns aufmunternd zu. Nun gab es wohl kein Zurück mehr. Augen zu und durch! Zum Glück lief nun endlich mal ein Karnevalsschlager, der mir bekannt vorkam. Der Text erschien mir sehr passend: »Einmal am Rhein. Und dann zu zweit alleine sein …« Damit schunkelte ich mich schon mal ein und folgte dem Assistenten von Fraa Babbisch durchs Gewühl!

Das Lied haben wir dann im Laufe des Abends noch mehrfach gesungen, auch das mit der Schmitze Billa und all die anderen Texte, die wir nicht wirklich verstanden. Dazu schunkelten wir und tranken Kölsch, ein stimmungsaufhellendes Bier, das in schmalen hohen Gläsern serviert und von tollkühnen, schwer arbeitenden Kellnern den ganzen Abend lang in großen Alukränzen durch die wogenden, dampfenden Menschenmassen balanciert wird.

Als Kelly und ich gegen drei Uhr morgens nach Hause marschierten, summten wir den ganzen Wahnsinn auf Noten weiter vor uns hin. »Däm Schmitz sing Frau es durchjebrannt. Trallarallarallalla. Wohin, dat es noch unbekannt. Trallarallarallalla …« Jede einzelne unserer Körperzellen war vom stundenlangen Wiegen und Schunkeln dermaßen in Schwingungen geraten, dass wir mit einem blödsinnigen Wohlbehagen wie verzaubert nach Hause schwebten und uns gegenseitig versicherten, dass wir es mit der Wahl unseres Studienortes doch sehr gut getroffen hätten.

Ein einziger kleiner Wermutstropfen ging mir allerdings nach: Bis auf den dicken Mönch aus Kellys Film-AG hatte den ganzen Abend niemand mit mir getanzt! Unbekannte Herren hatten mich aus heiterem Himmel »gebützt« und diese Karnevalsküsschen dann auch noch mit wirklich hinreißenden Komplimenten garniert. Ein schmächtiger Indianerhäuptling mittleren Alters behauptete, ich sei wahrhaftig ein »Marzipankartöffelchen«, und ein abgetakelter Kardinal zeigte mir die Strapse unter seiner Soutane und flüsterte mir ins Ohr, ich sei ein »lecker Höppemötzje«.

Was immer das auch war, es hörte sich nett an. Ich bedankte mich für die Freundlichkeiten, verkniff mit allerdings die Bemerkung, dass es mir an sich noch lieber gewesen wäre, wenn wir die geschätzten vierzig Quadratzentimeter Bewegungsspielraum, die uns zum Flirten zur Verfügung standen, für ein paar klitzekleine Discofoxrunden genutzt hätten. Doch wie gesagt, nur der dicke Mönch las mir die Tanzsehnsucht von den Augen ab und versetzte mich mit ein paar gekonnten Walzerschritten mitten »Auf die Reeperbahn nachts um halb eins«, was mir zum Dahinschmelzen angenehm gewesen war. Das war's dann aber auch schon. Den Rest des Abends hatten wir ganz artig im Kollektiv geschunkelt, geschuckelt und gebützt. Und vor lauter unerfüllter Tanzsehnsucht hatte ich mich sogar mehrfach zum Polonaisenlaufen hinreißen lassen, obwohl ich das, wie schon erwähnt, schon als Kind grässlich albern gefunden hatte.

Auf Auswärtige mag das närrische Kölner Brauchtum äußerst bizarr wirken, aber für den innerstädtischen Gefühlshaushalt ist es elementar. Ohne den Karneval wäre Köln so fad wie eine Suppe ohne Salz. Mehr noch: Ohne dieses gefühlsduselige Sedativ wäre die Stadt vermutlich schon längst entvölkert und in der absoluten Provinzialität versackt, weil es wahrscheinlich allen Einwohnern nach und nach auffallen würde, wie unspektakulär dieser Ort tatsächlich ist. Wer sich mit überzeugten Kölnern einlässt, sollte darauf vorbereitet sein. Kölnern kritische Fragen zum Karneval zu stellen, ist ungefähr so feinfühlig wie der Versuch, einem Diabetiker das Insulin madig zu machen.

Der Karneval ist eine Zumutung, ein kollektiver Wahn, der das Gros der Kölner Einwohner jedes Jahr aufs Neue erfasst und für ein paar Tage auf vollkommen blödsinnige Weise rundum glücklich macht. Es ist auch unmöglich, Außenstehenden den tieferen Sinn des Ganzen nahebringen zu wollen. Es gibt ihn nicht. Es ist nicht zu erklären, was unbescholtene Menschen mit hehren Lebensidealen und ehrenwerten Berufen dazu bringt, sich sechs Tage lang in lebensbedrohlich überfüllten Lokalen aufzuhalten, nur um dort Lieder wie »Klingelingeling, hier kommt der Eiermann« zu singen und dabei womöglich auch noch eine Plastikschüssel als Kopfbedeckung zu tragen. Ich habe gelernt, diese Unfassbarkeiten hinzunehmen wie eine Naturgewalt, die die ganze Stadt vorübergehend in ein großes schmusiges Fest der Verbrüderung verwandelt.

Nach Aschermittwoch sind dann alle Jecken wochenlang erkältet, was sie jedoch keineswegs davon abhält, schon Pläne zu machen für die nächste Session: Welches Kostüm? Wohin und mit wem? – Die goldene Regel des Fußballs gilt natürlich auch für den Karneval: Nach der Session ist vor der Session. Bis dann endlich wieder alle grölen: »Ja, da simmer dabei! Dat is prima! Viva Colonia!«

Für eine Tanz-Verrückte wie mich ist der Karneval trotz seiner schmusigen Grundfärbung dennoch eine gigantische Verheißung, obwohl ich es nach zwei Jahrzehnten längst besser wissen müsste: Die meisten Jecken tanzen nicht, sie wollen schunkeln und schmusen. Umso größer ist allerdings das Vergnügen, wenn hin und wieder doch ein Karnevalsprinz aus dem Heer der Tanzbären hervortritt und einem durch ein paar gekonnte Tanzschritte für ein paar Minuten lang die Beine fliegen und das Herz in Flammen aufgehen lässt.

Noch heute laufen mir Wonneschauer über den Rücken, wenn ich an den halsbrecherischen Blues mit dem grasgrünen Techno-Kosaken auf der Theke einer Kneipe am Hansaring denke oder an die schmissige Polka mit dem rumänischen Maler im Stadtgarten. Ganz und gar unauslöschlich hat sich ein Discofoxsolo mit einem Matrosen in mein Hirn eingebrannt, und zwar ganz in der Nähe jener Hirnregion, in der die legendären Runden mit Mr. Hattric verewigt wurden.

Es muss Anfang der neunziger Jahre gewesen sein, im Weißen Holunder. Dort schickte sich an Weiberfastnacht zu fortgeschrittener Stunde ein dicker durstiger Sultan an, eine Polonaisenkarawane anzuzetteln. Ich kann im Nachhinein nur vermuten, dass sich der Leichtmatrose in einem Anfall von unbändiger Tanzlust nicht in den beginnenden dumpfen Trott der Karawane einfädeln wollte. Deswegen muss er blind neben sich gegriffen und sich das nächstliegende Frauenhandgelenk geschnappt haben, was in diesem Fall glücklicherweise das meinige gewesen ist. Galant schleuderte er sodann die erbeutete Tanzpartnerin wie ein Torerotuch mitten auf die Tanzfläche. Dort tanzten wir beide dann einen schwungvollen Discofox mit vielen neckischen Drehungen und Schnickschnack, bis die Polonaise an uns vorübergezogen war.

Von mir aus hätte die Sultansprozession Stunden dauern

können. Doch letztlich war es egal, wie lange das wilde kleine Tänzchen gedauert hatte, es hatte ohnehin schon dafür gesorgt, dass mein gesamter Organismus für den Rest des Abends mit Glückshormonen überschwemmt wurde. Und Restspuren dieser maritimen Energie sind ja, wie man an diesen Zeilen unschwer erkennen kann, noch heute in homöopathischer Dosis in meinem Adern nachweisbar.

Als ich den feurigen Matrosen anderntags als Buchautor und politischen Experten im Fernsehen wiedersah, klebte ich wie ein sehnsuchtskranker Teenager in einem halbem Meter Abstand vor der Mattscheibe. Es hätte nicht viel gefehlt, und ich hätte mir trotz meiner angespannten privaten Haushaltslage vor lauter Begeisterung alle Bücher des Fernsehmatrosen gekauft, obschon ich mit seinem Spezialgebiet absolut gar nichts anfangen konnte. Doch ich ließ es sein und sagte mir: Der nächste Karneval kommt bestimmt! Auf Lale Andersen war schon immer Verlass: »Ein Schiff wird kommen und das bringt mir den einen …«

Ähnlich absurde Heilserwartungen an den Karneval hatte ich bereits in meiner Studentenzeit im Kölner Finanzamt erlebt. Dort hatte ich einen meiner ersten Semesterferienjobs gefunden. Meine Aufgabe war es, die endlosen Zahlenkolonnen, die auf riesigen Karteikarten fein säuberlich nebeneinander aufgereiht waren, nachzurechnen und auf ihre Richtigkeit zu prüfen. Mein einziges Hilfsmittel war eine mechanische Rechenmaschine, denn noch war die Menschheit nicht im digitalen Zeitalter angekommen. Nach einer Woche konnte ich das ratternde Ding blind bedienen und rechnete Kolonne um Kolonne mühelos vor mich hin.

Ich hatte also viel Zeit zum Zuhören, was ideal ist, wenn man leidenschaftlich gerne Geschichten hört und noch dazu umgeben ist von äußerst gesprächigen Finanzbeamten. Nach und nach fiel mir auf, dass der Karneval in vielen Unterhaltungen eine ganz wichtige Rolle spielte. Besser gesagt, er ragte unter allen Gesprächsstoffen majestätisch empor wie ein Leuchtturm bei windstiller See. Irgendwann begriff ich jedoch seine wahre Dimension: Der Karneval war ein geheimer Code, das ferne Ziel, das allem Tun an diesem Ort einen Sinn verlieh.

An Weiberfastnacht, soviel war zu ahnen, verwandelte sich die Finanzamts-Kantine nicht nur in eine mit Luftschlangen dekorierte provisorische Diskothek. Dieser nüchterne Ort, der ungefähr die Gemütlichkeit einer Bushaltestelle ausstrahlte, mutierte an diesem magischen Datum in ein Inferno des Frohsinns. Ja, mehr noch, er wurde zu einem heiligen Gral, der alle Sehnsüchte und Begierden, die sich übers Jahr in den Amtstuben aufgestaut hatten, in sich aufnahm und Erlösung verhieß.

Ich stellte mir vor, dass der DJ wahrscheinlich angehalten war, nur symbolträchtige Titel wie »The winner takes it all« von Abba aufzulegen, wenngleich an diesem hohen Feiertag Zahlen angeblich einmal ausnahmsweise keine Rolle spielten. Allen Schilderungen zufolge wurden dann nicht nur Krawatten abgeschnitten, sondern auch die Karten mal ganz schön neu gemischt; zumindest für diesen einen Tag. Mein Lieblingskollege nahm mich eines Tages beiseite, um mir ein Geheimnis anzuvertrauen. Ich dachte schon – meine Güte, was kommt denn jetzt! Was er dann kundtat, machte mich dann einen Moment lang tatsächlich sprachlos: An Weiberfastnacht würde er sich trauen, was er sonst das ganze Jahr über nicht wage: Er würde tanzen!

Der einzige Mitarbeiter, der sich beim Thema Karneval auffallend zurückhielt, war ein älterer Herr. Er kam stets so picobello daher, als wäre er entweder auf dem Weg zu einem neuralgischen Termin bei seinem Bankdirektor oder zu einem Tanztee-Rendezvous mit einer eleganten alterslosen Dame. Irgendwann stellte sich heraus, dass meine Assoziationen gar nicht so abwegig waren. Herr Picobello war nämlich in seinem früheren Leben nicht nur ein leidenschaftlicher Tänzer, sondern auch ein Narrenkappenfabrikant in Köln gewesen. Er hatte Pleite gemacht und musste nun perfiderweise sein quasi unrettbar verschuldetes Dasein in der Steuerprüfung fristen. Jede Mark, die er nicht für seinen Lebensunterhalt brauche, erzählte er mir einmal in der Kantine, werde ihm auf der Stelle weggepfändet.

Mehrere Semesterferien lang saßen wir uns genau gegenüber; Schreibtisch an Schreibtisch verbrachte ich täglich acht Stunden mit dem enteigneten Karnevalsprinzen in einem Raum. Irgendwann erschien er mir so vertraut wie der kümmerliche Christusdorn im Hydrotopf auf der Fensterbank. Wie er das Kunststück fertiggebracht hatte, in Köln mit einer Narrenkappenfabrikation zu scheitern, habe ich ihm dennoch nie entlocken können. Bedauerlicherweise lagen die Termine der Semesterferien auch nie so, dass es mir vergönnt gewesen wäre, einmal eines der legendären fiskalischen Karnevalsfeste zu erleben. Spätestens dann, da bin ich mir sicher, hätte ich das Geheimnis von Signore Picobello gelüftet.

Die Bedeutung, die man dem Karneval im Kölner Finanzamt beimaß, war zwar bemerkenswert, aber wirklich herausragend war sie nicht. Das wurde mir dank diverser anderer studentischer Hilfskrafttätigkeiten klar. Ganz gleich, ob ich Kabel in den Studios des WDR schleppte, ob ich kellnerte oder mich als Telefonistin verdingte, der Karneval war das Schmieröl im Räderwerk des kölnischen Alltags. Das erklärt übrigens auch, wieso jede größere Festlichkeit, die in Köln begangen wird, meistens auch karnevaleske Züge trägt. Ganz gleich ob der Papst oder der amerikanische Präsident zu Besuch kommt, ob eine Fronleichnamsprozession begangen wird oder der Christopher Street Day, die Stadt sieht zu solchen Anlässen immer aus, als wäre ganz überraschend der Karneval ausgebrochen. Und nicht selten gehen die Kneipenwirte dann zu fortgeschrittener Stunde einfach mal so dazu über, auch außerhalb der Saison ein paar Karnevalslieder aufzulegen. Sobald die Stimmung steigt, geben die Kölner die Regie ab an den Karneval.

Einen einzigen Arbeitsplatz habe ich in Köln kennengelernt, der nicht nach dem Regelwerk des närrischen Frohsinns funktionierte: ein Café im feinen Lindenthal. Dort hielt ich es auch nicht lange aus, nachdem ich erfahren hatte, dass die Besitzerin, eine glühende Verehrerin des Bhagwan Shree Rajneesh, ihrem indischen Meister angeblich gerade einen Rolls-Royce geschenkt hatte. Sie speiste ihre Angestellten mit einem Hungerlohn ab und warf dem »Gesegneten« in Poona oder Oregon die Millionen in den Rachen; bei aller nachvollziehbaren Liebe zu interessanten Autos, das ging mir zu weit.

Überhaupt schaudert es mich noch heute, wenn ich an all die somnambulen, ausschließlich in Rot gekleideten Sannyasins denke, die einem in den 1980er Jahren im Belgischen Viertel auf Schritt und Tritt begegneten. Damit man sie auch ja nicht mit Normalsterblichen in roter Kleidung verwechseln konnte, trugen sie alle eine braune Perlenkette um den Hals mit einem Amulett, das ein Portrait des Erleuchteten zierte. Nach und nach kauften die scheinroten Socken ganze Straßenzüge im Belgischen Viertel auf und trieben die Miet- und Immobilienpreise in der Gegend in obszöne Höhen.

Zu meinem Entsetzen erfasste die rote Osho-Doktrin auch

einige meiner Freunde und Kommilitonen. Selbst hartgesottene Intellektuelle entblödeten sich nicht, ganz entspannt im Hier und Jetzt vor Morgengrauen zur Urschrei-Therapie bei den Sannyasins zu gehen und abends dann zum Afterwork-Tanzen in die Bhagwan-Disco. Lieber hätte ich mich mit dem Beutelversenker zum Pogo-Tanzen unter der Zoobrücke verabredet, als mich bei diesen Séancen blicken zu lassen.

Nachdem die erleuchtete Rolls-Royce-Flotte Mitte der 1980er Jahre auf über 90 Luxuskarossen angewachsen und der Meister im amerikanischen Exil in eine mehrjährige Phase des Schweigens eingetreten war, nahm der psychedelische rote Spuk dann auch in Köln ein Ende. Nach und nach gingen Oshos Jünger dazu über, ihre Ketten abzulegen und in anderen Tarnfarben im Kölner Alltag unterzutauchen, wo sie, wenn ich meinem guten Gesichtergedächtnis nach wie vor trauen darf, auch heute noch ihren lukrativen Geschäften nachgehen.

Den fröhlichen Tarnfarben-Wechsel konnte ich eine Weile sogar aus nächster Nähe beobachten, denn nachdem ich mein Studium abgeschlossen hatte, jobbte ich eine Weile in einer kleinen Schneiderei im Belgischen Viertel. Keine Arbeit für Geisteswissenschaftler – nirgends. Doch als No-Future-Heroine war man durchaus darauf vorbereitet, dass man mit einem Studienabschluss in der Tasche in einer Souterrain-Schneiderei eine Weile Kleider nähen, Röcke, Hosen, Mäntel kürzen, Reißverschlüsse und zerrissene Textilien aller Arten reparieren würde. Bei roten Kleidungsstücken erkundigte ich mich allerdings immer sehr genau nach der Herkunft.

Am Wochenende pirschte ich mit Lilli durch das Kölner Nachtleben. Unsere Tanzabende waren allerdings längst nicht mehr so unbeschwert wie früher, denn meistens endeten sie damit, dass wir über unsere finsteren Zukunftsaussichten diskutierten. Lilli hatte es sich in den Kopf gesetzt, in die Werbung zu gehen, was in der Rückschau unter pekuniären Gesichtspunkten eine sehr kluge Entscheidung gewesen ist. Sie verdient heute ungefähr zehnmal so viel Geld wie ich und arbeitet dafür auch ein bisschen weniger. Sei's drum, unserer Freundschaft hat das wirtschaftliche Gefälle, das aus meinem Wunsch resultierte, mich mit Literatur zu beschäftigen, nicht geschadet.

Letztlich habe ich es Lilli zu verdanken, dass sich mein beruflicher Werdegang nach einem halben Jahr in der Änderungsschneiderei doch noch rasant zum Positiven wendete. Sie drängte mich, doch einfach mal an den großen Verleger zu schreiben, der die Bücher des großen Autors verlegte, den ich so verehrte und über den ich meine Abschlussarbeit geschrieben hatte. Das war eine Menge an Größe, aber warum nicht. Ich schrieb an den großen Verleger. Er schrieb zurück und lud mich ein. Vorher hatte ich noch einem anderen Verleger geschrieben. Auch er lud mich ein. Dann hatte ich plötzlich zwei Stellen. Ich trat sie nacheinander an. Erst die kleine, ein Volontariat in Dortmund, und dann die größere, eine Redaktionsstelle bei dem großen Verlag in Frankfurt.

Doch damit war des Großen längst nicht genug. Das Schicksal erwies sich als überbordend großzügig und schickte mir auch noch eine große Liebe. Diese wiederum hatte ich der kleinen Schneiderei zu verdanken. Eine der treuesten Kundinnen des Souterrain-Ateliers war eine dramatische Schauspielerin mit üppigen Formen und extravagantem Geschmack. Sie ließ ihre Gewänder bei uns fertigen. Eines Tages – es war kurz vor Karneval – feierte sie ein Fest, zu dem sie auch ihre Maßschneiderinnen einlud und den schönen Mann, der mich, obwohl er braunhaarig war, irgendwie an Günther Netzer erinnerte. Als ich ihn, das Netzer-Double, zum ersten Mal sah, dachte ich: »Er kann garantiert nicht tanzen, aber er sieht soooo nett aus.« So war's dann auch. Er hieß Jo, war in der Tat sehr sympathisch, konnte aber nicht tanzen, wenngleich er es noch an diesem Abend mir zuliebe versuchte, was wiederum die Richtigkeit des tanztheoretischen Ansatzes von Goethe, Lilli und mir absolut bestätigte.

Jedenfalls fand ich den bärig-tapisgen Tanzstil von Jo so anrührend, dass ich sogar über die schmusigen Beweggründe, die mutmaßlich dahinterstanden, hinwegsah und ihm meine Telefonnummer auf einen Bierdeckel schrieb, bevor ich mich verabschiedete. Auf dem Heimweg summte ich »No doubt about it« von Hot Chocolate vor mich hin. Es dauerte eine Ewigkeit von zwei Wochen, bis ich von ihm hörte. Unterdessen hatte ich zirka dreihundertmal »You Drive Me Crazy« in der Singleversion von Shakin' Stevens gehört und dabei meine Siebensachen gepackt, um meine Volontariatsstelle im Ruhrgebiet anzutreten. Ich war selig: Jo Netzer würde zu meiner Abschiedsparty kommen!

An meine Gäste verschickte ich keine gewöhnlichen Einladungskarten, sondern eine Collage in Plakatgröße. – Man dachte in allem groß in den 1980ern. Ich hatte zum Beispiel ein Jackett, das in der Schulterpartie so breit war, dass selbst Arnold Schwarzenegger locker hineingepasst hätte. – Auf der Vorderseite meiner gigantomanischen Einladung prangte quasi in Lebensgröße eine der ganz Großen der Popmusik: Grace Jones. Sie tanzte und sang wie keine Zweite, und sie verkörperte genau das, was ich mir für die kommenden Jahre wünschte: »La vie en rose«. Selbstverständlich in der Maxi-Version.

On the road

Wenn mir auf der A3 kurz vor Limburg ein breitbereifter S-Klasse-Fahrer wüst gestikulierend und lichthupend an der Stoßstange klebte, nur weil ich gerade angesetzt hatte, einen LKW zu überholen, dann haderte ich manchmal ein ganz klein wenig damit, dass ich mir mein erstes eigenes Auto in einem Anfall von Sentimentalität gekauft hatte. Ein bisschen erinnerte mich der alte Ford Escort nämlich an den Taunus 12m von Onkel Heinz. Hinzu kam, dass mir das feurige Beinahe-Ferrari-Rot gut gefallen hatte, und nicht zuletzt waren 1850 Mark und zwei Jahre TÜV Grund genug gewesen, um sich auf der Stelle für ihn zu entscheiden.

Dass man Mitte der 1980er Jahre mit einem zehn Jahre alten Ford Escort auf bundesdeutschen Autobahnen bei höher motorisierten Verkehrsteilnehmern zuverlässig Killerinstinkte wachrufen konnte, sobald man sich damit auf die Überholspur wagte, konnte ich damals freilich nicht ahnen. Vielleicht hätte ich mir das Ganze dann noch einmal überlegt. Dabei gab mir das museumsreife Gefährt nie Anlass zur Klage. Es sprang immer an, verursachte keine teuren Reparaturkosten und Jos pragmatischen Segen hatte es auch. Er fand, das Auto sei zwar potthässlich, aber pflegeleicht.

Jo hatte ich es zu verdanken, dass aus meinem Abschied von Köln in letzter Minute ein Neustart auf Raten wurde. Da mein neuer Herzensmann sein berufliches Glück bereits als Musiker in einem Kölner Orchester gefunden hatte, blieb uns nichts anderes übrig, als fürs Erste ein Leben zwischen den Städten zu führen. Obwohl ich in dieser Zeit das Gefühl nicht loswurde, ständig gehetzt und immer unterwegs zu sein, saß ich im Grunde sehr viel herum; ich saß im Büro, ich saß im Auto, ich saß in Konzertsälen, ich saß auf dem Rennrad oder mit Jo im Kanu. Das Rad hatte mir Jo geschenkt, weil er der Meinung war, wir würden uns zu wenig bewegen. Warum er das Kanu angeschafft hatte, weiß ich nicht ganz genau. Ich vermute, dass ein alter Cowboy-und-Indianer-Traum aus seiner Schulzeit dahintersteckte.

Um Jo bei seinen ausgedehnten Outdoor-Aktivitäten eine ebenbürtige Squaw zu sein, tat ich Dinge, die ich davor niemals in Betracht gezogen hätte. Ihm zuliebe flitzte ich an den Wochenenden auf dem Rennrad quer durch Köln und um Köln herum, überwand ich meine hartnäckige Abneigung gegen alpine Sportarten und fuhr mit ihm zwei Wochen zum Skiwandern ins französische Jura. Im folgenden Sommer paddelte ich mit ihm quasi einmal quer durch Frankreich.

Aus lauter Liebe wäre ich um ein Haar sogar fast in den eiskalten Wildwassern des südfranzösischen Gard ertrunken. Nachdem wir uns mit letzter Kraft aus den gefährlichen Fluten geschleppt hatten, wurden wir am Ufer von einer neugierigen Wildschweinherde empfangen. Die versammelten Paarhufer waren beim Anblick der beiden pitschnassen Aliens dermaßen verblüfft, dass sie synchron die Köpfe schief legten und wie ein urkomisches ratloses Empfangskomitee vor uns stehen blieben und uns anstarrten. – Mit der Natur war zwar nicht zu spaßen, aber sie hatte auch ihre spaßigen Seiten.

Spätestens in dem Moment, als uns die imposanten Borstenviecher den Rücken kehrten, wurde mir klar, dass Jo das Kunststück fertiggebracht hatte, in einer bekennenden Stadtneurotikerin zumindest hin und wieder so etwas wie Naturverbundenheit zu erwecken. – Ein Vergnügen, das nach dem

Tschernobyl-GAU im Jahr 1986 allerdings auch nicht mehr vollkommen ungetrübt gewesen ist.

Jo hatte mein Leben binnen kürzester Zeit auf den Kopf gestellt. Ich hörte fast nur noch Wagner-Opern und Mahler-Symphonien, übte Sportarten aus, von denen ich vorher keine Ahnung gehabt hatte, und ernährte mich sogar viel gesünder als früher. Nicht zuletzt sorgte Jo auch für eine Süd-West-Erweiterung meines kulinarischen Horizonts, denn er stammte aus Baden und war von Haus aus ein echter Schlemmer und ein leidenschaftlicher Koch obendrein.

Doch was war mit meinem »alten« Kölner Leben? Es war dabei, sich zu verflüchtigen, was unter anderem daran lag, dass nach und nach wichtige Koordinaten auf meinem inneren Stadtplan verschwanden. Lilli war wegen einer Traineestelle in einer Werbeagentur nach Hamburg gezogen, und Hotte hatte sein Referendariat als Gymnasiallehrer in Bielefeld angetreten. Mit meinen anderen Kölner Freunden – Jo inbegriffen – konnte man nach wie vor ausgiebig und schick an Theken herumstehen und palavern, aber die bis dato ohnehin eher rar gesäten Nightfever-Nächte, so schien es, waren endgültig passé.

Auf meinen einsamen nächtlichen Autobahntransfers zwischen Frankfurt und Köln wurde es mir deswegen manchmal ganz weh ums Herz. Vor allem, wenn ich die Tapes hörte, die mir Lilli zum Abschied geschenkt hatte. Eine der Kassetten war ein fetziger Disco-Mix aus Frankie goes to Hollywood, Madonna, Michael Jackson und alten Soultiteln. Sie hatte sogar »Last Christmas« von Wham! aufgenommen. Den schnulzigen Weihnachtsevergreen konnte ich auch bei 35 Grad Außentemperatur genießen. Selbst ein zahmer Discofox wie dieser erinnerte mich an etwas, das ganz und gar aus meinem Leben verschwunden war, seit ich in Lohn und Brot stand: das Tanzen.

Jo tanzte nicht. Gewiss, er war mir aus Gründen der Verliebtheit anfangs hin und wieder auf eine Tanzfläche gefolgt, wo er mich dann auch prompt mit seinem Bärencharme betören konnte. Dass Tanzflächen für ihn jedoch im Grunde vermintes Sperrgebiet darstellten, begriff ich bei einem fünfgängigen Menü in den Vogesen. Wie gesagt, Jo war in kulinarischen Angelegenheiten erblich vorbelastet und konnte nicht umhin, praktisch jeden Besuch bei seinen Eltern in Baden mit einer kulinarischen Exkursion ins nahe Elsass zu verbinden. An einem schönen Spätsommertag kehrten wir einmal in einem Gasthaus in der Nähe des Ballon d'Alsace ein. Wir erkundigten uns bei der Wirtin nach einem Zimmer und der abendlichen Dinerfolge. Sie bot uns ein putziges Zimmer im »style grandmère« an, sicherte uns für den Abend auch einen Platz im Speisesaal zu und sagte, es handle sich allerdings an diesem Abend um ein traditionelles »diner dansant«, also ein Menü mit Tanzpausen, zu dem viele Einheimische kämen. Ich weiß es noch genau: Mein Herzschlag beschleunigte sich spürbar ob der bevorstehenden Sensation. Jo grummelte erst ein bisschen, doch dann muss er das Flehen in meinem Blick gesehen haben. Daraufhin setzte er sein Pokerface auf und sagte: »Klar, wir bleiben! Wir müssen ja nicht unbedingt tanzen.«

Um Punkt sieben Uhr sollte es losgehen. Als wir den Speisesaal betraten, waren die Tische in dem großen Tanzsaal schon fast alle besetzt. Der Patron führte uns an unseren Platz an der Fensterfront. Zur einen Seite bot sich uns eine herrliche Aussicht auf den rosenberankten Bauerngarten auf der Rückseite des Restaurants, und auf der anderen Tischseite hatten wir den freien Blick auf die Tanzfläche. Wie kamen wir zu dieser Ehre? Unfassbar! Zum einen waren wir fremd hier, und zum anderen waren wir fast als die letzten Gäste im Saal erschienen, und nun sollten wir an einem der schönsten Tische Platz nehmen!

Für unsere Gastgeber stand die deutsch-französische Freundschaft offenbar nicht nur auf dem Papier des Élysée-Vertrags.

Apropos Papier. Jo studierte die Speisekarte und meinte, dass bis auf die zu erwartenden getanzten Zwischengänge alles sehr vielversprechend klinge. »Keine Sorge«, beruhigte ich ihn, »wir tanzen nicht, wenn du nicht willst.« Jo entgegnete etwas gereizt, es sei absolut keine Frage des Wollens, sondern des Könnens. Schon gut, meinte ich und war erleichtert, dass der erste Gang im Anmarsch war.

Was man uns servierte, weiß ich nicht mehr, aber ich erinnere mich noch gut daran, dass sich die Angespanntheit in Jos Gesicht Bissen für Bissen verflüchtigte. Ich war erleichtert, jetzt konnte der Abend beginnen – mit oder ohne Tanzeinlagen. Nachdem die Kellner das Geschirr des ersten Gangs abgeräumt hatten und die Weingläser nachgefüllt waren, ging der Patron des Hauses auf die Tanzfläche, um seine Gäste zu begrüßen. Er betonte, wie sehr er sich freue, dass diese alte Tradition des Tanzdiners immer aufs Neue viel Zuspruch erfahre. Abschließend tat er dann etwas, das Jo wahrscheinlich sein Lebtag nicht vergessen wird. Und ich ganz sicher auch nicht. Er überquerte feierlich die Tanzfläche, peilte direkt unseren Tisch an, um den Gästen aus Deutschland eine besondere Reverenz zu erweisen. »Madame«, sagte er mit einer kleinen Verbeugung in meine Richtung, »Monsieur, es wäre mir eine besondere Ehre, wenn Sie als unsere auswärtigen Gäste unser heutiges Diner mit einem Tanz eröffneten«.

Jo wirkte gefasst. Als die ersten langsamen Walzertakte von »La vie en rose« erklangen, wurde er zwar ein kleines bisschen blass um die Nase, doch zu meiner großen Überraschung traf er Anstalten, die Situation mannhaft zu meistern. Er stand auf, ging auf meine Seite des Tisches und bot mir seinen Arm. Souverän schritten wir wie ein Profitanzpaar zur Tanzfläche.

»Ab jetzt musst du übernehmen«, flüsterte er in Bauchrednermanier breit lächelnd zwischen den Zähnen hindurch. »Keine Ahnung, was man dazu tanzt.«

Ich übernahm, so gut ich eben konnte und wohl wissend, dass mir eine Aufgabe bevorstand, die ungefähr mit unserer Survivaleinlage in den Eiswassern des Gard zu vergleichen war. Wir kamen durch. Auf halber Strecke wunderte ich mich zwar, dass die Piaf offenbar auch eine Maxi-Version des Titels aufgenommen hatte, die meinem inneren Zeitgefühl nach zirka 20 Minuten dauerte, aber wir überstanden auch diese Prüfung. Es ist mir bis heute ein Rätsel, wie es mir gelingen konnte, einen erwachsenen Mann, der nachweislich nie eine Tanzschule von innen gesehen hatte und der sich auch stets standhaft geweigert hatte, mit seinen beiden älteren Schwestern zu Hause Tanzschritte zu üben, halbwegs unbeschadet einen ganzen endlosen langsamen Walzer lang so zu führen, dass es a) halbwegs aussah wie ein solcher und b) so wirkte, als würde der Mann führen.

Als wir wieder an unserem Tisch saßen, genehmigte sich Jo einen kräftigen Schluck Mineralwasser und seufzte: »Es gab schon einige schwierige Auftritte in meinem Leben. Aber keiner war wie dieser. Nicht einmal bei meiner Aufnahmeprüfung als Stipendiat der Berliner Philharmoniker war ich so aufgeregt wie in den vergangenen fünf Minuten.« An jenem Abend servierte man uns noch vier weitere fabelhafte Gänge, die jeweils durch eine Tanzpause von zirka zwanzig Minuten unterbrochen wurden. Jo verdrückte sich in den Pausen jedes Mal so elegant, dass ich ihm nicht einmal böse sein konnte. Mal musste er dringend Luft schnappen, mal wollte er zum Auto, um eine Straßenkarte für unsere weitere Routenplanung zu holen, dann drängte es ihn, sich ein bisschen frisch zu machen. Ich sah es ein, diese Dinge ließen sich nur schwer verschieben. Zudem hatten wir ja schon ausgiebig getanzt.

Damals dachte ich, wie unfassbar seltsam es doch war, dass sich ein guter Berufsmusiker, ein Mensch also, der sein täglich Brot mit rhythmisierten Tönen verdiente, so schwertat mit dem Tanzen. Heute weiß ich, dass Jo mit seiner Tanzphobie durchaus kein Ausnahmefall ist. Es gibt viele Musiker, die nicht oder nur sehr ungern tanzen, was für mich zu den wirklich großen und meines Wissens auch ungelösten Rätseln der Menschheit gehört. Vielleicht liegt es daran, dass unsere kulturellen Ideale nach wie vor sehr körperfeindlich sind und noch immer streng zwischen Unterhaltung und ernster Kunst unterscheiden. Was wiederum erklären würde, wieso ein Musiker wie Onkel Heinz so gerne tanzte. Hin und wieder ging mir natürlich auch dessen Empfehlung durch den Kopf, dass man sich auch nur mit jemandem einlassen sollte, mit dem es auch auf der Tanzfläche klappe. Doch mit Jo klappte so vieles, dass ich entschlossen war, diese eine – zugegebenermaßen äußerst bedauerliche – Leerstelle zu verschmerzen.

Eddie konnte tanzen. Das sah ich schon an der schwungvollen Art, wie er an meinem ersten Arbeitstag in dem großen Frankfurter Verlag auf mich zukam und mir aus dem Mantel half. Ich war verblüfft. Wann hatte mir je ein Mann meiner Generation in einer alltäglichen Situation aus dem Mantel geholfen? Eddie konnte so was. Überhaupt war er auf anrührende Weise altmodisch. Er wirkte wie ein junger Patrick Swayze, der sich in das Ankleidezimmer von Oscar Wilde verlaufen hatte. Er trug Hemden mit Manschettenknöpfen, Tweedsakkos, Hosen mit Bügelfalten und Budapester Schuhe. Seine Taschentücher waren aus Stoff, immer frisch gebügelt, mit Eau de Cologne parfümiert und blütenweiß. Kurz, Eddie hatte Stil. In allem. Er legte auch im Alltag Wert auf Damasttischdecken und altes Tafelsilber, und er schaffte es, ein piefiges

Neubauapartment mit Pantryküche und abgewetztem Teppichboden so behaglich einzurichten, dass man sich darin wie im Kaminzimmer eines altehrwürdigen englischen Herrenclubs fühlte.

Die Ironie des Schicksals wollte es, dass ihm die klassischen Männerthemen dennoch herzlich egal waren. Eddie interessierte sich weder für schnelle Autos noch für Fußball, und Frauen waren ihm eigentlich auch nicht so wichtig. Dabei hatte er für alles, was in meinem Frauenleben von Belang war, ein offenes Ohr. Mit einer Engelsgeduld hörte er sich unter der Woche meine liebeskranken Heimwehtiraden an und zeichnete mir zum Trost kleine komische Cartoons, die Titel trugen wie »Die kleine Frau auf großer Fahrt«, »Dicker Herr beim Tanztee«, »Im Ballsaal der Mäusekönigin« oder »Schöne Frauen im Schuhgeschäft«.

Mit Eddie konnte man herrlich durch die Stadt bummeln und einkaufen. Sein Urteil war absolut unbestechlich, aber immer konstruktiv. Es konnte zwar passieren, dass er beim Besprechen von Stylingfragen hin und wieder etwas abdriftete und beispielsweise bei Peek & Cloppenburg aus dem Stegreif einen kleinen Exkurs über die Sappho oder Homer hielt, aber damit musste man bei einem Mann, der schon von Berufs wegen mit der Antike auf Du und Du stand, eben rechnen. Eddie konnte Platon und Cicero mühelos im Original lesen. In der Musikgeschichte kannte er sich ebenso gut aus wie in der Kunst. Er illustrierte Bücher, war in der Lage, sich mit Florett und Degen zu verteidigen, und wusste zu allem Überfluss auch noch, wie man Pirouetten drehte und Ballerinen stemmte.

Während seiner Studienzeit hatte er jahrelang täglich morgens und abends ein Balletttraining absolviert, sozusagen als klassischen humanistischen Ausgleich zur akademischen Betätigung. Diese Zeit muss der Himmel auf Erden für ihn gewesen sein; das sah man auf den Fotos, die er in einer alten schwarzweißgestreiften Schachtel aufbewahrte. Sie zeigten ihn als strahlend schönen Tänzer. Warum er seine Ballettschuhe von heute auf morgen an den Nagel gehängt hatte, konnte oder wollte er mir nie sagen. Wann immer er auf das Tanzen zu sprechen kam, schwärmte er jedenfalls davon wie von einer fernen, unerreichbaren Schönheit. – Ich wusste nichts über das Pirouettendrehen, aber ich bildete mir ein, seine Wehmut zu verstehen und stimmte aus vollem Herzen in sein Lamento ein.

Doch Frankfurt war kein Ort für Sentimentalitäten. Wenn ich von Köln aus Kurs auf »Mainhattan« nahm, bedeutete das für mein Gefühlsleben jedes Mal eine abrupte Schubumkehr. Im Vergleich zum jecken Köln hatte Frankfurt etwas unerbittlich Forderndes. Um mich auf den Geist und den schnellen Puls der Stadt einzustimmen, hörte ich am liebsten die Kassette mit dem »Picture Book«-Album von Simply Red. Für die Hinfahrt gab es kaum etwas Passenderes als den Song »Money's Too Tight to Mention«. Für die Rückfahrt nach Köln sparte ich mir Lillis fetziges Tape auf und die soften Balladen von Sade.

Eddie, der ungefähr zur gleichen Zeit wie ich im Verlag angefangen hatte, erging es genauso wie mir. Auch er war der Arbeit wegen nach Frankfurt gezogen, hatte noch einen Koffer an der Mosel und sehnte sich jedoch im Grunde seines Herzens sowieso nach einem ganz anderen Leben. Wie das genau aussehen sollte, wusste er allerdings selbst nicht so genau; jedenfalls kamen argentinische Tangosänger, französische Köche und russische Tänzer darin vor, das Meer der Ägäis und ein kleiner Garten im Odenwald. Eddie und ich waren uns einig: Unsere Träume vom »wahren Leben« mussten unter uns bleiben und einstweilen hintanstehen, schließlich waren wir in Frankfurt, um in unseren Berufen voranzukommen.

Natürlich entging es uns nicht, dass wir in einer der faszinierendsten deutschen Städte gelandet waren. Schon als Studentin war ich Jahr für Jahr im Oktober zur Buchmesse gefahren und genoss die kuriose Mixtur aus echter Urbanität und provinzieller Verschrobenheit. Frankfurt konnte einen vollkommen einlullen in Äppelwoi-Gemütlichkeit, und gleichzeitig fühlte man sich dort auf Schritt und Tritt überwältigt von all dem Überragenden und Himmelsstürmenden, was diese Stadt unter anderem in Form von Bankentürmen und Geistesgrößen aller Arten hervorgebracht hatte.

In Frankfurt heimisch zu werden, war nicht leicht. Einerseits zog es mich Jos wegen ohnehin ständig zurück an den Rhein. Und andererseits gerierte sich Frankfurt wie eine ambivalente Mutter, die einen wohlig ans Herz drückte und gleichzeitig unentwegt in die Schranken verwies. Schon an meinem ersten Arbeitstag begriff ich durch eine beiläufige Frage meines Abteilungsleiters, worauf es in dieser Stadt ankam. »Ist er denn überhaupt bedeutend?«, rief er seiner Sekretärin im Nebenraum zu. Als diese seine Frage nach kurzem Zögern verneinte, war der Fall für ihn klar: »Dann müssen wir auch nicht reagieren.« Ich sollte meinen Chef danach noch oft fragen hören, ob diese oder jene Person »bedeutend« sei, wobei ich nie ganz verstand, was die Kriterien für eine Bedeutsamkeit in seinem Sinne waren. Letztendlich war es eine nicht hinterfragbare Größe, die alles vermeintlich Unbedeutende noch nichtiger erscheinen ließ, als es ohnehin schon war.

Das Tanzen war in der Sphäre der Bedeutsamkeit geradezu unaussprechlich unbedeutend. Das begriff ich schon bei der ersten Betriebsfeier. Eddie und ich waren mit großen Erwartungen zu diesem Fest gekommen. Zum einen hegten wir beide ein großes Faible für alles Festliche, und zum anderen hatte man den Mitarbeitern des Hauses nicht nur die köstlichsten weltlichen Genüsse in Aussicht gestellt, sondern auch die Anwesenheit diverser, dem Verlag eng verbundener Geistesgrößen – allen voran die des von mir so sehr verehrten ganz großen Autors.

Wie ein Teenager malte ich mir schon tagelang vor dem Fest aus, wie ich es anstellen könnte, mit dem großen Autor unverfänglich ins Gespräch zu kommen. Schließlich wähnte ich in diesem Fall eine Art Heimvorteil für mich, da ich mich im Zuge meiner Magisterarbeit ja nahezu ein ganzes Jahr lang mit all seinen Werken beschäftigt hatte und höchstens der Verleger und der Lektor so viel über den großen Autor wussten wie ich. Letztlich gipfelten meine Phantasien sogar darin, dass das im Verlagsalltag so überaus bedeutsame Bedeutsamkeitsranking bei einem bacchantischen Fest endlich einmal wild durcheinandergewirbelt und zumindest für diesen einen Abend außer Kraft gesetzt würde. Warum sollten derlei Frivolitäten nur an Karneval im Kölner Finanzamt möglich sein! Ich ging sogar so weit, mir einen langsamen Walzer mit dem großen Autor vorzustellen, einen eleganten Foxtrott mit dem großen Verleger, eine Rumba mit dem netten Pressechef, einen Discofox mit dem schönen Mann in meiner Abteilung …

Selbstverständlich kam alles ganz anders. Der große Autor wurde den Verlagsmitarbeitern auf dem Höhepunkt des Abends für zirka zehn Sekunden präsentiert. Ich werde es nie vergessen, wie verloren und verlegen der fragile Mensch an der Türschwelle des zum Festsaal umdekorierten Konferenzraums stand und die ganze Belegschaft für diesen magischen Moment lang den Atem anhielt. Nach dieser Blitzaudienz wurde der Meister des Wortes wieder rücklings von unsichtbarer Hand dem profanen Geschehen entzogen. Der große Autor speise nun andernorts mit dem Verleger, raunten sich die Damen aus der Presse zu.

Weder der Autor noch sein Verleger wurden an dem großen Verlagsabend wiedergesehen, und getanzt wurde dann leider auch so gut wie nicht, obschon sich ein emsiger DJ redlich bemühte, die Party in Schwung zu bringen. Eddie ließ sich zwar von mir zu später Stunde zu einem Discofox überreden, aber ich wurde den Verdacht nicht los, dass er das Tänzchen viel lieber mit dem attraktiven Kollegen aus der Buchhaltung gewagt hätte. Nichtsdestotrotz registrierte ich, dass mich einige Kolleginnen um den halbherzigen Pas de deux beneideten, war doch mein Freund Eddie weit und breit der einzige Mann, der sich überhaupt zu einem Tanz herabließ.

Die verstörenden und enttäuschenden Momente jenes denkwürdigen Abends wären sicher längst aus meinem Gedächtnis gelöscht, wenn sie nicht damals schon den gesamtgesellschaftlichen Generalverdacht in mir geweckt hätten, dass der Tanz seltsamerweise auch und gerade in der Welt der Kulturschaffenden eine vom Untergang bedrohte Sparte geworden ist. Dieser Verdacht wurde bis heute nicht entkräftet. Im Gegenteil: Meine jahrelangen mehr oder weniger unfreiwilligen Feldforschungen haben ergeben, dass das Gros der kulturellen Leistungsträger unserer Gesellschaft das Tanzen fürchtet wie die Öffentlich-Rechtlichen die Privatsender.

Der Königsdisziplin des Tanzes, dem Bühnentanz, wird zwar traditionell die größte feuilletonistische Wertschätzung entgegengebracht, doch wie viel bzw. wie wenig diese Sparte unserer Gesellschaft tatsächlich wert ist, lässt sich unschwer an ihrem kulturpolitischen Stellenwert ablesen.

Sobald in der Kulturpolitik Sparmaßnahmen vonnöten sind, wird der Rotstift quasi automatisch zuerst beim Tanz angesetzt.

An der Kölner Oper zum Beispiel war man Mitte der 1990er Jahre sogar so weit gegangen, das Ballett in einer Nacht-und-Nebel-Aktion zu privatisieren. Im freien Spiel der marktwirtschaftlichen Kräfte war die Compagnie binnen weniger Monate ruiniert, und die Kölner Politiker hatten eine Sorge weniger. In einem Aufwasch entschlossen sich die Verantwortlichen damals dann konsequenterweise zum kompletten Absturz in die Provinzialität, indem sie im Opernfoyer ein kreischbuntes Zirkuszelt errichteten und es nach einem verdauungsfördernden Milchsäureprodukt benannten. Ich bin jedenfalls danach in Köln nur noch in die Oper gegangen, wenn es sich gar nicht vermeiden ließ. Erstens gab es kein Ballett mehr, und zweitens schmerzte die Erinnerung an das abhandengekommene grandiose Raumgefühl, das die Opernpausen in früheren Zeiten zu einem architektonischen Hochgenuss gemacht hatte.

Doch zurück zur Welt der Bücher, die mir immer lieb und teuer gewesen ist, obschon gerade sie mir im Laufe der vergangenen zwei Jahrzehnte immer wieder unzählige niederschmetternde Belege für meinen Verdacht lieferte, dass die Kulturtechnik des Tanzens in der Hierarchie der Künste das Schlusslicht markiert und deswegen im Alltag des Kulturbetriebs zu verkümmern droht. Doch keine Sorge, ich werde mich nicht weiter mit dieser traurigen Indizienkette aufhalten. Stattdessen will ich im Folgenden lieber auf einige wirklich ermutigende Erlebnisse eingehen, die dafür sorgten, dass die Fackel meiner Tanzhoffnungen noch nie erloschen ist.

Mit zunehmender Branchenkenntnis und journalistischer Berufserfahrung haben sich in meinem Seelenleben im Laufe der Jahre einige überaus nützliche Landkarten herausgebildet. Da wäre zum Beispiel meine Lieblingskarte, auf der die Presse- und Verlagsleute verzeichnet sind, denen man mit Mode-Themen und exzentrischen Portraits und Geschichten kommen kann. Des Weiteren wäre da die enorm wichtige Karte, auf der die persönlichen Vorlieben und Familienverhältnisse meiner Auftraggeber und Kollegen registriert sind. Diesem sorgsam gepflegten Register habe ich es zu verdanken, dass mir zum Beispiel im Gespräch mit einem eingefleischten Single Wörter wie »Familie« oder »Kinder« so gut wie nie über die Lippen kommen. Derlei Ungeschicklichkeiten können nämlich im Arbeitsleben einer freiberuflichen Journalistin fatale Konsequenzen nach sich ziehen.

Parallel zu diesen existenzsichernden beruflichen Navigationssystemen hat sich im Laufe der Jahre eine mentale Datenbank formiert, in der alles abgespeichert wird, was in irgendeiner Weise mit dem Tanzen zu tun hat. Dieses Leitsystem hat sich quasi ohne großes Zutun ganz nebenbei entwickelt. Irgendwann fiel mir halt zufällig auf, dass es existiert. Zu meiner Überraschung musste ich mir dann auch noch eingestehen, dass dieser Tanz-Tank sowohl spartenübergreifend als auch international organisiert ist und dass dieser Supermatrix praktisch alle anderen Netzwerke untergeordnet sind. In diesem zentralen Speicher sind neben allen relevanten Filmen, Büchern, Essays und Reportagen zum Thema Tanz auch Informationen erfasst, deren Aussagekraft nur freiberuflichen Journalisten mit akuter Tanzmanie einleuchtet, wie etwa: »Redakteur Soundso bekommt Schreikrämpfe beim Thema Tango« oder »Lieblingsredakteur XY ist mit einer Balletttänzerin liiert, kann aber selbst überhaupt nicht tanzen« oder »Redakteurin XX erwähnte neulich, dass sie einen Salsakurs in Havanna gemacht hat und das ganz toll fand«.

Doch es gibt auch jede Menge vollkommen uneigennützige und zweckfreie Rubriken in dieser Datenbank. Da wäre beispielsweise der Ordner zum tänzerischen Selbstverständnis von Hugh Grant. Ich gebe es zu, gewisse Sympathien für den englischen Sunnyboy zu hegen; immer schon. Schon in »Vier Hochzeiten und ein Todesfall« fand ich ihn umwerfend, und nach »Notting Hill« konnte ich nicht mehr umhin, mich in die Schar seiner Fans einzureihen. Neulich büßte der charmante Brite allerdings nicht nur wegen seiner arroganten Ausfälligkeiten in der Öffentlichkeit einen Großteil seines Sympathievorschusses bei mir ein. Anlässlich der Premiere von »Mitten ins Herz« gab er nämlich sehr zu meinem Leidwesen in einem Interview den folgenden Satz zum Besten: »Ich muss schon sehr blau sein, damit ich mich auf eine Tanzfläche wage.« So was kann ich einfach nicht überhören! So was merke ich mir! Informationen dieser Art werden von meinem Unterbewusstsein quasi mit geheimdienstlicher Akribie aufgespürt, detailliert registriert und für alle Ewigkeiten auf meiner mentalen Festplatte archiviert.

Ermutigende tänzerisch relevante Vorfälle sind dort glücklicherweise ebenfalls zuhauf zu finden. So zum Beispiel der herzergreifende Appell, den Richard Gere im Herbst 2004 nach den Dreharbeiten von »Shall we dance?« an alle Männer dieser Welt richtete: »Ich weiß nicht, ob Tanz eine Liebe neu entfachen kann. Es ist aber eine wundervolle Erfahrung, mit der Frau zu tanzen, die man liebt. Das kann ich jedem Mann wirklich raten: Tanzen Sie mit Ihrer Frau!« – Danke, Saint Richard, Danke!!! Das war und ist zum Niederknien!

Das japanische Vorbild von »Shall we dance?«, das bereits 1996 von dem japanischen Regisseur Masayuki Suo unter dem gleichen Titel verfilmt wurde, ist einer der zauberhaftesten Tanzfilme aller Zeiten und in seiner künstlerischen Relevanz dem amerikanischen Remake mit Richard Gere und Jennifer Lopez um ein Vielfaches überlegen. Doch dieser eine Satz, den Richard Gere den Journalisten beiläufig ins Mikrophon diktierte, adelt selbst das drittklassige Hollywood-Remake. Sätze wie diesen legt meine mentale Tanz-Archivarin jubilierend gleich mehrfach gesichert in diversen Ordnern ab, damit sie auch ja nicht verlorengehen.

Genauso verfährt sie mit allen Informationen, die aus dem Hause Lagerfeld an die Öffentlichkeit dringen. Jawoll ja, Karl Lagerfeld macht nicht nur phantastische Chanelkostüme, er tanzt auch gerne! Dem Vernehmen nach werden auf seinen Bällen sogar Quadrillen getanzt. Was habe ich mir schon das Hirn zermartert, wie ich es anstellen könnte, um mehr über diese Partys zu erfahren. Und, ja, ich gebe es zu: Immer wieder träume ich davon, mit Karl Lagerfeld in einem Exklusivinterview übers Tanzen zu fachsimpeln.

Selbstverständlich könnte ich jederzeit aus dem Stegreif mindestens ein Dutzend schöner literarischer Tanzszenen aufzählen. Und die raren Tanz-Fotos, die es von Vertretern der schreibenden Zunft gibt, haben sich im Gedächtnis aller tanzverrückten Bücherwürmer wahrscheinlich in ähnlicher Weise eingebrannt wie in dem meinigen, allen voran natürlich der schwungvoll tanzende Nobelpreisträger Günter Grass. Ob und wie sehr das Drama um seine SS-Mitgliedschaft auch sein tänzerisches Image beschädigt hat, wurde meines Wissens in keiner der öffentlichen Debatten diskutiert. – Ich wünschte, diese schönen Bilder des glückstrahlenden tanzenden Grass behielten ihre Unschuld.

Meine mentale Tanz-Repetitorin registriert nicht nur die Tanzgewohnheiten von Prominenten. Ganz besonderes Augenmerk legt sie auch auf das Tanzverhalten von Kollegen und

Auftraggebern. Wenn zum Beispiel Kollegin H. beiläufig erwähnt, dass Verlagspressesprecher M. in München ein hervorragender Tänzer sei, dann dauert es nur Bruchteile von Sekunden und schon wurde in meiner Supermatrix die Datei »Kollege M., München – Supertänzer« eingerichtet. Prioriät: Sehr hoch!

Warteschlangen wirken wie Reizklima auf mein tänzerisches Über-Ich und verleiten es bisweilen zu hanebüchenen Überreaktionen. Jüngst tischte es mir mitten auf dem Wochenmarkt, als ich versuchte, mich am Stand des Vorgebirgsbauern auf meinen Wochenspeiseplan zu konzentrieren, einen ganz und gar unvergesslichen Tanzabend aus den frühen 1990er Jahren auf. Das war eine Zeit, in der ich tanztechnisch gesehen so ausgehungert gewesen bin, dass ich manchmal drauf und dran war, auf öden, vor sich hin dümpelnden Stehpartys wildfremde Männer anzusprechen und sie zu fragen, ob sie denn vielleicht ganz zufällig in der Lage wären, einen stinknormalen Discofox zu tanzen und dies eventuell auf der Stelle mit mir mal ausprobieren würden. Doch dazu komme ich später noch.

Zunächst möchte ich doch ein paar Worte über den unvergesslichen Tanzabend in einer Berliner Altbau-Beletage verlieren. Wahrscheinlich hatten mich die unbeirrbare Freundlichkeit und die sanftmütigen Apfelbäckchen des Vorgebirgsbauern an den Song »Always Look on the Bright Side of Life« erinnert, der an diesem Abend eine zentrale Rolle spielte. Eigentlich ließ sich das Ganze zunächst vollkommen unauffällig an. Es schien eine jener Partys zu werden, auf denen sich zwar eine Menge höllisch interessanter Menschen versammeln, aber eigentlich nichts passiert, außer dass sich alle gegenseitig versichern, wie höllisch interessant sie doch seien.

Zu allem Unglück geriet ich gleich zu Beginn der Festlichkeiten in eine äußerst desolate Lage. Ein sehr attraktiver Mann, den ich seit Jahren vom Sehen kannte, hatte mich am Buffet angesprochen und mich in ein Gespräch verwickelt. Schon nach wenigen Minuten wurde mir klar, dass Attraktivität und Unterhaltsamkeit bei meinem Gesprächspartner quasi in einem diametral entgegengesetzten Verhältnis standen. Doch da war es schon zu spät. Dieser sehr schöne, sehr anstrengende Mann schien im Gegensatz zu mir Gefallen an unserer Konversation zu finden und schickte sich an, mich in einem toten Winkel der Party festzusetzen. Mich erfasste die kalte Panik. Da war ich im Grunde eigens für diese Party nach Berlin gereist und sollte den Großteil des Abends in auswegloser Tristesse verbringen? Nein, das sollte nicht sein. Unter dem Vorwand, mich um die Musik kümmern zu müssen, löste ich mich aus der verbalen Umklammerung. Um meiner Glaubwürdigkeit willen nahm ich die CD-Sammlung der Gastgeber in Augenschein und bot ihnen an, eine Weile Musik aufzulegen.

Nicht nur ich selbst war damit gerettet, auch die Party nahm Formen an. Als Erstes erwischte es einen sehr ernsthaften Universitätsprofessor. Ihm fuhr die Musik so in die Beine, dass er sich im Überschwang die neben ihm stehende Gastgeberin schnappte und sich mit ihr in einer rasanten Discofox-Polka-Improvisation für immer einen Ehrenplatz in meinem Tanzarchiv sicherte. Nach diesem Eisbrecher, der für Standing Ovations sorgt, füllte sich die Tanzfläche so rasch, dass mir schier die Tränen kamen. Und als sich dann am Ende des Abends die letzten Gäste schunkelnd in den Armen lagen und immer wieder nach »Always Look on the Bright Side of Life« von Monty Python verlangten, war ich geradezu blödsinnig selig, obwohl ich an diesem Abend selbst kaum zum Tanzen gekommen war. Seither weiß ich um das beneidenswerte Glück der erfolgreichen DJs. Leute zum Tanzen zu bringen macht (fast) genauso glücklich, wie selbst zu tanzen.

Ich kann mir jedoch auch das Elend vorstellen, das einen DJ eigentlich erfassen muss, wenn er es nicht schafft, das ihm anvertraute Publikum zu mobilisieren. Es sei denn, er ist so sadistisch veranlagt wie jener DJ, den ich vor ein paar Jahren einmal in Antwerpen erleben musste. Er schaffte es, eine vor Tanzlust schier berstende Gruppe von Modemenschen einen ganzen Abend lang von der Tanzfläche fernzuhalten. Auf meiner privaten Hitliste der Partydesaster steht dieser Abend, auf den ich mich eigentlich wie närrisch gefreut hatte, ganz weit oben, wenn nicht gar an erster Stelle. Das sympathische Gastgeberpaar, zwei Modestars aus Antwerpen, hatten sich nicht lumpen lassen und eine riesige Siebziger-Jahre-Discothek gemietet, die von der Eingangstür bis zur Bar noch im Originalzustand ihrer Gründerjahre war. Mit anderen Worten: phantastisch, weil Disco pur. Man hatte ganz offensichtlich Großes vor an diesem Abend, denn Dresscode war black tie, und zum Empfang gab es Schampus. Der aufgebrezelten Gästeschar stand die Partylaune förmlich ins Gesicht geschrieben. Ein einziger Titel von den Temptations oder Marvin Gaye hätte gereicht, und der Laden wäre in die Luft geflogen.

Es kam anders. Der Sadist am Plattenteller sorgte mit absolut untanzbarer grauenhafter Musik ausdauernd dafür, dass eine Handvoll bekiffter Selbstdarsteller die ganze, traumhaft schöne Tanzfläche mit raumgreifenden psychedelischen Verrenkungen unter sich aufteilte. Hunderte von Partygästen waren mir nichts, dir nichts durch die musikalische Willkür eines Psychopathen kaltgestellt worden und starrten wie paralysiert auf die nahezu verwaiste Tanzfläche. Warum damals kein Mensch den Mut fand, dem Stümper am Mischpult das

Handwerk zu legen, war mir ein absolutes Rätsel. Jeder mittelmäßige Anwalt hätte selbst im Falle einer tätlichen Lösung des Konflikts vermutlich einen Freispruch erwirken können, erfüllte doch der verheerende musikalische Anschlag ganz offensichtlich den Tatbestand der Heimtücke.

Doch genug der Schauergeschichten, schließlich ist mein mentaler Tanzscanner vor allem darauf aus, Positives zu erfassen. Selbst minimalistische Tanzmarginalien wie jene, die ich einmal mit Nick Hornby im Jahr 2001 auf einer großen Buchmessenparty in der Frankfurter Batschkapp erleben durfte, gehen ihm nicht durch die Lappen. Auf meinem Messekalender war diese Veranstaltung schon im Voraus mit drei Sternchen versehen, also ein Muss, denn aus der Einladung ging dezidiert hervor, dass es sich um eine Tanzparty handelte. Hinzu kam, dass die von Haus aus partyerfahrenen Kölner Gastgeber den damals schon überaus angesagten Soundkünstler Hans Nieswandt als DJ engagiert hatten. Was sollte da schiefgehen?

Um absolut sicherzugehen und der vorhersehbaren Eventualität des Tänzermangels vorzubeugen, hatte ich mich für diesen Abend mit meinem liebsten Buchmessen-Begleiter Eddie verabredet. Wenn ich mit ihm unterwegs war, passierte fast immer irgendetwas Besonderes. Einmal hatte uns die italienische Verlegerin Inge Feltrinelli auf einem Empfang im Frankfurter Hof angesprochen und in ein Gespräch über italienische Friseure verwickelt. Eddie war halt ein Garant für das Außergewöhnliche. Er sollte es an diesem Abend wieder sein, wenngleich nur in Form eines eher unbeteiligten Zeugen.

Eddie hatte sich für das Großevent in der Batschkapp in seiner Garderobe dem jugendlichen Flair des Abends angepasst und auf Schlips und Jackett verzichtet. Sein Latino-Look mit zurückgekämmtem Haar, weißem Hemd, schwarzer Hose und Al-Capone-Hosenträgern traf zwar auch nicht ganz die allgemein avisierte coole Club-Atmosphäre des Abends, aber das störte mich nicht weiter. Mit Eddie sollte zumindest der eine oder andere Discofox drin sein und ein Abrocken wie in alten Zeiten sowieso.

Und genauso war es dann auch. DJ Nieswandt verstand es, die Partygäste trotz der Weltuntergangsstimmung, die seit dem 11. September allen wie ein bleierner Schatten auf der Seele lag, auf die Tanzfläche zu locken. Der Geschlechterproporz stellte sich dort bei näherem Hinsehen in gewohnter Weise dar: viele, viele tanzbegeisterte Frauen und dazwischen dann und wann ein tanzender Mann. Eddie schien an diesem Abend nicht wirklich in Form zu sein; er wirkte irgendwie abwesend. So freestylten wir dann wie die meisten anderen Tänzer freundlich nebeneinander her, und immerhin ließ sich mein Begleiter zwei-, dreimal zu einem kleinen geführten Pas de deux mit Drehungen hinreißen. Dennoch hätte ich meine gesamte private Altersversorgung verwettet, dass er die ganze Zeit an den amerikanischen Literaturscout dachte, den er am Nachmittag kennengelernt hatte. Doch da ich an halbherzige Tänzchen mit Eddie schon seit Jahren gewöhnt war, kümmerte ich mich nicht weiter um seine kurzfristigen Absencen und freute mich an dem exquisiten Programm, das sich der Kölner DJ für den Abend ausgedacht hatte. Als Höhepunkt der Party war als Co-DJ der englische Schriftsteller Nick Hornby angekündigt.

Auf diesen Auftritt freute ich mich ganz besonders, denn ich liebte seine Bücher, obwohl sie allesamt im Grunde von nichts anderem als von der klassischen Dreifaltigkeit männlicher Obsessionen handelten: Fußball, Popmusik und Frauen. Anlässlich seines Buches »About a boy« hatte ich den lebensklugen Chronisten männlicher Gefühlswelten im Jahr 1998 im Auftrag der deutschen *Marie Claire* in London interviewt. Als ich hinflog, war mir klar, dass dies ein besonderer Auftrag war. Dass es eines jener Gespräche werden würde, deretwegen man am Journalismus festhält, hatte ich nicht geahnt. Hornby erzählte vom Leben mit seinem autistischen Sohn, über sein Bemühen, allen erschwerten Lebensbedingungen zum Trotz nie die Balance zwischen Humor und Ernsthaftigkeit zu verlieren. Und er sagte etwas, das mich im Laufe der Jahre immer wieder beschäftigt hat: Das Schwerste sei es, die Differenz zwischen Sehnsucht und Realität auszuhalten. Sowohl beim Schreiben als auch in Gefühlsdingen gehe es immer auch darum, zu akzeptieren, dass der Zustand der Vollendung letztlich unerreichbar sei und dass man lernen müsse, sich mit Annäherungswerten zufriedenzugeben.

Als der Kölner DJ-Star dem englischen Literaturstar die Stafette übergab, fiel mir dieser Satz wieder ein. Beim Tanzen, dachte ich, geht es ebenfalls immer darum, die Differenz zwischen Wunsch und Wirklichkeit auszuhalten, und bumpte meinem abwesenden Eddie eins ans Gesäß. Wie es dazu kam, dass Nick Hornby plötzlich vor mir stand und mich umarmte, kann ich nicht mehr genau rekonstruieren. Ich vermute, er hatte mich mit Eddie von der DJ-Kabine aus tanzen sehen und war mitten in seinem DJ-Part quer über die Tanzfläche geeilt, um mich zu begrüßen. Dann führte er für einen Moment lang eine Art Indianertanz en miniature um mich herum auf. Ich war entzückt und bemühte mich, seine Aufwartung mit den schönsten Moves, die mir in meinem Freestyle-Repertoire zur Verfügung standen, zu erwidern. Reden konnten wir nicht, die Musik war einfach zu laut. Stattdessen vollführten wir dann gemeinsam ein schüchternes Indianertänzchen. Einmal hin, einmal her. Und schon eilte er wieder davon.

Es waren nur ein paar Schritte, aber sie hatten meinen Abend gerettet. Ich konnte es kaum glauben, Nick Hornby war meinetwegen auf die Tanzfläche gekommen, um mit mir zu tanzen! Nun ja, ich sollte bei der Wahrheit bleiben: Wir haben zusammen ein klitzekleines Freestyle-Pas-de-Deux improvisiert. Eddie hatte natürlich die Tragweite dieses Geschehens überhaupt nicht mitbekommen. Ein Jahr später, als das Buch »31 Songs« von Nick Hornby erschien, begriff ich, dass auch ich die wahre Tiefendimension dieser Begegnung auf dem Dancefloor der Batschkapp nur bruchstückhaft zu würdigen gewusst hatte. Um zu erklären wieso, komme ich nicht umhin, im Folgenden einige wichtige Passagen aus diesem wunderbaren Buch zu zitieren. Hornby beschreibt darin, welche Songs in seinem Leben eine wichtige Rolle spielten. Insbesondere beim Kapitel *»Needle in a Haystack« – The Velvettes* stockte mir der Atem. Darin heißt es unter anderem: »Ist man jedoch weiß, männlich und auch noch um die vierzig, wird es sehr wahrscheinlich, dass man bedauerlicher-, aber nicht überraschenderweise auf einem Gebiet ein schweres Defizit hat: Man kann ums Verrecken nicht tanzen. Was sage ich, man *kann* nicht nur nicht tanzen, man weigert sich strikt, es auch nur zu versuchen, es sei denn, man ist betrunken oder halb betrunken und entweder unter wildfremden Menschen (insbesondere wildfremden Menschen, die älter und/oder sogar in noch katastrophalerem Maße verklemmt und hüftsteif sind als man selbst) oder unter Leuten, die man mindestens schon ein Vierteljahrhundert kennt und die auch betrunken oder halb betrunken sind. Wie gerne würde ich von mir behaupten können, von anderem Schlag zu sein, dass ich mich trotz meines Alters, meines Geschlechts und meiner Nationalität (denn ich fürchte, dass mir Englischsein in diesem Fall nicht zum Besseren gereicht) mit der Begeisterung und Unbefangenheit eines

Dreijährigen (nein, falsch, eines dreijährigen *Mädchens)* und der fließenden Eleganz eines jungen Barischnikov auf die Tanzfläche stürze … Aber das kann ich natürlich nicht. Die Tanzfläche ist für mich nach wie vor das gesellschaftliche Äquivalent zur Nordseeküste während der englischen Sommerferien – etwas, dem man nur mit äußerster Furcht und Vorsicht begegnen kann, etwas, dem man sich über Stunden vorsichtig nähert, um immer wieder kehrtzumachen, weil man noch nicht dafür gewappnet ist, etwas, in das man kurz und voller Unbehagen eintaucht, während jedes Blutkörperchen in deinen Adern danach schreit, wieder wegzulaufen, solange es noch geht, etwas, das einem das Gefühl gibt, etliche der wichtigsten Körperteile seien zusammengeschrumpft.

Als ich etwa achtzehn war, ging ich jeden Samstagabend in eine Disco irgendwo in der Nähe, um Mädchen zu treffen, aber natürlich tanzte ich nie. Zu einer Tanzveranstaltung zu gehen, um zu tanzen, wäre so gewesen, als ginge man ins Theater, um selbst aufzutreten; man konnte zwar mit eigenen Augen sehen, dass manche Menschen so was machten, aber man kannte keinen von ihnen. Man bezahlte bloß, um ihnen zuzusehen.«

Ich konnte es nicht fassen, was ich da las. Der Verfasser dieser Zeilen, der seit Jahrzehnten um das Tanzen herumschlich wie die Katze um den heißen Brei, hatte sich meinetwegen auf eine Tanzfläche begeben! Was um alles in der Welt war nur in ihm vorgegangen? Doch noch bevor ich mich zu wilden Spekulationen versteigen konnte, las ich gegen Ende des Kapitels, dass es eine begnadete Londoner DJane bereits Mitte der achtziger Jahre geschafft hatte, Nick Hornby zum Tanzen zu bringen. Ihr Musikgeschmack muss ihn so begeistert haben, dass er immer wieder in den Club ging und dort sogar tanzte.

Die Tanzphase von Nick Hornby war bedauerlicherweise nur von kurzer Dauer. Vermutlich war seine Frustrationstoleranz auf diesem Sektor äußerst gering, was mir geradezu prototypisch zu sein scheint bei tanzgehemmten Männern seiner Generation: »Irgendwann ging ich dann nicht mehr hin, aus Gründen, die mir mittlerweile entfallen sind – wahrscheinlich hatte es etwas mit dem Alter zu tun, mit der zunehmenden Unfähigkeit, nach einem wilden Freitagabend am Samstagmorgen auf die Beine zu kommen –, und ich wurde wieder ganz der alte, hoffnungslos ungelenke Typ, als hätte ich ein Zauberreich wieder verlassen.«

Als ich das las, erinnerte ich mich daran, dass ich bei Jo einmal ein ganz ähnliches kurzfristiges Aufflackern von überbordender Tanzlust erleben durfte, und zwar auf einer slowenischen Doppelgaragenparty, in die wir am Silvesterabend des Jahres 1987 zufällig hineingestolpert waren. Musik und Umgebung waren ebenso unprätentiös wie die tänzerischen Ambitionen der Gäste; niedriger konnten die Hemmschwellen für Tanzmuffel eigentlich gar nicht sein als in dieser spätsozialistischen schlechtgeheizten Post-Punk-Garage, in der sich das Getränkeangebot auf »Sliwowitz heiß mit Honig« und »Sliwowitz on the rocks« beschränkte. Ich bin nicht ganz sicher, ob es der erhitzte Pflaumenschnaps war, der Jo ganz unverhofft so leichtfüßig werden ließ, dass er mit mir ins neue Jahr hineintanzte.

Der Freestyle-Schwof ließ mich Morgenluft wittern. Unvorsichtigerweise ließ ich mich dazu hinreißen, in der darauffolgenden Zeit ein paarmal zu erwähnen, wie gut mir das Ganze gefallen habe und dass ich es begrüßen würde, wenn sich derlei Tanzeinlagen öfters einmal wiederholten. Das war wahrscheinlich des Guten zu viel und verschreckte den armen Jo, der danach wieder in die bewährten Mechanismen der

Tanzvermeidung verfiel. Seine Tanzstarre ging sogar so weit, dass er sich nicht einmal dazu breitschlagen ließ, mit mir »Dirty Dancing« im Kino anzusehen.

Eddie musste ich nicht zweimal fragen, er ging natürlich sofort mit. Ich glaube, wir schauten uns den Film insgesamt mindestens dreimal zusammen an. Wenn Patrick Swayze am Schluss Jennifer Grey in die Luft hob und es so aussah, als würde sie frei wie ein zartes Vögelchen über den Zuschauern schweben, wurde Eddie jedes Mal unruhig. Wahrscheinlich erinnerte ihn die Szene daran, dass er in puncto Hebefiguren vollkommen aus der Übung gekommen war.

Ich hingegen hatte eher bei der Szene einen Kloß im Hals, in der Jennifer Grey in ihrem braven Schulmädchenlook in den schummrigen Schuppen stolperte, wo die verruchten Dirty Dancers trainierten. Ich konnte mich kaum sattsehen an den tanz-fiebrig ineinander verwobenen Paaren. Am meisten beeindruckte mich, mit welchem Vertrauen sich die Frauen nach hinten beugten und mit dem Kopf fast den Tanzboden berührten. Sie waren sich offenbar ganz sicher, dass sie aufgefangen würden. Dabei dachte ich jedes Mal, dass mir ein solches Tanz-Nirwana wohl für immer verwehrt sein würde. Mit Jo, so hatte es den Anschein, würde ich es in absehbarer Zeit nicht erreichen. Und da ansonsten kein Tänzer in meiner Reichweite war – er hätte nicht einmal »dirty« sein müssen –, begann ich mich damit abzufinden, dass das Tanzen offenbar nichts weiter als ein flüchtiger Traum war, den ich nur mit wenigen Leuten wie Eddie, Lilli oder Hotte teilen konnte. Und letztlich war ich mir auch gar nicht sicher, ob wir tatsächlich alle demselben Traum nachhingen.

Ü30

Drei Tage vor meiner Hochzeit stand ich vor meinem Auto und war sprachlos. Jemand hatte mir über Nacht die Radioantenne fein säuberlich genau in der Mitte abgeknickt! Offenbar wirkte mein alter Escort nicht nur auf der Überholspur provozierend. Er war offenbar der Inbegriff eines unsportlichen Un-Autos, das selbst im geparkten Zustand den Volkszorn auf sich zog. Jo meinte, die alte Kutsche sei schon im unverschandelten Zustand eigentlich kein adäquater Brautwagen und war drauf und dran, in letzter Minute einen würdigeren Ersatz zu besorgen. Nach langem Zureden konnte ich ihn dann doch davon überzeugen, dass es für unseren Transfer zum Jawort kein besser geeignetes Gefährt gebe als mein nonkonformistisches Museumsstück. Schließlich hatten wir uns entschieden, bei unserer Hochzeitszeremonie geschmackvolles Understatement walten zu lassen; ein ironisches automobiles Augenzwinkern passte also perfekt in mein Hochzeits-Konzept – auch und erst recht mit defekter Antenne.

Ein moderner Weddingplanner bekäme angesichts unseres eigenwilligen Hochzeitsarrangements wahrscheinlich eine Herzattacke. Außer meinem elfenbeinfarbenen Jil-Sander-Ensemble und dem festlichen badisch-pfälzischen Menü würde wahrscheinlich nichts auch nur halbwegs dem heutigen Hochzeits-Standard entsprechen. Doch im Jahr 1987 zu heiraten, war keine ganz einfache Sache. In welche Fußstapfen sollte man treten, wenn man ein Hero war, noch dazu einer mit einem Faible für Discos? Die bürgerlichen Familientraditionen einfach fortzusetzen, kam nicht in Frage, immerhin hatte einen der Sturm der späten sechziger Jahre gerade noch so in seinen Ausläufern gestreift. Doch ein Hochzeits-Happening in Sack und Asche nach dem Vorbild der Hippies war auch absolut indiskutabel. Also besannen wir uns auf den bewährten Rahmen und versahen ihn mit mehr oder weniger kreativen Brüchen.

Jo nahm meinen sonderbaren Brautwagen in Kauf, im Gegenzug dazu erklärte ich mich bereit, den abendlichen Part auf ein ausgedehntes Festessen zu beschränken und auf den klassischen Hochzeitswalzer zu verzichten – was, wenn ich ehrlich sein soll, kein einfaches Zugeständnis für mich war. Doch wie herzlos hätte ich sein müssen, um meinen Zukünftigen nach unserem elsässischen Diner Dansant zu einem Tanzfest zu überreden!

Der Abschied von Frankfurt fiel mir schwerer, als ich dachte. Vor allem wegen Eddie. Als ich ihm erzählte, dass ich Jo heiraten und bald wieder zurück nach Köln ziehen würde, hielt er kurz die Luft an und sagte dann nur: »Oh, das freut mich aber für dich.« Für den Rest des Tages verschwand er in seinem Büro. Kurz vor Feierabend kam er zu mir, nahm mich in den Arm, drückte mir einen neuen Trost-Cartoon mit einem sehr lustigen Hochzeitspaar in die Hand und sagte: »Den habe ich diesmal aber für mich gezeichnet.«

Lilli hatte mir für den Neustart in Köln ein neues Mix-Tape geschickt. Als ich kurz vor Weihnachten zum letzten Mal von Frankfurt nach Köln fuhr, hörte ich es zum ersten Mal. Es half mir während der ersten Kilometer über den Abschiedsblues hinweg. Mit »Walking on Sunshine« von Katrina and the Waves ging es los. Kein schlechter Soundtrack für die Zukunft, dachte ich und rauschte mit Karacho zurück nach Köln. Hätte ich damals schon gewusst, dass unser erstes Kind bereits mit von der Partie war, wäre ich garantiert Schritttempo gefahren. Der kleine Überraschungsgast sollte mein Leben auf den Kopf stellen, es von einem Tag auf den anderen verlangsamen und alle meine beruflichen Pläne durchkreuzen. Dennoch war er uns so sehr willkommen.

Unsere Tochter kam im Mai zur Welt. Früh. Um wenige Tage zu früh zum Leben. Außer einem verblassten Ultraschallbild auf Thermopapier hat sie keine sichtbaren Spuren hinterlassen. An dem strahlend schönen Frühlingstag, an dem sie geboren wurde, lag sie eine Weile in meinem Arm. Schön war sie und zart wie ein Mandelblütenblatt. Unsere Begegnung fühlte sich an wie eine Begrüßung. Es war ein Abschied. Die Hebamme brachte sie weg.

Dann fiel die Zeit in sich zusammen, riss alles mit sich. Danach kam Stille. Stille, die in Wahrheit Taubheit war.

Lernen musste ich dann, wie unerwünscht es hierzulande ist, über den Tod zu sprechen, und schon gar über den Tod eines Kindes. Ich fing an, den Sinnen zu misstrauen, weil mich kein Trost erreichte. Musik, ganz gleich, ob Klassik oder Pop, Musik war mir unerträglich und ließ mich erstarren vor Gram. Das muss schrecklich gewesen sein für Jo. Ich konnte ihm nicht folgen, und es war schwer für ihn, mich zu begleiten.

Getrieben fühlte ich mich, rastlos auf der Suche nach Erklärungen für unser Unglück. Bilder waren es, die mich nach und nach wieder ins Leben zurückholten. Wie eine Seh-Süchtige reiste ich, lief durch Museen und Galerien, blätterte bei jeder Gelegenheit in Fotobänden und Illustrierten. Bilder mussten es sein. Worte halfen nicht. Niemand hatte die richtigen Worte.

Bei einem Besuch in der Schweiz fielen mir an mehreren Orten historische Abbildungen von Totentänzen auf. Seit dem

Mittelalter hatten Künstler immer wieder den Tod als launischen, ausgelassenen Tänzer dargestellt, der um die Lebenden warb und sie zum Tanz verführte. Der Tod fand hier nicht im Verborgenen in Krankenhauszimmern und Bestattungsunternehmen statt, sondern ganz offen für jedermann sichtbar, mitten in der Stadt. So seltsam es klingen mag, aber der tanzende Tod machte mir Mut. Offenbar war es nicht immer so gewesen, dass man ihn nicht sehen und nicht über ihn reden konnte.

Freilich erschreckten mich die tanzenden Sensenmänner, die ihre Opfer leichtfüßig von der Lebensbühne holten. Kaum einer folgte freiwillig, den meisten war augenscheinlich gar nicht nach Tanzen zumute, wenn der Tod nahte. Nach und nach aber verstand ich, dass auch viel Entlastendes und sogar Humorvolles in diesen Darstellungen steckte. Sich vorzustellen, dass das Fest des Lebens mit einem letzten Tanz ausklingt, ist gewiss leichter, als sich ein Ende in Angst und Qual auszumalen.

Das Leben ging weiter, doch es hatte härtere Konturen bekommen, eine andere Tonlage, eine neue Färbung. Der Tod war keine philosophische Spielerei mehr wie noch wenige Jahre davor. Er war mir sehr nahe gekommen, so nahe, dass ich nun permanent Angst um meine Nächsten hatte – eine Angst, die ich nur mit großer Mühe im Zaum halten konnte.

Als die Menschen im November des Jahres 1989 unter dem Brandenburger Tor vor Freude tanzten, saß ich staunend und glücklich in Köln vor dem Fernseher und hielt meine zweite Tochter im Arm. Mein Zahlengedächtnis lässt zwar oft zu wünschen übrig, sagte ich mir, aber das Datum des Mauerfalls dürfte ich mir dank dieses fidelen Zwergs auf jeden Fall immer merken können. – Falls es mir dennoch je entfallen sollte, müsste ich nur einen Blick auf den zerfledderten Kinderausweis mit dem skurrilen Säuglingspassbild werfen. Das aberwitzige Dokument mussten wir Ende November 1989 noch als Passersatz für unser neugeborenes Baby wegen eines Familienfestes in Berlin anfertigen lassen. Es wurde auf der holprigen Transitstrecke mit so vielen trotzigen DDR-Stempeln versehen, dass es am Ende aussah wie der Pass einer Geheimagentin – was unserem Töchterchen schon in ihren ersten Lebenstagen den Familienspitznamen Emmy – alias Emma Peel einbrachte.

An Feiern war in den kommenden Jahren kein Mangel. Durch mein Jawort hatte sich meine Familie um ein Vielfaches erweitert, denn Jo kam aus einem großen, weitverzweigten Clan, in dem sich die Hochzeiten, Taufen und sonstigen Jubiläen nur so jagten. Als Emmy mit drei Jahren in den Kindergarten kam, beschleunigte sich der Reigen der Festivitäten auf ungeahnte Weise. Im Nachhinein habe ich diese Zeit als einen nicht enden wollenden Bandwurm aus Festen und geselligem Beisammensein in Erinnerung. Ich muss es wahrscheinlich nicht eigens betonen: Getanzt wurde so gut wie nie und wenn, dann nur im Ringelreihenkreis. Dafür verging kaum eine Woche, in der nicht irgendein Buffet mit Nudelsalat, Kuchen oder Quiche zu bestücken war. Von außen betrachtet wirkte mein Leben wie ein fröhlicher Kindergeburtstag, doch eigentlich war es schon damals eine ziemliche Hatz.

Da ich schon nach einem halben Jahr Babypause geahnt hatte, dass mich eine Existenz im Apfelkuchendunst nicht rundum glücklich machen würde, fing ich an vorzusorgen und mich auf ein Leben als freiberufliche Autorin vorzubereiten. Die Voraussetzungen waren eigentlich gut: Unsere Wohnung war groß genug für ein separates Arbeitszimmer, und Jo war ein Mann, der bereit war, sich die Last der Alltagspflichten mit mir gerecht zu teilen.

Meine erste große Reportage, die ich sozusagen als Gesellenstück auf eigene Faust geschrieben hatte, handelte von Musikerinnen, die sich mit ihren Instrumenten in klassische Männerdomänen vorwagten und sich als Kontrabassistinnen, Blechbläserinnen und Schlagzeugerinnen allen massiven Widerständen zum Trotz vollkommen neues Terrain eroberten. Die zweite handelte von den sogenannten »neuen Vätern« – wie Jo damals einer gewesen ist. Dass meine ersten Artikel in seiner Sphäre angesiedelt waren, verwundert mich heute nicht. Sie waren eine aufrichtige Reverenz an ihn, denn Männer, die sich tatkräftig bemühten, die Aufgaben des Familienalltags gemeinsam mit ihren Frauen zu schultern, waren damals wahre Stecknadeln im Heuhaufen. Wenn ich mich so umsehe, dann hat sich daran in der Zwischenzeit nur sehr wenig geändert.

Der ersten Chefredakteurin der deutschen *Marie Claire,* der ich meine Musikerinnen-Reportage auf gut Glück geschickt hatte, habe ich es hauptsächlich zu verdanken, dass mein Kaltstart im freien Journalismus auf Anhieb glückte, oder sagen wir besser, dass ich mir einen Alleingang im Haifischbecken der Medien überhaupt langfristig zutraute. Sie war auf Anhieb angetan von der Geschichte und wollte sie so bald wie möglich drucken. Von den musikalischen Pionierinnen ließ sie umgehend phantastische Fotos anfertigen. Sie wurden aber leider nie veröffentlicht, weil die Magazin-Chefin in einer Nacht-und-Nebel-Aktion ihres Amtes enthoben wurde. Ihr Nachfolger ließ dem Vernehmen nach den kompletten Stehsatz tilgen und brachte in der Ausgabe, in der meine Reportage hätte plaziert werden sollen, einen Artikel über den Adel und seine Hunde.

Besser hätte meine Vorbereitung auf die Realität des freien Journalismus nicht laufen können. Er ist ein windiges Geschäft, für das man ein sehr dickes Fell mitbringen muss. Ich blieb trotzdem dabei. Nicht aus reiner tollkühner Abenteuerlust, sondern eher notgedrungen und mit Kalkül. Ich wollte beides: für mein Kind da sein und arbeiten. Ein Schreibtisch zu Hause erschien mir daher ideal.

Ich bin nicht sicher, ob ich mich heute, wenn ich die Wahl hätte, noch einmal für diesen Weg entscheiden würde, denn bis dato war und ist er ein permanenter seelischer und wirtschaftlicher Drahtseilakt. – Die Briefe mit den Rentenberechnungen der BfA öffne ich in letzter Zeit nur noch, wenn ich in absoluter Hochstimmung bin. Dennoch gab es immer auch Momente, in denen ich mich reich und glücklich wie eine Königin fühlte, weil ich mir meine Arbeitszeit frei einteilen konnte.

Nicht missen möchte ich zum Beispiel die köstlichen Augenblicke des Müßiggangs, die ich in einem grottenhässlichen Pavillon der Rheinischen Musikschule in Köln-Ehrenfeld verbracht habe. Dass sich mir dieser Kosmos erschloss, hatte ich unserer kleinen Agentin Emmy zu verdanken, die, angeregt durch ihre deutsch-brasilianische Spielkameradin Gigi, eines Tages im zweiten Kindergartenjahr nach Hause kam und uns mit dem unumstößlichen Entschluss konfrontierte: »Ich lerne Ballett. Gigi macht das auch.«

Jo grummelte, das Kind besuche doch bereits einmal pro Woche die musikalische Früherziehung, das sei doch fürs Erste genug der verschulten und nicht zuletzt auch kostenintensiven Freizeitaktivitäten. Ich war hin- und hergerissen, sagte mir doch mein küchenpsychologischer Sachverstand, dass Emmys Wunsch womöglich nur die heimlichen mütterlichen Sehnsüchte spiegeln könnte. Deswegen hielt ich erst einmal dagegen und faselte etwas von den verkorksten Füßen der Ballerinen. Doch das Kind ließ nicht mit sich reden. Es wollte ins Ballett.

Es kam ins Ballett. Was soll ich sagen – Emmy war selig, und ich war es erwartungsgemäß sowieso. Jo übernahm die Fahrten zur musikalischen Früherziehung am Montagnachmittag. Ich kutschierte klein Emmy am Donnerstagnachmittag zum Ballettunterricht. Unter landläufigen zeitökonomischen Gesichtspunkten waren sowohl die Ballett- als auch die Musikschultermine der blanke Wahnsinn, raste man doch einen ganzen Nachmittag lang kreuz und quer durch die Stadt, um den sicheren An- und Abtransport der kleinen Elevin zu bewerkstelligen. Wenn man dann noch die morgendlichen und mittäglichen Kindergarten-Transportwege dazurechnete, kam man gut und gerne schon auf einen halben Arbeitstag als Fahrradkurier.

Die Chauffeurdienste zu Emmys Ballettstunde waren mir dennoch nie zu viel. Im Gegenteil: Nach und nach wurden die Rituale dieses Nachmittags zu einer Art Meditation für mich, auf die ich nur verzichtete, wenn es sich gar nicht anders machen ließ. Das morbide Flair der Nachkriegsbaracke, in der der Unterricht stattfand, kann meine Begeisterung nicht wirklich verursacht haben. Schon eher der verwilderte Hinterhofgarten der Rheinischen Musikschule, in dem der Plattenbaupavillon gelegen war. Wenn man sich dem baufälligen Gebäude näherte, war meistens schon von weitem klassische Klaviermusik zu hören. Insbesondere im Sommer, wenn man sich den Weg zum Ballettsaal durch wuchernde Sträucher und überhängende Blütenzweige bahnen musste, war das ein umwerfend romantischer Soundtrack, zumal die Musik keineswegs aus der Konserve kam, sondern in jeder Unterrichtsstunde live gespielt wurde.

Es wunderte mich sehr, dass selbst die kleinsten Eleven dieser Schule in den Genuss eines leibhaftigen Korrepetitors kamen. Der Pianist, Herr Robert, ein geheimnisvoller, melancholischer Herr unschätzbaren Alters, sah aus wie ein direkter Nachfahre von Franz Liszt. Während man dem Kind im Umkleideraum die Haare zum Dutt zusammenzurrte und es in die roséfarbenen Strumpfhöschen und das hellblaue Trainingstrikot nestelte, spielte er sich meistens nebenan im Ballettsaal schon mit ein paar Impromptus warm.

Seine konzertreifen Etüden verleiteten mich manchmal dazu, für einen kurzen Moment die Augen zu schließen und mir die Trainingssäle der großen Opernhäuser in Paris, London, Sankt Petersburg oder Moskau vorzustellen … – Mrs. May, die Ballettlehrerin, kündigte ihre Ankunft meist durch ein virtuoses Koloratur-Lachen an, das ihr vorauseilte wie ein vorwitziges Hündchen. Bis zum Eintreffen der resoluten amerikanischen Ex-Ballerina war in meinem Tagtraum noch ein kurzer Abstecher an die großen Bühnen der Neuen Welt drin, bevor ich dann wieder in der Realität des Plattenbau-Ballettsaals in Köln Ehrenfeld ankam.

Dort blieb mir neben all dem Erfreulichen leider nicht die traurige Erkenntnis erspart, dass das Tanzen offenbar auch in der nachwachsenden Generation eine durch und durch weibliche Domäne war. In Emmys Gruppe gab es einen einzigen Jungen, der, so schien es zumindest, mehr oder weniger zufällig im Schlepptau seiner älteren Schwester im Ballettunterricht gelandet war. Verständlicherweise wurde der kleine Nachwuchstänzer von allen wie ein rohes Ei behandelt, insbesondere von den Eltern und der Großmutter, die meistens zu dritt anrückten, um das Geschwisterpaar auf den Unterricht vorzubereiten.

Das war zwar zweifellos übertrieben viel an erwachsener

Manpower, nur um zwei kleine artige Kinder fürs Training umzuziehen, aber insgesamt fand ich es wohltuend, dass bei vielen Eltern, die ich im Laufe der Zeit in der Ballettschule traf, sehr viel Wertschätzung für das Tanzen zu spüren war.

Der An- und Abtransport der kleinen Hupfdohlen war ebenfalls fest in weiblicher Hand. Die wenigen Männer, die sich bei diesem Ritual blicken ließen, könnte ich heute noch einzeln aufzählen. Mit einem von ihnen unterhielt ich mich sehr gerne. Als Taxi-Unternehmer lag ihm das Chauffieren zwar schon von Berufs wegen, aber er schien sich tatsächlich auch selbst für das Tanzen zu interessieren. Als er mir zum ersten Mal erzählte, dass er gerade mit seiner Frau einen tollen Ball im Gürzenich, der altehrwürdigen Kölner Festhalle, besucht habe und dass es ihm wichtig sei, dass auch aus seiner Tochter einmal eine ordentliche Tänzerin würde, verschlug es mir die Sprache.

Seither kann ich mir ungefähr vorstellen, wie sich Menschen fühlen, die Ufos sehen oder Marienerscheinungen haben. Ich befürchte, dass ich den sympathischen Fuhrunternehmer damals voller Bewunderung mit einem tendenziell debilen Gesichtsausdruck angestarrt haben muss. So einem Mann, schoss es mir durch den Kopf, sollten die Steuern erlassen und Orden verliehen werden! Am liebsten wäre ich ihm vor Begeisterung um den Hals gefallen, doch das ließ ich wegen eventueller Fehlinterpretationen dann doch lieber sein und fachsimpelte so cool ich nur konnte mit ihm über den bedauerlichen Niedergang der Ballkultur. Doch so lässig ich mich auch gab, schon bei meiner ersten Unterredung mit dem Tanzenthusiasten konnte ich es nicht verhindern, dass ich mich einer Todsünde schuldig machte, die mich ansonsten nur sehr selten anfocht: In mir brodelte der Neid!

Ähnlich verwerfliche Gefühlsregungen verspürte ich bisweilen, wenn ich Bilder von der Loveparade zu sehen bekam. Obwohl Techno alles andere als mein favorisierter Musikstil war, faszinierten mich die Bilder von dieser gigantischen Party in Berlin. Die Musik peitschte die Leute regelrecht zum Tanzen. Ganz anders als in den Discozeiten war sie ein einziger langer Fluss ohne Anfang und ohne Ende, keine Refrains, die man hätte mitsingen können, keine Melodien, die Erinnerungen wachriefen. Die Tänzer schienen sich in der Computermusik zu verlieren, sich in eine Art kollektive Trance zu begeben. So ganz konnte ich es allerdings nicht glauben, dass in dem Massenauflauf tatsächlich alle so wahnsinnig viel Spaß hatten, wie sie vorgaben. Doch letztlich kam das Ganze für mich sowieso nicht in Frage. Erstens war ich als Mittdreißigerin längst dem Raver-Alter entwachsen, und zweitens verbot es sich ohnehin von selbst, dass die verantwortungsbewusste Mutter einer kleinen Tochter inmitten einer schweißtriefenden Menschenmenge tagelang selbstvergessen wie ein Girlie auf den Straßen herumtanzte.

Forget it, sagte ich mir und tröstete mich mit der Vorstellung, dass ich auf einem der großen Raves ja mit viel Pech in einen uninspirierten Dumpfbacken-Hexenkessel aus Nichttänzern hätte geraten können. Es war ja schon in den Discos schwer genug gewesen, die Gleichgesinnten ausfindig zu machen, wie sollte man sich da überhaupt unter den Abertausenden von Ravern zurechtfinden!

Denn eines war ja allem Augenschein nach klar: Bei den Techno-Paraden ging es in erster Linie ums Zudröhnen und ums Schmusen. Das Tanzen, so schien es zumindest von außen, war eher das Mittel zum erotischen Zweck. Und das war ja eigentlich nichts wirklich Neues. Schon ein Klassiker wie Goethe war doch, wie schon erwähnt, den »Zärtlichen«, also den Mittel-zum-Zweck-Tänzern, auf die Schliche gekommen.

Ich war mir eigentlich sicherer denn je, dass ich nach Goethes Diktion zu den »Gleichgültigen«, sprich zu den Tanzmaniacs gehörte. Also war es sicher besser, sich von derart schmusigen Veranstaltungen fernzuhalten. Das redete ich mir zumindest ein, musste mir aber gleichzeitig eingestehen, dass ich mich tanztechnisch gesehen wirklich in einer prekären Patt-Position befand. Nichts ging mehr. Für die Paraden war ich zu alt und um Lichtjahre zu jung für den Seniorentanz im Pfarrhaus nebenan. Ob es mir passte oder nicht, Ü30-Partys waren das Gebot der Stunde. Doch schon bei dem Gedanken an eine derart absurde Veranstaltung schauderte es mich. Ich war auf der Suche nach Tanzgelegenheiten und nicht nach einem geeigneten Heiratskandidaten in meiner Altersklasse.

In jenen Jahren kam ich mir manchmal vor wie eine tanzhungrige Wölfin, die unablässig nach geeigneten Opfern Ausschau hielt. Jeder noch so geringfügige gesellschaftliche Anlass nährte in der Wölfin die Hoffnung, es könne sich einfach mal so, gewissermaßen aus dem Stand heraus, die eine oder andere erfreuliche Tanzgelegenheit ergeben, und womöglich wäre sogar ein Mr. Hattric zugegen und würde die Jahre des Darbens mit einem einzigen Tanz vergessen lassen. – Um es kurz zu machen: Die Träume der Wölfin blieben fürs Erste unerfüllt. Meist schlich sie mit knurrendem Magen und schlechter Laune wieder in ihren Bau und jammerte anderntags ihren Freundinnen die Ohren voll. Diese stimmten quasi unisono in ihr Klagelied ein und erzählten ihrerseits viel Trauriges aus dem Tanzsektor. Das war's dann aber auch.

So geht es nicht weiter, sagte ich mir eines trüben Tages. Der Karneval war gerade vorüber, will heißen, bis zum nächsten tänzerischen Lichtstreif am Horizont würde ein weiteres kostbares Jahr vergehen. »Wenn der Tanz nicht zu mir kommt«, sagte ich mir, »dann werde ich ihn wohl suchen müssen.«

Grundsätzlich war das eine sehr weise Erkenntnis. Doch wie war sie in die Tat umzusetzen, ohne dass ich den mir angetrauten tanzskeptischen Mann damit brüskierte? Ich war auf der Suche nach dem Tanz und nicht nach einem anderen Mann, was von Tanzmuffeln ja schnell mal in einen Topf geworfen wird.

Eine Anzeige in einem Kölner Stadtmagazin brachte mich auf eine Idee: Das Öko-Bildungswerk bot einen Anfänger- und Auffrischungskurs für die Standard- und Lateintänze an. Das war's doch! Was sollte Jo gegen einen Tanzkurs in einer staatlich anerkannten Fortbildungseinrichtung haben, die sich dem ganzheitlichen Denken der Umweltbewegung verschrieben hatte und neben Yoga-Seminaren auch Workshops zu Feuchtbiotopen, Grasdächern und Vollwerternährung anbot? Mit Sicherheit würde es dort nicht so förmlich zugehen wie in den traditionellen Tanzschulen, und vielleicht würde sich Jo ja sogar überreden lassen mitzugehen?

Zunächst hatte es den Anschein, als würde sich Jo dank des linksliberalen Deckmäntelchens zum ganzheitlichen Tanzen breitschlagen lassen, letztlich cancelte er aber dann doch elegant wegen unwägbarer beruflicher Abendtermine. Allerdings ermunterte er mich, doch einfach alleine hinzugehen, schließlich stünde in der Anzeige, dass man auch ohne Tanzpartner an dem Kurs teilnehmen könne. Das war nicht das, was ich hören wollte, aber ich nahm ihn beim Wort.

Ein wenig seltsam war mir schon zumute, als ich in das Kellergewölbe der Christuskirche hinabstieg. Es war höchstens zehn Jahre her, dass ich an diesem Ort mit Hotte das Punk-Konzert der Fred Banana Combo gehört und Pogo getanzt hatte, und nun sollte es an der gleichen Stelle mit Wiener Walzer, Rumba und Cha-Cha-Cha weitergehen! Hoffentlich begegnete mir niemand, den ich kannte; böswillige Beobachter hätten mich sonst womöglich als Ökospießer denunzieren können. Doch noch war ich nicht fest angemeldet. Fürs Erste war ich nur für eine »Schnupperstunde« hergekommen.

Hätte ich im Voraus gewusst, was es in dieser Stunde dann tatsächlich zu schnuppern gab, wäre ich wahrscheinlich zu Hause geblieben. Die Tanzlehrerin, eine kleine, quirlige Person mit asymmetrischem Kurzhaarsschnitt und frauenbewegtem Styling, empfing mich am Eingang freundlich und stellte mir Günther vor, der sich, genau wie ich, als Single angemeldet hatte. Wie Günther wirklich aussah, weiß ich nicht mehr, und selbst in der Stunde unserer Begegnung konnte ich seine Gesichtszüge kaum erahnen, waren sie doch zum allergrößten Teil hinter einem graumelierten Vollbart und einer amorphen borstigen Mähne verborgen.

Noch wäre Zeit für eine Kehrtwende auf dem Absatz gewesen, aber da ich schon damals nach dem Grundsatz lebte, Menschen nie vorschnell nur nach ihrem Äußeren zu beurteilen, blieb ich tapfer und fragte Günther, wie er denn zum Tanzen gekommen sei. An seine Antwort kann ich mich nicht mehr erinnern, was vielleicht daran gelegen haben mag, dass mir das Bild, das sich mir beim Anblick seiner Füße bot, schier das Blut in den Adern gerinnen ließ. – Ich könnte es heute noch en détail aufmalen: weiße Tennissocken aus Frotté, gepaart mit braunen Gesundheitssandalen, deren Patina nur durch mehrjährige Rucksackreisen zustande gekommen sein konnte. Wie gesagt, ich bekam es nicht wirklich mit, was Günther dazu inspiriert hatte, seine Tanzkünste aufzufrischen. Ich wollte es auch nicht mehr wissen. Am liebsten hätte ich diesen Anblick sofort aus meinem Gedächtnis gelöscht, aber da war schon meine mentale Archivarin vor. Noch ehe ich mich versah, hatte sie die Datei »Günther« angelegt und sie in meinem Tanzarchiv unter der Rubrik »Tanz und Trauma« abgelegt.

Auf dem Höhepunkt der Schnupperstunde sollte sie neben dem optischen Schock noch einen olfaktorischen verbuchen. Ich kann eigentlich von Glück sagen, dass er heute in meinem Inneren nicht untrennbar mit dem romantischsten aller Standardtänze verbunden ist, dem langsamen Walzer; mit diesem Tanz kam ich Günther zum ersten Mal nahe. Selbst in der auf Armlänge entfernten Übungshaltung konnte ich nicht umhin zu registrieren, dass er ein entschiedener Gegner von Deodorants sein musste. Als wir dann einen ersten Walzer in der klassischen Tanzhaltung improvisierten, erschnupperte meine Nase nicht nur Günther au naturel, sondern auch noch ein weiteres unverfälschtes Odeur, das mich an den betagten Foxterrier von Onkel Heinz erinnerte. Dieser besondere Duftstoff entströmte wahrscheinlich dem beigefarbenen Hirtenhemd, das mein Tanzpartner trug; mutmaßlich war es in feuchtem Zustand in den Kleiderschrank geraten oder hatte vielleicht auch ein, zwei Tage lang nach absolviertem Waschdurchgang in der verschlossenen Waschmaschinentrommel vor sich hin gegammelt.

Fürs Erste wollte ich nicht mehr schnuppern. Es waren in dem Kurs zwar auch Herren zugegen, die sich nicht von Kopf bis Fuß den ästhetischen Idealen der Öko-Bewegung verschrieben hatten, doch diese gutrasierten Exemplare waren für Single-Wölfinnen wie mich nicht erreichbar. Sie wurden von ihren Tanzpartnerinnen so energisch in Beschlag genommen, als wären sie kostbare, unwiederbringliche Juwelen aus jahrhundertealtem Familienbesitz.

Auf dem Heimweg tobten die widersprüchlichsten Gefühle in mir. Neben dem altbekannten nagenden Tanzhunger stieg ein wüstes Gebräu aus Stolz und Groll in mir hoch. So weit käme es noch, auf die eifersüchtig gehüteten Männer anderer Frauen zu hoffen wie auf gnädig gewährte Brosamen vom Tisch der Besitzenden! Das war genauso indiskutabel wie ein Wiener Walzer mit Männern in Gesundheitslatschen! Und all diese Zumutungen sollte ich nur ertragen, weil mein Juwel Jo ein unverbesserlicher Tanzmuffel war! Zu seiner Entlastung musste ich mir selbst eingestehen, dass der Weg zur Tanzfläche selbst für Enthusiasten wie mich mit zunehmendem Alter mit immer größeren Hürden gepflastert war. Insofern konnte ich es Jo auch nicht verdenken, dass ein Hauch von Genugtuung über sein Gesicht huschte, als ich ihm von meinen Vollwert-Tänzen erzählte. – Vielleicht war nun tatsächlich der Zeitpunkt gekommen, an dem ich meine tänzerischen Ambitionen endgültig ad acta legen sollte. Immerhin bestand akute Gefahr, dass ich mich wegen des Tanzens womöglich demnächst vollkommen zum Affen machen könnte.

Ein einziger Kinobesuch reichte, und flugs waren alle meine depressiven Endzeit-Visionen wieder zerstreut. Der australische Tanzfilm »Strictly Ballroom« erzählte den alten Aschenputtel-Stoff auf so charmante und schwungvolle Art, dass meine mentale Tanzmatrix in null Komma nichts wieder auf Hochtouren lief. Tagelang speiste sie mir im Alltagsgeschehen vollkommen unvermittelte Flashbacks ein. Mal tauchte das hässliche Entlein Fran, das sich tanzend in einen atemberaubenden Schwan verwandelt hatte, vor meinem geistigen Auge auf, mal ihr Tanzpartner, der Turniertänzer Scott, der mit undogmatischen Schritten aus der Reihe tanzte und damit außerordentlich sexy gegen die starren Regeln des Turniertanzes rebellierte.

Dass die Tanzszenen so authentisch und überzeugend waren, lag zum einen daran, dass Baz Luhrmann, der australische Regisseur des Films, das Ballroom-Genre mit seinen strengen Ritualen aus eigener Erfahrung kannte. Er stammte aus einer Tänzerfamilie und hatte schon als Kind an Tanzturnieren teilgenommen. Zum anderen hatte mich »Strictly Ballroom« sicher auch so beeindruckt, weil mir der kritische Blick auf die hermetisch und heillos antiquiert wirkende Welt des Gesellschaftstanzes wohltat. Den Heroes meiner Generation war es schon immer schwergefallen, sich darin zu verorten; und nun waren wir ohnehin zu alt für die Teenager-Tanzstunde, zu verheiratet für die Single-sucht-Single-Kurse und definitiv zu jung für den Senioren-Tanztee.

Was dann? Sollte das alles gewesen sein? Wann immer sich die Gelegenheit bot, hörte ich mich in meinem Freundes- und Bekanntenkreis um, wie es denn so mit dem Tanzen stünde. Überraschenderweise musste ich feststellen, dass diese harmlose Frage bei Paaren prekäre, ja nachgerade beziehungsgefährdende Reaktionen hervorrufen konnte. Genauso gut hätte ich nach der gerechten Verteilung der Haushaltspflichten fragen können oder nach der Frequenz und Qualität des ehelichen Beischlafs. Den Männern war die Gretchenfrage in Sachen Tanz höchstens ein Schulterzucken wert, bei den Frauen konnte sie unter Umständen zu regelrechten Dammbrüchen im Gefühlshaushalt führen, waren doch die meisten mit den Tanzgelegenheiten für unsere Generation ähnlich unzufrieden wie ich, aber auch genauso ratlos. Das Fazit meiner informellen Recherche beruhigte mich dennoch: Keine meiner Freundinnen war bereit, kampflos das Feld zu räumen. So kam es, dass ich im Schulterschluss mit meinen Leidensgefährtinnen neben Beruf und Familie dennoch nach und nach mehr Bewegung in mein Leben brachte.

Jana, mit der ich schon seit dem Jahr 1979 freundschaftlich

verbunden war, weil wir zusammen überaus glorreich durch die Führerscheinprüfung gefallen waren, riet mir zu Tai-Chi. Diese chinesische Kampfkunst sei, so meinte die erfahrene Schattenboxerin, ein adäquater Ersatz fürs Tanzen, weil es zu einer Harmonisierung männlicher und weiblicher Energien führe. Zunächst war ich sehr skeptisch, aber dass man beim Austarieren von Yin und Yang nicht auf einen Partner angewiesen war, verlockte mich dann doch sehr!

Also begann ich mit meinem fernöstlichen Training, ließ mir Zeit, die Materie zu durchdringen, denn, so hieß es in einem alten chinesischen Gleichnis, schließlich ziehe man ja auch nicht an einem Getreidehalm, um ihn zu schnellerem Wachstum zu bewegen. Doch alles bedächtige Wachsen half nicht; letztlich wollte es bei mir nicht so richtig klappen mit dem spirituellen Einswerden von Mensch und Natur und Frau und Mann. Hin und wieder erlangte ich zwar, wie gewünscht, innere Ruhe und Entspanntheit, es löste sich auch so manche Blockade, aber selbst der intensivste Kontakt zu meinen körpereigenen Energien half mir nicht über die Tatsache hinweg, dass ich eigentlich nur eines wollte: Tanzen.

Der Fitness halber meldete ich mich in dem Sportstudio an, das sich gerade in meinem Viertel neu etabliert hatte. Ein persönlicher Coach tüftelte mit mir einen Trainingsplan aus, nach dem ich an diversen Gerätschaften mit einem gezielten Krafttraining meine unterforderten Muskeln auf Vordermann bringen könnte. Hinzu kam ein fakultatives Bauch-Beine-Po-Programm für die speziellen Problemzonen der Frau und Fun-Aerobic nach Bedarf. Letzteres erinnerte zumindest ganz entfernt an die alten Discozeiten.

Ein paar Monate lang schaffte ich es tatsächlich, mich ein- bis zweimal in der Woche der Schmach zu unterziehen, neben testosterongesteuerten Kraftpaketen Hanteln zu stemmen und mich auf Laufbändern und Steppern abzumühen, bis es mich mitten beim Work-out auf dem Indoor-Trainingsrad erwischte: Vor mir auf dem Bildschirm flimmerte ein altes »Dancing Queen«-Video von Abba! Schon beim Anblick der gefönten Rundschnitte von Agnetha, Frida und Co. wurde mir ganz blümerant, beim Glissando-Intro und den Eingangszeilen erfasste mich Wehmut: »You can dance, you can jive having the time of your life, oh see that girl, watch that scene dig in the Dancing Queen.« – Was war nur aus diesem Traum geworden? Was tat ich denn hier überhaupt! Ich plackte mich ab auf einem absurden Fahrrad, das sich nicht von der Stelle bewegte! Die totale Sinnkrise erfasste mich dann bei den Zeilen: »You're in the mood for a dance and when you get the chance, you are the Dancing Queen. Young and sweet only seventeen.« – Klar war ich keine siebzehn mehr, aber das Glücksversprechen aus der Zeit, als ich »only seventeen« war, wirkte noch immer nach und schien mich auch nicht loszulassen.

Deprimiert stieg ich von dem Fahrrad, packte meine Siebensachen, ging nach Hause und rief Lilli an. Sie hatte sich als Werbetexterin selbständig gemacht und wohnte mittlerweile wieder in Köln. Sie verstand meinen Frust. All diese schweißtreibenden Work-outs waren nichts gegen einen gelungenen Abend auf der Tanzfläche. »Wir gehen bei nächster Gelegenheit mal wieder in die Disco«, sagte Lilli, »lass uns in der ›Kantine‹ anfangen!« Ich gab zu bedenken, dass doch an diesem Veranstaltungsort die Ü30-Tanzveranstaltungen stattfänden, lenkte aber sofort ein, denn eine der raren Lichtgestalten in meiner tanzarmen Welt zu verprellen, wäre mehr als fahrlässig gewesen. Eine Bedingung stellte ich dann aber doch: »Ich werde auf keinen Fall meinen Personalausweis mitnehmen!«

Unser erster Ü30-Abend war gleichzeitig auch unser letzter, denn es kam, wie es kommen musste. Während sich auf der Tanzfläche die Ü30-Frauen freestylend tummelten, standen die Ü30-Männer an der Theke und warteten bei einem kühlen Bierchen ab, bis sich die Frauen ausgetobt hatten und man endlich zum wesentlichen Teil des Abends übergehen konnte. Da weder Lilli noch ich Bedarf hatten, einsame tanzfaule Ü30-Männer kennenzulernen, flüchteten wir nach ein paar Tanzrunden in eine Kneipe ohne Altersbeschränkung und schworen uns, dass wir nicht ruhen würden, bis wir auch in der Ü30-Zone einen würdigen Ort für »Dancing Queens« gefunden hätten. Gewiss, wir hatten beide anstrengende Berufe, ich hatte noch dazu eine Familie, was das Zeitbudget für Freizeitvergnügungen jedweder Art per se schon auf ein Minimum limitierte, aber das hieß doch noch lange nicht, dass es für uns vorbei war mit »having the time of your life«!

Apropos »beste Zeit des Lebens«, auch in »Dirty Dancing« war von »the time of my life« gesungen worden, und Patrick Swayze und Jennifer Grey hatten dazu Mambo getanzt. Lilli meinte, das sei ja eigentlich schon damals ein Wink mit dem Zaunpfahl gewesen, dass wir uns internationaler ausrichten und uns eventuell mal in afrikanischen oder lateinamerikanischen Gefilden umtun könnten.

Zumindest in beruflicher Hinsicht sollte mir dies schon bald gelingen. Im Februar des Jahres 1994 hatte ich ein Ticket nach Rio de Janeiro in der Tasche und unter anderem den Auftrag, Chico Buarque, den brasilianischen Leonard Cohen, zu portraitieren – kurz vor Karneval.

Apfelsinen im Haar

»Du fliegst nach Brasilien«, kreischte Lilli. Dann wackelte sie neckisch mit ihrem Hinterteil und schmetterte los: »Wenn man in Mexiko am Abend zum Karneval geht / Weil sich doch alles, alles, alles um Karneval dreht / Sagt einem jeder: Geh'n sie zu Rafinita / Denn dort tanzt Rosita zu Music A Banda …« Dass Lillis Empörung gespielt war, merkte man schon an der Textsicherheit, mit der sie den alten Hit von France Gall zum Besten gab; die französische Chansonsängerin hatte sich mit dem Schlager im Jahr 1968 einen Ehrenplatz in der Hall of Fame des deutschen Karnevals gesichert. Den absurden Refrain kann hierzulande seither so gut wie jeder auswendig: »Zwei Apfelsinen im Haar / Und an der Hüfte Bananen / Trägt Rosita seit heut' zu einem Kokosnusskleid / Ja sicher noch dieses Jahr / Das kann man heute schon ahnen / Trägt die modische Welt das, was Rosita gefällt.«

Was Fred Conta und Fred Weyrich, die Texter dieser Zeilen, dazu inspiriert hatte, die deutsche Coverversion des brasilianischen Songs »A Banda« in Mexiko anzusiedeln, sie mit einer Anspielung auf den berühmten Bananentanz der gebürtigen US-Amerikanerin Josephine Baker zu versehen, um sie dann letztlich von einem französischen Schlagerstar intonieren zu lassen, konnte ich leider nie herausfinden. Doch immerhin war es mir im Zuge eines Reportage-Auftrags vergönnt, mit Chico Buarque, dem Komponisten und Interpreten des brasilianischen Originalsongs, in Rio de Janeiro ein Dosenbier auf seiner Veranda zu trinken.

Zu verdanken hatte ich dies einer Zufallsbegegnung auf

der Frankfurter Buchmesse. Auf einem der vielen wortlastigen und vollkommen tanzfreien Stehempfänge hatte ich im Oktober 1993 Charles und Samantha kennengelernt, zwei Kollegen aus London. Die beiden waren gerade von einer Südamerikareise nach Europa zurückgekommen und berichteten mit Feuereifer und bemerkenswert viel englischer Selbstironie über ihre Recherchen in Argentinien und Brasilien. Um es kurz zu machen: Drei Monate nach diesem vergnüglichen Abend erhielt ich eine Einladung, an einer Pressereise nach Brasilien teilzunehmen.

Charles und Samantha hatten enge Kontakte zu dem ehemaligen englischen Spitzenmanager Sam Morton, der jahrzehntelang die Geschäfte eines großen Konzerns in Brasilien geführt hatte. Seit seiner Pensionierung pendelte er mit seiner Frau Patty zwischen England und Brasilien und widmete sich dem interkulturellen Austausch und der Image-Förderung des brasilianischen Kulturlebens. Und so kam auch ich in den Genuss einer Einladung. Das Angebot klang verlockend: Rio de Janeiro zu erkunden unter den Fittichen von zwei ortskundigen Wahl-Brasilianern, die offenbar jeden kannten, der am Zuckerhut Rang und Namen hatte, und die Türen öffnen konnten, die normalen Touristen verschlossen blieben.

»Mach das!«, sagte Lilli, »du solltest mal raus aus Köln.« Jo grummelte überraschenderweise kein bisschen, sondern ermunterte mich ebenfalls, die Chance einer Horizonterweiterung beim Schopfe zu packen. Nachdem mich auch mehrere Print- und Hörfunkredakteure mit Rio-Aufträgen betraut hatten und somit meinen Überseeausflug auch in wirtschaftlicher Hinsicht legitimierten, gab es eigentlich keinen Grund, die Einladung nicht anzunehmen. Mein Ehrgeiz war geweckt und mein Fernweh ebenfalls; allerdings setzte mein Heimweh schon ein, noch bevor ich überhaupt zugesagt hatte. Bis dato war ich aus beruflichen Gründen zwar immer mal für ein, zwei Tage unterwegs gewesen, was leicht zu verschmerzen gewesen war. Aber zweieinhalb Wochen ohne meine Familie? Meine kleine Emmy in ozeanisch weiter Ferne – wie sollte ich das überstehen! Letztlich war es Emmy selbst, die mir den entscheidenden Anstoß gab. Sie malte mir einen Überseedampfer und sagte, ihre Freundin Gigi führe in den Ferien immer zu ihrer Oma nach Brasilien. Deswegen könne ich die Reise ruhig wagen. Es zerriss mir das Herz, aber ich sagte zu.

Theresa, die Mutter von Emmys Kindergartenfreundin Gigi, eine gebürtige Brasilianerin, bekam leuchtende Augen, als sie hörte, dass Chico Buarque auf meiner Interviewliste stand. Sie sagte, es gebe eine Menge brasilianischer Frauen, die wahrscheinlich einen kleinen Finger opfern würden, um diesen Mann einmal persönlich zu treffen, denn es handle sich sozusagen um einen brasilianischen Nationalheiligen, der in einem Atemzug mit Fußballgöttern wie Pelé genannt würde. »A Banda«, die brasilianische Urfassung von »Zwei Apfelsinen im Haar«, hatte den Musiker im Jahr 1966 in seinem Heimatland auf einen Schlag zu einem strahlenden Fixstern der MPB, der Música Popular Brasileira, gemacht. Viele seiner Songs wurden während der Militärdiktatur zu Hymnen des Widerstands und der Hoffnung. »Er ist der Größte«, sagte Theresa, »seine Bossa novas, seine Sambas kennt jeder in Brasilien.«

Damit war das entscheidende Stichwort gefallen: Samba! Neben dem kulturellen Pflichtteil der Pressereise hatten die Mortons auch die aktive Teilnahme am Karnevalsumzug vorgesehen. Um ganz ehrlich zu sein: Dieser Programmpunkt war es, der mich an der ganzen Reise am meisten verlockt hatte. Womöglich würde ich nie wieder eine solche Chance bekommen, beim Karnevalszug von Rio dabei zu sein! Eigentlich gab es nur zwei Schwierigkeiten – Problem Nummer eins: Was würde ich anziehen? Problem Nummer zwei: Ich konnte keine Samba tanzen. Das heißt, ich war zwar in der Lage, eine europäische Tanzschulsamba zu tanzen, aber die hatte ja mutmaßlich mit der brasilianischen ähnlich viel gemein wie ein friesischer Kaltblüter mit einem arabischen Vollbluthengst.

Meine erste Sorge nahmen mir die Mortons schon aus der Ferne ab. Nach meiner Zusage baten sie mich, meine Körpermaße durchzugeben – mein Kostüm würde von den Näherinnen der Sambaschule Mangueira in meiner Größe vorbereitet werden. Als ich die Daten aufs Fax legte, wurde mir ganz anders. Du liebe Zeit, dachte ich, das ist ja im Grunde so, als würde ich mal eben meine Maße an die Kostümschneider von Jan van Werth faxen! Schwuppdiwupp würde dort dann in meinem Kölner Lieblingskarnevalsverein ein Kostüm für mich gezaubert, und schon wäre ich beim nächsten Rosenmontagszug mit von der Partie! Unfassbar eigentlich, aber dennoch gab es etwas, das mich sehr beunruhigte. Wie würde das Kostüm aussehen? Alles, was mir Sam und Patty schon im Voraus darüber verraten konnten, war, dass es in Weiß und Gold gehalten sein würde.

Die Verkleidungen, die man in Deutschland vor Augen hatte, wenn man an den brasilianischen Karneval dachte, beeindruckten ja nicht gerade durch ihre textile Opulenz. Würde ich also am Ende mit einem Bindfadenbikini durch die Straßen von Rio hüpfen? – »Ist doch egal«, sagte Lilli, »es kennt dich doch eh keiner da.« Das stimmte zwar, aber da die Welt dank der Macht des Fernsehens und der Presse auch schon in den neunziger Jahren bisweilen ein Kuhdorf sein konnte, war ich keineswegs beruhigt. Daher schwor ich mir, dass ich im Falle eines Itsy-Bitsy-Kostüms einfach die Flucht in mein Hotelzimmer antreten würde.

Doch auch wenn mein Karnevalskostüm wider Erwarten schmeichelhaft ausfallen sollte, gab es ein Problem: Es würde nicht über meine mangelhaften Sambakenntnisse hinwegtäuschen können. Kurz vor meiner Abreise verabredete ich mich deswegen mit Theresa, um mir von ihr zumindest Grundkenntnisse im Sambatanzen beibringen zu lassen. Als ich in ihrer Kölner Altbauküche saß, begriff ich, dass meine Annahme, eine Brasilianerin müsse selbstverständlich Samba tanzen können, genauso ignorant und klischeehaft war wie die Vorstellung, dass alle Deutschen schon von klein auf das Schuhplatteln beherrschten. Theresa lachte und klärte mich darüber auf, dass es in dem privilegierten Stadtviertel von São Paulo, in dem sie aufgewachsen war, für sie so gut wie keine Gelegenheiten gegeben hatte, Samba zu tanzen. Für ein Mädchen wie sie war eine Ausbildung in klassischem Ballett üblich, mehr nicht. »Samba lernt man bei uns auf der Straße«, erklärte sie mir. »Der Bossa nova ist die zahmere, die stilisierte Version der Samba, das ist die Musik der gehobenen Mittelschicht. Die Samba stammt von den Nachkommen der Sklaven, das heißt, sie kommt ursprünglich aus den Favelas.« – Und dort trieben sich wohlbehütete Töchter wie Theresa eher selten herum.

Da auch brave Mädchen ihre dunklen Seiten haben, musste sie trotzdem irgendwie gelernt haben, worauf es bei der Samba ankommt. Sie verriet es mir, doch zunächst poetisch verklausuliert wie ein Geheimwissen: »Lass dich in die Musik fallen, fühle dich frei, lass den Körper sprechen, lass ihn schweben, ja fliegen.« Ich konnte mir zwar ungefähr vorstellen, was sie damit meinte, hatte jedoch keine Idee, wie ich das in einer Karnevalsparade vor den Augen der ganzen Welt umsetzen sollte, ohne mich vollkommen der Lächerlichkeit preiszugeben. Theresa hatte ein Einsehen und wurde konkreter: »Von den Hüften abwärts bewegt man sich wie wild, und ab der Hüfte aufwärts hält man sich eher ruhig und souverän. Schultern nach unten, Gesicht entspannt und immer lächeln. Sei glücklich, wenn du tanzt.«

Dann demonstrierte sie mir, wie das getanzte Sambaglück ungefähr auszusehen hatte. Wenn ich mich richtig erinnere, kreuzte sie zuerst mit dem rechten Fuß vor, dann folgte der linke nach. Im gleichen Moment sprang sie wieder mit dem rechten und dann mit dem linken zurück und befand sich wieder in der Anfangsposition. Dann das Ganze noch mal von vorn und mit links beginnend. So in etwa sah also Samba aus. »Das ist eine von vielen Schrittfolgen«, sagte Theresa, »das Entscheidende ist die Geschwindigkeit. In dem Moment, wenn der Rhythmus einsetzt, beginnst du mit dem Stakkato der Beine: Tacktack! Ganz wichtig: Bleib ganz locker in der Hüfte, betonte sie. Und den Oberkörper abkoppeln, hoch aufrichten und eher ruhig halten. Das eigentliche Feuerwerk veranstalten die Beine. Tacktacktacktack …«

Mir wurde schwindelig. Worauf hatte ich mich da nur eingelassen! So viel stand fest: Um bei diesem Tanz eine gute Figur zu machen, musste man die Beine im Takt einer Schnellfeuergewehrsalve bewegen können. Das bedurfte vermutlich jahrzehntelangen Trainings, und ich hatte nur wenige Tage, um mich vorzubereiten. Es tröstete mich auch nicht wirklich, als mich Theresa in den Arm nahm und sagte: »Du wirst sehen, es geht wie von selbst. In Brasilien schwingt alles im Sambatakt.«

Am Ende unseres Crashkurses schärfte mir Theresa die Grundregeln für den Alltag in Rio de Janeiro ein, die seien, so meinte sie, viel wichtiger als das Sambatanzen: »Auf der Straße trägt man keinen Schmuck, keine Uhr, überhaupt nichts, was wertvoll aussieht. Am besten verzichtest du auch auf eine

Handtasche und verstaust deine Utensilien in einer unauffälligen Plastiktüte. Wenn dir trotz dieser Vorkehrungen jemand einen Pistolenlauf unter die Nase hält, was unwahrscheinlich ist, aber es kommt hin und wieder vor, dann wehre dich auf keinen Fall und gib sofort alles her, was du hast.« – Na wunderbar, dachte ich, dann mal auf in den Kampf.

In der Nacht vor meinem Abflug machte ich kein Auge zu. Ich würde mich freiwillig in eine der gewalttätigsten Städte auf diesem Globus begeben, mich überfallen und ausrauben lassen, und warum das alles? Nur wegen des Karnevals. – Ich musste des Wahnsinns sein!

Als ich in Rio de Janeiero aus dem Flugzeug stieg, schlug mir die tropische Schwüle des brasilianischen Hochsommers wie die feuchte Luft eines Dampfbads entgegen und versetzte mich von einem Moment auf den anderen in einen halbnarkotischen Zustand totaler Schicksalsergebenheit. Meine finsteren Gedanken verflüchtigten sich wie die Federwölkchen über der Copacabana. Schon beim Landeanflug hatte sich meine Stimmung merklich aufgehellt, denn die Stadt präsentierte sich unter einem kitschig blauen Himmel von ihrer betörenden Seite. Als dann noch zu allem Überfluss in der Flughafen-Empfangshalle die brasilianische Musikikone Tom Jobim mit Panamahut und elegantem Sommeranzug wie die Gelassenheit in Person an mir vorbeiflanierte, nahm ich das als einen persönlichen Willkommensgruß der guten Geister der Stadt.

Unweigerlich hatte ich sofort Jobims berühmtesten Bossa nova, »The Girl from Ipanema«, im Ohr: »Tall and tan and young and lovely / The girl from Ipanema goes walking …« Als das Stück 1964 auf den Markt kam, schlug es sogar die Beatles bei der Grammy-Verleihung. Damals wucherten die

Favelas von Rio noch nicht in die Stadt hinein, die Gewalt war weit entfernt. Morgens ging das Girl von Ipanema in sittsamer Uniform zur Schule, und nachmittags schlenderte sie zum Strand an die Copacabana. Und wenn sie ging, dann war Musik in der Luft. »When she walks it's like a samba / That swings so cool and sways so gently …« Von da an träumte die ganze Welt von den Mädchen in Rio, von einem sinnlicheren, leichteren Leben im Bossa-nova-Takt.

Das Rio de Janeiro, das ich dreißig Jahre später zu sehen bekam, war längst nicht mehr so idyllisch wie in jenen Zeiten, als ein schönes fünfzehnjährige Mädchen namens Helôísa den Komponisten Antônio Carlos Jobim und den Schriftsteller Vinícius de Moraes zu dem sehnsuchtsvollen Welthit inspirierte. Dennoch hatte ich oft den Eindruck, dass der Rhythmus der tropischen Großstadt noch immer vom coolen Samba-Groove bestimmt wurde wie vom sanften Wellenschlag des Meeres.

Die Lebensfreude der Cariocas, der Einwohner von Rio de Janeiro, steckte mich an, ja, sie beflügelte mich geradezu. Andererseits schockierten mich die harten Kontraste der Stadt, die Auswüchse der Armut, die selbst in den Nobelvierteln der Stadt an jeder Ecke zu sehen waren. Als ich zum ersten Mal in einem Gartenlokal saß, blieb mir jeder Bissen im Hals stecken, denn vor dem Restaurant wartete bereits eine Traube von kleinen Kindern aus den Favelas, die um die Reste auf den Tellern bettelten.

»Rio de Janeiro ist eine unwirkliche Stadt«, sagte Chico Buarque in unserem Interview, »Glanz und Elend liegen hier unvorstellbar dicht beieinander, manchmal so nahe, dass man die Übergänge kaum bemerkt.« – Stimmt, dachte ich, surrealer geht es eigentlich nicht. Ich sitze hier in Rios exklusivem Stadtteil Gávea auf einer sagenhaften Veranda, blicke auf einen zauberhaften tropischen innerstädtischen Regenwald und trinke Dosenbier mit einem brasilianischen Halbgott, dessen Stimme klingt wie dunkler Tannenhonig und der aussieht wie ein Verschnitt aus Antonio Banderas und John Travolta. Wenige hundert Meter von diesem idyllischen Ort entfernt beginnt Rocinha, das bekannteste Armenviertel Lateinamerikas, in dem schätzungsweise eine Viertel Million Menschen leben. Wie kann man diesen Wahnsinn aushalten, fragte ich Chico Buarque. »Musik und Fußball«, antwortete er prompt. »Musik und Fußball sind die wichtigsten Lebensnerven der Stadt, weil sie über alle sozialen Unterschiede hinweg Brücken bauen und Hoffnung stiften könnten.« Chico Buarque musste es wissen, schließlich hatte er sich zu Beginn unseres Interviews für seine duschnassen Haare entschuldigt. – Er war gerade vom Fußballtraining nach Hause gekommen.

Rio de Janeiro ist Himmel und Hölle zugleich, eine hinreißende Schönheit und ein fürchterlicher Moloch. Doch ich konnte nicht klagen, das Schicksal meinte es gut mit mir. Ich durfte die Sonnenseite von Rio erleben, wurde weder gekidnappt noch ausgeraubt. Meine Aufträge konnte ich dank der diskreten Diplomatie meiner englischen Gastgeber wie am Schnürchen erledigen. Mein Hotel lag im schönen Stadtteil Ipanema, einen Steinwurf von der Copacabana entfernt. Wann immer ich Zeit fand, ging ich zum Strand. Er faszinierte mich, schien er doch das Herzstück der Stadt zu sein, ein durch und durch demokratischer Ort, der allen Einwohnern der Stadt zugänglich war. Für uneingeweihte Europäer stellte er indessen auch eine Herausforderung dar, auf die mich niemand wirklich vorbereitet hatte.

Dabei hatte ich mich keineswegs unbedacht an die Copacabana begeben. Für das Strandleben hatte ich nicht nur meinen sportlichen schwarzen Eres-Einteiler in den Koffer gepackt, sondern auch meinen neuesten Zweiteiler von Dolce & Gabbana. Modisch wähnte ich mich mit dieser Ausstattung vollkommen auf der Höhe der Zeit, insbesondere mit dem zweiteiligen Lycra-Ensemble. Es bestand aus einem schwarzen Bandeau-Oberteil und einem zweilagigen Slip in Rot und Schwarz, den man bis zum Rippenbogenansatz hochrollen konnte. Alles sehr avantgardistisch damals – in Europa.

In Rio de Janeiro leider nicht. Das wurde mir bereits bei meinem ersten Badeausflug bewusst. Wohin ich auch schaute: Keine Frau an der ganzen langen Copacabana war so vermummt wie ich. Im Umkreis von zirka fünfhundert Metern trugen vielleicht ein-, zwei kugelrunde Großmütterchen um die achtzig ähnlich überdimensionierte Badetextilien wie ich. Wäre ich mit einem dicken Wintermantel am Strand entlangflaniert, hätte ich kaum mehr Aufsehen erregen können. Alle, aber auch wirklich alle hatten Miniatur-Bikinis an, bestehend aus klitzekleinen Oberteilen und noch klitzekleineren Tangas, und zwar ungeachtet ihrer figürlichen Disposition. Helô Pinheiro, das Girl vom Ipanema, bestätigte es mir höchstpersönlich: »Der Bikini ist ein Muss in Brasilien. Badeanzüge tragen in Rio de Janeiro nur die alten Frauen.«

Helô Pinheiro war damals nach Adam Riese schon deutlich älter als ich und ließ sich immer noch im Bikini für Hochglanzmagazine ablichten! Das gab mir zu denken und führte mich anderntags geradewegs in eine der hippsten Bikini-Boutiquen am Platz, wo ich mich nach einer weniger kompromittierenden Strandbekleidung umschauen wollte. Die Verkäuferin blickte taxierend an mir herab und schickte mich mit drei sehr farbenfrohen Modellen in Größe L in die Umkleidekabine. Ich war entsetzt: In Europa passte ich in der Regel in Konfektionsgröße 36, in Brasilien jedoch siedelte man mich in der Region der Bikini-Übergrößen an. Offenbar wusste die Verkäuferin schon aus Erfahrung, dass das moralische Bikini-Minimum, das für Brasilianerinnen selbstverständlich ist, Europäerinnen jenseits des Teenageralters sprichwörtlich untragbar vorkommt. Ich vertraute also auf das Augenmaß der Bikini-Fachkraft und probierte die empfohlenen Zweiteiler an. Dabei fühlte ich mich ähnlich tollkühn wie einst in Frankfurt, als ich mir auf der Goethestraße auf Anraten von Eddie meine ersten verrucht hohen Pumps gekauft hatte.

Nach der Anprobe des ersten Bikinis war mein Wagemut dahin, und ich wusste ganz sicher, dass ich keinen dieser Rio-Bikinis je mein Eigen nennen wollte. Das Oberteil passte perfekt und das Höschen im Grunde auch, aber ob der vollkommen freigelegten Gesäßregion würde ich dieses Bonsai-Textil niemals in heimischen Gefilden tragen können. Erstens sah das bei bleichen Schreibtischhockern wie mir sowieso unvorteilhaft aus, und zweitens verfügte ich nicht über die nötige exhibitionistische Energie, um mich mit einem dieser Je-kleiner-desto-besser-Zweiteiler im Müngersdorfer Stadion mit Emmy ins Nichtschwimmerbecken zu begeben. Erschwerend kam hinzu, dass man den lasziven Hüftschwung einer Sambaqueen beherrschen und mit dem Bindegewebe eines Supermodels ausgestattet sein musste, um so wenig Stoff wirklich würdig zu präsentieren. Apropos Samba: Als ich mich in der Umkleidekabine im Rio-Bikini musterte, lief es mir kalt den Rücken herunter: Vielleicht hatten die Schneiderinnen von Mangueira genauso ein Nichts von einem Bikinikostüm für mich vorbereitet!

Emmylein würde in diesen quietschbunten Tutti-Frutti-Dingern bestimmt süß aussehen, dachte ich und erstand ein putziges, geblümtes Bikinichen mit einem ganz normalen Höschen – zum Preis eines hochwertigen Anoraks. Dann verließ ich die Boutique und wusste, dass ich in den kommenden Tagen all meinen modischen Wagemut würde mobilisieren müssen, um weitere Aufenthalte an der Copacabana mit meinen stoffreichen europäischen Badetextilien zu überstehen. Ich schaffte es irgendwie, handelte mir aber dennoch ein mittelschweres Bikini-Trauma ein, das ich erst zehn Jahre später durch eine kulturhistorische Aufarbeitung halbwegs bewältigen konnte.

Pünktlich zum Sommerbeginn holt mich das Thema seit dem Erscheinen meines Bikini-Buchs allerdings jedes Jahr wieder ein. Dann nämlich rufen mich die Zeitungsredakteure an, befragen mich über die Geschichte des Bikinis und wollen von mir wissen, was denn so in diesem Jahr der neueste Schrei sei auf dem Bikini-Sektor. Das freut mich einerseits sehr, denn angesichts der Tatsache, dass die meisten Bücher schon kurz nach ihrem Erscheinen als Schnee von gestern gelten, beweist mein Bikini-Oeuvre ja doch eine beachtliche Vitalität. Andererseits beschleicht mich manchmal der finstere Gedanke, dass mein Name und der Bikini auf immer und ewig zu einer fatalen Begriffseinheit verschmelzen könnten. Man stelle sich vor, ich bin um die achtundsiebzig und schreibe immer noch hier und da kleine Beiträge, um mit meiner kargen Rente besser über die Runden zu kommen. Als betagte Autorin rufe ich also in irgendeiner Redaktion an, um ein Thema vorzuschlagen. Am anderen Ende der Leitung meldet sich ein mir nicht bekannter Jung-Redakteur. Ich nenne meinen Namen, und das Erste, was ihm dazu einfällt, ist: … Ich will es mir gar nicht weiter ausmalen!

Als ich meiner brasilianischen Freundin Theresa später in Köln von meinem Bademoden-Desaster erzählte und ihr auch zwischen den Zeilen vorwarf, dass sie mich auf das prekäre

Thema »Rio-Bikini« kein bisschen vorbereitet hatte, musste ich einen wunden Punkt berührt haben. »Hör mir bloß auf mit Rio-Bikinis«, schimpfte sie, »die Dinger haben mich fast ruiniert!« Und dann erzählte sie mir eine der tragikomischsten Bikini-Storys, die ich je gehört hatte.

Theresa war Mitte der 1980er Jahre nach Deutschland gekommen, um ihrem Architekturstudium den letzten Schliff zu verpassen. Als Startkapital hatte sie zwei riesige Koffer mitgebracht, die prall gefüllt waren mit den gewagtesten Rio-Bikinis. Durch den Verkauf dieser exotischen Textilien, so dachte sie, würde sie sich die ersten Monate ihres Studiums finanzieren können. – Sie sollte sich irren. Ihre Kommilitoninnen interessierten sich kein bisschen für die »heiße« Ware. Theresa blieb auf all den schönen bunten Textilien sitzen und verschenkte sie in ihrer Verzweiflung nach und nach wie überreifes Obst.

Hätte sie bereits in Brasilien nur einen einzigen Blick in die aktuellen deutschen Frauenmagazine geworfen, wäre ihr dieses Debakel erspart geblieben. Der europäische Modegeschmack reduzierte die Bademode in jenen Jahren auf ihre sportlichen und figuroptimierenden Funktionen. Bikinis kamen in den breitschultrigen Achtzigern nur in Frage, wenn sie so sportiv aussahen wie die Trainingskleidung von olympischen Wettkampfschwimmerinnen.

Brasilien befand sich mit seinen sexy Zahnseidentangas bademodentechnisch damals schon auf einem hedonistischen Sonderweg und hat ihn bis heute auch nicht verlassen. Eine Stippvisite am Strand von Rio de Janeiro reicht, um zu verstehen, warum das so ist: Die Brasilianer sind vollkommen körperverrückt. Männer wie Frauen zeigen und bewegen sich einfach gern, und sie opfern viel Zeit und Energie, um sich jederzeit im bestmöglichen Licht zu präsentieren. Und seltsamerweise scheint sie kaum etwas mehr zu entzücken als ein hübscher »Bumbum«, ein wohlgeformtes Hinterteil – übrigens ganz gleich, ob männlich oder weiblich.

»Rio c'est Showtime!«, sagte Luiz Figueiredo, als ich ihn zum ersten Mal in seinem Haus in Ipanema besuchte. Der bärige Hüne, der aussah wie der späte Gianni Versace, warf sich mit theatralischer Verve eine hellblaue Stola aus Straußenfedern um den Hals und wirkte dabei so strahlend und fröhlich wie die Farben auf seinen Bildern und Skulpturen. Sam und Patty Morton hatten mich gleich zu Beginn meines Rio-Aufenthaltes mit dem brasilianischen Künstler-Impresario bekannt gemacht, weil sie annahmen, dass wir füreinander interessant sein könnten. Ich weiß nicht, was sie genau auf diese Idee gebracht hatte. Mag sein, dass sie eine Seelenverwandtschaft zwischen uns erspürt hatten, vielleicht dachten sie auch, dass mir der niederländische Lebensgefährte von Luiz ein bisschen europäisches Heimatgefühl vermitteln würde. Wie auch immer, die Mortons hatten recht: Luiz war mir sympathisch. Ich gehe davon aus, dass es ihm genauso ging, denn er lud mich sofort in sein Atelier ein, bekochte mich, chauffierte mich in einer alten, weißen Limousine durch Rio und zeigte mir zauberhafte Dinge und Orte, die in keinem Reiseführer zu finden waren. – Ich muss von diesen Touren so beeindruckt gewesen sein, dass ich nicht einmal die Marke seines Autos registrierte, was mir ansonsten ja eher selten passierte …

Eine Woche vor Karneval hatte mich Luiz zusammen mit den Mortons und meinem englischen Kollegen Charles zu einem Caipirinha-Umtrunk in seinem Haus in Ipanema eingeladen. Als ich dort am frühen Nachmittag eintraf, traute ich meinen Augen kaum. War ich in Las Vegas gelandet oder in einem

Fellini-Film? Luiz hatte einen kleinen Hofstaat von wild kostümierten Dragqueens um sich geschart, die die in hochsommerlichem Zivil gekleideten Europäer allesamt aussehen ließen wie brave Klosterschüler. Einer der stattlichen Transvestiten trug nichts weiter als eine grellblonde Perücke, einen goldenen Tangaslip, Plateaupumps aus rotem Lack und ein Bikinioberteil, das aus zwei leeren Kokosnussschalen bestand, die er über seinem glattrasierten Schmerbäuchlein durch goldene Kordeln festgezurrt hatte. Luiz dagegen kehrte sein Faible für das Fin de Siècle hervor und präsentierte sich mit weißem Panamahut und mondänem weißen Anzug.

Insbesondere mein englischer Kollege Charles, dem Menschenkenner schon von weitem ansehen konnten, dass er im Besitz eines britischen Passes war, wirkte neben all den schrillen Paradiesvögeln wie ein hitzekranker Privatgelehrter. Alles an Charles war Alte Welt: seine sonnenbrandgefährdete Blässe, die perfekt zu seinen beigefarbenen Safari-Kombinationen passte, seine schweren braunen Bootsschuhe aus Leder und vor allem seine vor Papierwust überquellende Aktentasche, die er stets mit sich führte. Sein Faible für sehr trockene, sehr pointierte ironische Kommentare und seine Marotte, mit einem Handtuch um den Hals durch das tropische Rio zu flanieren, verbuchte ich unter der Rubrik »britische Exzentrik«.

Vielleicht waren es die befremdlich freizügigen Aufmachungen der anwesenden Dragqueens, die Charles zu dem Geständnis bewegten, dass ihm der bevorstehende Mangueira-Auftritt doch einige Sorgen bereite. Auch er fürchtete sich offenbar vor einem peinlichen Kostüm, und vom Sambatanzen hatte er noch weniger Ahnung als ich. Ich konnte ihm eigentlich nur beipflichten. »Come on«, sagte unser Chef-Protektor Sam und nuckelte genüsslich an seiner Pfeife, »don't worry! Heute Abend habt ihr Gelegenheit zum Samba-Üben, und die Kostüme holen wir schon vorher ab.«

Luiz und seine Dragqueens drängten zum Aufbruch, die »Banda da Carmen Miranda« habe bereits begonnen. Die Mortons erklärten mir, dass diese Parade ein netter kleiner traditioneller Straßenkarnevalsumzug in Ipanema sei, sozusagen das perfekte Warming-Up für die bevorstehende abendliche Generalprobe in der Sambaschule Mangueira. Klar, dachte ich, dieser Umzug wird so was Ähnliches sein wie unser Schul- und Veedelszug in Köln, der sich bei Familien mit Kindern größter Beliebtheit erfreut, weil er nicht so trubelig ist wie der Rosenmontagszug und die lieben Kleinen glücklich macht, weil sie ohne großen Aufwand an die begehrten Süßigkeiten und Sträußchen kommen, die von den Karnevalsgruppen an die Zuschauer verteilt werden.

Das einzige Wurfmaterial, das von den Jecken der Carmen-Miranda-Parade unters Volk gebracht wurde, waren knallbunte Kondompäckchen, die mit einer unmissverständlichen Warnung vor dem Aidsvirus versehen waren. Von wegen Schul- und Veedelszug! An dieser Parade war bis auf die Zugmaschinen der Karnevalswagen gar nichts jugendfrei. Könige und Königinnen der Halbwelt, die mit dem Changieren der Geschlechter kokettierten, ergingen sich in einem Feuerwerk aus falschen Perlen, Pailletten, Tüll, Ketten und Lackleder. Pralle Männlichkeit in Frauendessous, entblößte »bumbums«, nackte Brüste, wohin man auch schaute. Und jeder im Sambatakt vibrierende Busen, der sich lüstern ins Blickfeld drängte, warf im Grunde nur eine Frage auf: War er echt? War der Mensch, zu dem er gehörte, in Wahrheit ein Mann oder eine Frau – oder gar beides?

Der Transvestit mit dem Kokosnuss-Bikinioberteil war als

Erster im Getümmel verschwunden. Nach und nach schlossen sich auch die anderen Dragqueens aus der Entourage von Luiz der »Banda da Carmen Miranda« an. Luiz fragte Charles scherzend, ob es ihn denn so gar nicht reize, mit den verführerischen Geschöpfen umherzuziehen. Charles hob kurz die Augenbrauen und sagte, er denke ja nicht im Traum daran, seinen untrainierten englischen Luxuskörper dieser fragwürdigen Leistungsschau der brasilianischen Schönheitschirurgie zur Verfügung zu stellen. Und im Übrigen, fügte er leicht verdrossen hinzu, sei es ihm allmählich zu heiß in der sengenden Sonne, und die vielen falschen Brüste und hysterischen Maskeraden langweilten ihn entsetzlich.

Das war wohl das entscheidende Stichwort, das Luiz zu einem lebensphilosophischen Stegreifvortrag über das Mysterium der karnevalistischen Verwandlung inspirierte. Der Karneval, erklärte er, ermögliche uns eine Reise in ein anderes Ich; in Brasilien gebe es sogar eigens einen umgangssprachlichen Begriff für diese Transformation: »Viajar no carnaval«. Luiz lief zur Form auf: »Es ist ein Irrtum zu glauben, Menschen versteckten sich hinter ihren Masken. Die Maske ist die Wahrheit!«

Und wie bestellt tänzelte in diesem Moment eine Fußgruppe von ungefähr zehn atemberaubend phantasievoll kostümierten Transvestiten an uns vorüber, besser gesagt, die meisten von ihnen glitten wie von Geisterhand bewegt auf Rollerskates dahin. Der Schönste von ihnen präsentierte sich als eine stilisierte Dornröschen-Carmen-Melange. Er trug ein perfektes Bühnen-Make-up, ein funkelndes Diadem wie die Queen höchstselbst, eine schwarze Korsage, die über und über mit Rosen bestickt war, ein feuerrotes Tutu und schwarze, blickdichte Strümpfe. Alles an diesem Wesen war Pose, nichts an seinem Auftritt war dem Zufall überlassen. Jede Bewegung, jede Geste dieser Cinderella war eine perfekte Inszenierung. Wie kann etwas so Unechtes nur so schön sein, dachte ich, als sie mir durch ihre falschen Wimpern hindurch in die Augen schaute. Es kam mir vor, als hätte sie diese Frage in meinem Gesicht lesen können. Für eine Sekunde lang blieb sie vor mir stehen und neigte den Kopf ganz sacht und senkte ihre Augenlider mit der Grazie einer Ballerina. Als sie wieder aufblickte, klimperte sie kurz mit den Wimpern und schenkte mir als Antwort auf meine unausgesprochene Frage einen unvergesslichen Blick, der eigentlich nur eines bedeuten konnte: »Nur der Augenblick zählt!« Dann schwebte sie von dannen und ertanzte sich mit einer eleganten Pirouette einen Spitzenplatz in meinem mentalen Tanzarchiv.

Luiz hatte meinen kleinen Flirt mitbekommen. Er legte seinen Arm um mich und erhob mich in den Adelsstand: »Beatrice, du bist eine von uns.« Den Engländern war diese karnevalistische Gefühlsduselei ganz offensichtlich zu abgedreht und »too much«. Sam drängte zum Aufbruch. Es wurde ernst: Wir mussten zur Samba-Probe.

Der zweitägige Wettkampf der besten Sambaschulen ist in Rio eine ähnlich ernste Angelegenheit wie die Fußballweltmeisterschaft. Die Schulen treten in vier unterschiedlichen Ligen gegeneinander an. Drei- bis fünftausend Karnevalisten gehen auf unzählige Fußgruppen und Festzugswagen verteilt für jeden Verein ins Rennen. Die Schulen der Ersten und der Zweiten Liga dürfen ihre Motivwagen und Fußgruppen genau eine Stunde und zwanzig Minuten lang im »Sambódromo« präsentieren. Diese zirka 700 Meter lange Arena, die 1984 vom brasilianischen Stararchitekten Oscar Niemeyer erbaut wurde, hat auf beiden Seiten Tribünen, auf denen rund 60 000 finanzkräftige Zuschauer das Karnevalsspektakel live bestaunen können. Der Rest der Nation verfolgt das Geschehen genau wie beim Fußball vor dem Fernseher.

Die Paraden der Zweiten Liga finden am Karnevalssamstag statt. Die beiden Gewinner steigen im nächsten Jahr in die Erste Liga auf und nehmen die Plätze der beiden Absteiger aus dieser Liga ein. Karnevalssonntag und -montag ist für die Schulen der Ersten Liga reserviert. – Die »Estação Primeira de Mangueira«, die Sambaschule, bei der ich als Sambatänzerin debütieren sollte, war eine der ältesten und hielt sich seit Jahrzehnten in der Topliga. Es durfte also nicht gepatzt werden!

Typisch britischer Humor, dachte ich, als Sam und Patty verkündeten, dass wir die Kostüme für die Parade in der Favela Mangueira abholen würden. Schließlich wusste jeder nur halbwegs informierte Mensch, dass man sich besser nicht ohne Polizeischutz in die Armenviertel von Rio de Janeiro wagen sollte. Doch spätestens als Sam den Wagen am Fuß des Mangueira-Hügels parkte und ein Mulatte in kurzen Hosen, zerfleddertem T-Shirt und geschultertem Maschinengewehr auf uns zukam, war mir klar: Es war kein Scherz, wir befanden uns in einer Favela. »Auf eigene Faust sollte man hier wirklich nicht hingehen«, sagte Patty, die offenbar meinen besorgten Blick gesehen hatte. »Aber keine Sorge, Sam und ich kennen uns hier aus.«

Auf dem Weg zur karnevalistischen Maßschneiderei erklärte mir Patty, dass sich fast alle großen Sambaschulen in den Armenvierteln befänden. Diese erhielten zwar finanzielle Unterstützung von der Stadt und von Geschäftsleuten, aber dennoch würden viele Mitglieder, die sogenannten »Sambistas«, einen Großteil ihrer Freizeit damit verbringen, Kostüme zu schneidern, neue Tänze und Lieder einzustudieren und letztlich auch die großen Motivwagen zu bauen.

So interessant Pattys Ausführungen auch waren, so ganz

konnte ich mich nicht darauf konzentrieren. Der wenig vertrauenerweckende Anblick von zwei weiteren Herren mit Schusswaffen lenkte mich doch irgendwie ab. – Bloß nichts anmerken lassen, sagte ich mir, es geht hier schließlich nur um Kostüme, nicht um Drogen und Schutzgelder. Doch alle Autosuggestion nützte nichts, ich sah schon die Schlagzeilen der Boulevardblätter vor mir: »Vergnügungssüchtige deutsche Mutter in Rio de Janeiro gekidnappt!«

Die Schneiderin Ana fegte alle meine Befürchtungen mit einem einzigen mütterlichen Zahnlückenlächeln hinweg. Die kräftige dunkelhäutige Frau empfing uns an der Türschwelle ihres Häuschens, das aussah wie eine findig zusammengeschusterte Gartenlaube. Zunächst drückte sie Patty und Sam an ihren opulenten Busen. Dann bat sie uns alle herein in ihr Wohnzimmer. Das Erste, was einem in dem blitzblank gekalkten Raum auffiel, war ein Kruzifix und ein dicker Baumstamm, der wie eine majestätische, antike Säule mitten in das Zimmerchen hineinragte. Die naturnahe Bauweise setzte sich am Fußoden der guten Stube fort, den man im deutschen Gartenbaujargon wahrscheinlich als wassergebundene Wegedecke bezeichnen würde.

Ana verschwand im Nebenraum. Dort hörte man Küchengeräusche und das Rattern einer Nähmaschine. Zu gerne hätte ich einen Blick in dieses Küchenatelier geworfen. Doch im gleichen Moment tauchte sie auch schon wieder auf. An ihrem Rockzipfel hing ihre jüngste Tochter, eine putzige Zweijährige mit weißen Schleifen im dunklen Kraushaar. Dann trat ein zierliches Ömchen durch die Tür, das fünf große Tüten hereinschleppte – unsere Kostüme!

Während Ana mit Sam und Patty das Geschäftliche regelte, warf ich schon einmal einen Blick in die geheimnisvollen Tüten. Ein goldener Helm funkelte mir entgegen und zweierlei Sorten an goldenen Manschetten. Darunter fand ich ein Nest an überlangen Plastikperlenketten in Gelb und Weiß, nebst weiß-goldenen Bastbüscheln, die aussahen wie ein Pferdeschweif. Zuunterst lagen die Kleider: ein knielanger Tellerrock in weißem Satin, eine lange Hose im gleichen Material. Zu guter Letzt fischte ich noch ein weißes Bandeau-Top aus der Tüte. Zu meinem Entsetzen war es auf dem Rücken mit einer mindestens sofakissengroßen goldenen Schleife dekoriert.

Charles meinte, die Kopfbedeckung und die Manschetten wirkten wie das Zubehör von römischen Legionären und wären genau das passende Outfit, um den sensationslüsternen Löwen im Sambadrom zum Fraß vorgeworfen zu werden. Luiz widersprach ihm und sagte, man habe ganz offensichtlich die Kostüme von Candomblé-Priestern für uns vorbereitet. Ich probierte das Schleifen-Top über meinem T-Shirt an und sagte, dass ich mich damit am ehesten wie ein übergroßes Voodoo-Osterei fühlte. Ana demonstrierte dann noch, wie die diversen Manschetten, Bastbüschel und Ketten anzulegen waren. Zum Abschied herzte sie alle frischgebackenen Candomblé-Priester. Die kleine Oma brachte uns zur Tür und fabrizierte kichernd ein paar flinke Sambaschrittchen als karnevalistische Einstimmung für uns.

Um ganz ehrlich zu sein: Ich fand die Kostüme grotesk. Ich hatte mir zwar gewünscht, dass mir ein Auftritt im Tanga erspart bleiben würde, aber eine lange Hose mit einem voluminösen Tellerrock darüber war mir dann doch des Burlesken zu viel. Erstens bedurfte es bei einer durchschnittlichen Temperatur von gefühlten fünfzig Grad im Schatten keiner wärmenden Kleidung, und zweitens sagte mir mein modischer Sachverstand, dass selbst ein Supermodel in diesem aufgeplusterten Hosen-Rock-Ensemble garantiert äußerst unvorteilhaft aussehen würde. Sei's drum, dachte ich. In Köln war ich zu Karneval schon in viel absurderen Aufmachungen in der Stadt umhergezogen. – Ich musste eigentlich nur an mein Lurchi-Kostüm aus dem Vorjahr denken: ein Feuersalamander mit einem grünen Tirolerhütchen! – Und schließlich würde man unter den opulenten Stoffmassen auch eventuelle Mängel in der Samba-Fußarbeit dezent kaschieren können.

Apropos Fußarbeit. Deswegen waren wir ja hauptsächlich auf den Mangueira-Hügel gekommen. Nachdem wir unsere heidnischen Priestergewänder zum Auto gebracht hatten – der finstere Typ mit dem Gewehr stand immer noch in der Nähe –, gingen wir zur »quadra«, eine Art überdimensionierter Turnhalle, wo die Generalprobe stattfinden sollte. Seltsamerweise erinnere ich mich kaum noch an die Einzelheiten dieses Abends. Wirklich unvergesslich waren dort für mich eigentlich nur drei Dinge: die Musik, eine Sambagöttin, die eine ganze Turnhalle zum Beben brachte, und die Fußarbeit von Charles. Doch alles der Reihe nach.

Die Teilnahme an einer Probe in der Sambaschule ist nicht alleine wegen des Tanzens wichtig, sondern vor allem auch wegen des Singens. Jede Sambaschule hat ihren »samba de enredo«, also einen eigenen Erkennungs-Song, mit dem sie den Parcours im Sambadrom bestreitet. Diese Samba ändert sich Jahr für Jahr und ist auf das jeweilige Jahresmotto abgestimmt. Das Motto von Mangueira 1994 war eine Reverenz an vier Giganten der brasilianischen Popmusik: Caetano Veloso, Gilberto Gil, Maria Bethânia und Gal Costa. Sam hatte mir eigens im Vorfeld eine Kassette mit diesem Song zukommen lassen, damit ich mich schon mal einsingen könnte.

Ich hatte mir das Lied einmal angehört und dachte, dass ich

dank meiner Kölner Karnevalserfahrung imstande sein würde, einen Schlager, dessen Text ich absolut nicht verstand, so mitzusingen, dass ich Außenstehenden den Eindruck absoluter Textsicherheit vermitteln konnte. Genauso war es dann auch. Nachdem der Song »Atrás de verde e rosa« bei der Generalprobe schätzungsweise dreißigmal intoniert worden war, hatte ich den Bogen raus und konnte brasilianisches Portugiesisch zirka vier Minuten lang fließend simulieren.

Mit dem Tanzen war es nicht ganz so einfach. Mehr als hilfreich war dabei die »bateria«, das Percussionsorchester, das das Herz einer jeden Sambaschule ist. Wie viele Musiker an diesem Abend spielten, weiß ich nicht. Es könnten hundert, es könnten dreihundert gewesen sein. Fest steht jedenfalls, es waren so viele Musiker, dass ich bei ihrem ersten gemeinsamen Einsatz schier ohnmächtig wurde – vor Schreck und vor Begeisterung. Ein Höllenlärm und gleichzeitig eine Himmelsmusik, die den ganzen Körper erfasste und in Schwingung versetzte. Niemand konnte sich dieser gigantischen Rhythmusmaschine entziehen. Alles tanzte. Die Kinder, die Jungen, die Alten. Ausnahmslos alle.

Meine englischen Freunde und ich tanzten irgendetwas. Bei Patty sah es nach Nightfever aus. Sam behielt seine Pfeife im Mund und wippte energiesparend von einem Bein auf das andere. Charles erweckte durch seine exaltierte Beinarbeit den Eindruck, als würde er eine Hornissenattacke abwehren. Und mir merkte man wahrscheinlich an, dass ich in grauen Vorzeiten einmal den Grundschritt der Tanzschulsamba bei Gerdi Marquardt in Kaiserslautern gelernt hatte. Luiz und die anderen Brasilianer tanzten etwas, das nach Samba aussah.

Auf der Bühne wurde auch getanzt. Eine Mulattin mit Gazellenbeinen in sehr heißen Höschen fiel mir dort besonders auf. Während ihre Beine gleichsam mit maschineller Präzision geheime Morse-Botschaften in den Bühnenboden hämmerten, schienen ihre grazilen Arme mit allen Luftgeistern Brasiliens zu kommunizieren. Nie zuvor hatte ich einen Menschen so tanzen sehen. Beherrschte sie tatsächlich jede Regung ihres Körpers, oder hatte sie die Regie ihrem Körper überantwortet und ließ ihn einfach tanzen? Diese Sambakönigin offenbarte mir zweierlei: Zum einen weiß ich seither, was man wirklich unter Sambatanzen versteht, und zum anderen leuchtete es mir ein, dass diese Form des Tanzens unvereinbar ist mit dem Bewegungsrepertoire eines durchschnittlichen Mitteleuropäers.

Ich schaute zu Charles, der sich schweißüberströmt in seinen schweren braunen Bootsschuhen um Leichtfüßigkeit bemühte, dann betrachtete ich die Windsbraut auf der Bühne. Das waren zwei Enden einer Skala, auf der ich mein Können realistischerweise bestenfalls am untersten Rand des Mittelfelds anzusiedeln hatte. Charles hatte die Gazelle ebenfalls entdeckt. Er starrte sie an, als wäre sie eine Riesenwelle, die unaufhaltsam auf ihn zurollte und ihn alsbald niederwalzen würde. »Es ist purer Sex«, schrie er mir im Getöse der Sambatrommeln zu. Ich antwortete ihm: »Nein, Charles, du irrst dich, es ist mehr als das. Sie tanzt Samba.«

»Spart Eure Kräfte für die ›Apotheosis‹ auf«, sagte Sam auf der Hinfahrt zum Sambadrom, »dort, am Höhepunkt des Karnevalsparcours, sitzt die Jury, die nicht nur die Musik und die Tanzdarbietungen der einzelnen Sambaschulen bewerten, sondern auch die Stimmung unter den Tänzern. Das heißt, dort müsst ihr alles geben.« Ich war zwar des Griechischen nicht mächtig, aber das Fremdwort »Apotheose« war mir dennoch ein Begriff. Im alltäglichen Sprachgebrauch war es nur selten zu verwenden, besagte es doch so viel wie »Verherrlichung« oder »Vergöttlichung« und bezog sich auf die antike Vorstellung, dass sich Menschen, die Großes vollbracht hatten, in Götter beziehungsweise in Halbgötter verwandelten. Wahrscheinlich war es diese einschüchternde Vokabel, die mich alles, was nun folgte, unter dem Blickwinkel der Vergeblichkeit betrachten ließ. Es wurde Brillanz von uns erwartet – ein unerreichbares Ziel nach allem, was ich bei der Generalprobe gesehen hatte.

Es ist mir bis heute ein Rätsel, wie es überhaupt möglich war, zum richtigen Zeitpunkt am richtigen Ort zu sein, sich in der riesigen Menschenmenge zurechtzufinden, sich bei der richtigen »ala«, also in der richtigen Abteilung aufzustellen und bei all dem Stress um Mitternacht bei 32 Grad Samba zu simulieren und zigmal einen Song zu singen, von dem man nicht eine einzige Silbe verstand.

Ich schaffte es. Es gibt sogar ein Foto von mir, das ein Fotograf wohl im Moment meiner persönlichen Apotheose aufgenommen haben muss. Sam und Patty schickten es mir, als ich längst wieder in Deutschland war. Es verblüffte mich sehr. Auf diesem Bild sieht es so aus, als sei die Fußgruppe der Candomblé-Priester ein eingeschworenes Tänzerteam gewesen, das vollkommen synchron agierte und den Karnevalsjuroren den Eindruck der Erhabenheit vermittelt haben musste.

Spätestens seither weiß ich, dass Fotos lügen können wie gedruckt. Ich hatte den Auftritt bei Mangueira vollkommen anders erlebt. Die schätzungsweise hundertfünfzig Candomblé-Priester verloren schon nach den ersten zehn Parcoursmetern die Fasson – wahrscheinlich, weil es allen plötzlich im Licht der Öffentlichkeit bewusst wurde, wie unvorteilhaft ihr Outfit war. Die vorgesehenen Reihen lösten sich auf, niemand in meiner Umgebung konnte den Text des Mangueira-Songs so richtig, und das mit dem Sambatanzen klappte im Gehen sowieso nicht.

Interessanterweise schienen alle aber trotzdem sehr viel

Spaß zu haben. Mir jedenfalls kam die Parade viel zu kurz vor. Nach objektiven Kriterien mussten wir zirka fünfzehn Minuten gebraucht haben, um den Parcours zurückzulegen. Mir kam es vor wie ein kurzer wilder Sekundentaumel. Kaum hatte das Spektakel angefangen, war es auch schon wieder zu Ende. Ein Kindergefühl eigentlich, das für mich bis dahin immer mit dem Autoskooterfahren verbunden gewesen war.

Die Nachricht, dass es Mangueira nur auf den elften Platz geschafft hatte, überschattete mein naives Vergnügen an der Parade im Nachhinein dann allerdings doch etwas. Eigentlich war die Sambaschule seit Jahren quasi auf einen der Spitzenplätze abonniert gewesen, und nun das! Ich wurde den Gedanken nicht los, dass es eventuell am zeitweiligen Chaos in der Candomblé-Priester-Gruppe gelegen haben mochte.

Wenn ich heute an den Karneval in Rio de Janeiro denke, kramt mir meine mentale Tanzarchivarin routinemäßig als Erstes eine Szene aus dem Sambadrom hervor. Genaugenommen ist es das Bild einer drohenden Katastrophe, die sich bei der Parade der Sambaschule Beija-Flor angebahnt hatte, aber in letzter Minute abgewendet werden konnte. Die Show dieser Schule interessierte mich ganz besonders, weil ich den Namen so poetisch fand. Luiz hatte mir übersetzt, dass Beija-Flor wörtlich übersetzt »Blumenküsser« heißt und der portugiesische Name des Kolibris ist.

Zwei Motivwagen dieser Sambaschule waren während der Parade in Brand geraten. Was von weitem wie Theaternebel aussah, entpuppte sich beim Herannahen der Gruppe als echtes Feuer. Während die Tänzerinnen und Tänzer, die auf der ersten Ebene des Wagens postiert gewesen waren, in Panik von dem brennenden Gefährt heruntersprangen, erklommen die Feuerwehrmänner das lodernde Terrain.

Unterdessen ereignete sich auf den Emporentürmen des Wagens das Unfassbare: Die »destaques«, die Solotänzerinnen und Tänzer des Beija Flor-Wagens tanzten einfach weiter! Unter ihnen schlugen die Flammen hoch, und sie tanzten wie die Derwische, jubelten dem Publikum zu und sangen, als wäre nichts geschehen. War es Gottvertrauen, was sie anspornte, dort oben in der Höhe den Flammen zu trotzen? Oder war es Profi-Routine? Was auch immer es war, es beeindruckte mich zutiefst. Das Wort »Tanz-Haltung« hat für mich seither eine tiefere Bedeutung bekommen.

Als ich nach Deutschland zurückflog, hatte ich nicht nur ein ziemlich absurdes Candomblé-Priestergewand im Reisegepäck, sondern auch eine gehörige Portion Begeisterung über die Tanzfreude der Brasilianer. Ausgerechnet die gebürtige Brasilianerin Theresa sah sich dazu berufen, meine Euphorie etwas zu dämpfen, und zwar mit einer Geschichte von ihrer Tante Maria aus Americana. Diese Stadt, die in der Nähe von Theresas Heimatstadt São Paulo liegt, ist mit ihren rund 200 000 Einwohnern nach brasilianischen Maßstäben wohl ein Kuhdorf. »Tanzfreudige Frauen«, sagte Theresa, »haben es dort wohl ähnlich schwer wie in Köln, zumal wenn sie geschieden sind und alleine leben.«

Theresa schien es zu genießen, mir ihre angeblich sehr gutaussehende Tante Maria als glaubwürdige Kronzeugin für die Tanzfaulheit der brasilianischen Männer vorzustellen. Sie erzählte, dass ihre schöne Tante mit Mitte vierzig geschieden worden war. Warum sie sich damals in den 1980er Jahren von ihrem Gatten getrennt hatte, ist immer ihr Geheimnis geblieben. Die Gründe müssen jedenfalls triftig gewesen sein, denn Tante Maria zahlte einen hohen Preis für ihre Entscheidung: Die leidenschaftliche Ballroom-Tänzerin büßte durch die Scheidung nicht nur ihren Lebenspartner, sondern – viel schlimmer noch! – ihren Tanzpartner ein.

Nach einer angemessenen Konsolidierungsphase ging die geschiedene Tante wieder aus und besuchte die Tanzveranstaltungen vor Ort. Doch da dort das Verhältnis von tanzfreudigen Frauen und tanzwilligen Männern in etwa den hiesigen Zahlen entsprach, kam die Arme nur noch in seltenen Fällen zu dem erhofften Tanzvergnügen. Nach einer Weile war sie das Warten am Rand der Tanzfläche leid und gründete mit vier anderen gleichgesinnten Tänzerinnen eine Art Gigolo-Selbsthilfegruppe. Die fünf Damen mieten sich seither regelmäßig ein oder zwei gute Tänzer für die Tanzveranstaltungen, die sie besuchen wollen, und verpflichten die Herren, den ganzen Abend nur mit ihnen zu tanzen. Gegen Bares, versteht sich. Jüngst fragte ich Theresa, wie es ihrer Tante gehe. Theresa konnte nur Gutes berichten: »Tante Maria tanzt angeblich noch immer die Nächte durch.«

Emmy war entzückt über meine Mitbringsel. Tagelang tollte sie als Rio-Bikini-Nixe und als Candomblé-Priesterin in der Wohnung herum. Ich musste zugeben, dass die goldene XXL-Schleife, die mir den Charme eines Ostereis verliehen hatte, an ihr wirklich putzig aussah. Emmy bewahrte das Kostüm noch jahrelang wie eine kostbare Trophäe in ihrer Schatzkiste auf und juxte damit immer wieder gerne mit ihren Freundinnen herum. Wann immer die Kinder damit umherfegten, erinnerten sie mich an die Tanzfreude, die ich in Brasilien erlebt hatte. Etwas von dieser Ausgelassenheit, sagte ich eines Tages zu Lilli, ein bisschen Girl-von-Ipanema-Schwung müsste sich doch auch in meinen deutschen Alltag hinüberretten lassen. Und da wir beide immer schon einen leichten Hang zur Akribie hatten, machten wir uns systematisch daran, am Rhein nach der Sonne Brasiliens zu fahnden.

Wir fanden sie nicht wirklich, aber zumindest so etwas Ähnliches. Als Erstes entdeckten wir ein kleines Gymnastikstudio in der Ehrenstraße, dessen Name mir leider entfallen ist. Dort unterrichtete zumindest eine waschechte Brasilianerin. In ihren Aerobicstunden wurde nicht nach Discomusik herumgehopst, sondern im Salsarhythmus geübt. Anfangs fühlten wir uns dabei zwar so hüftsteif wie zwei senile Schildkröten, aber mit der Zeit legte sich der Frust.

Nachdem wir eine Weile dort trainiert hatten, trauten wir uns am Wochenende hin und wieder ins Petit Prince, eine Kölner Diskothek, in der Salsa getanzt wurde – und zwar überwiegend von Latinos, die das getanzte Verführungsspiel zwischen Mann und Frau schon von klein auf gelernt hatten. Als wir die Geschmeidigkeit und die selbstbewusste Körpersprache der Salseros zum ersten Mal sahen, waren wir hin und weg. Die Frauen gaben sich kokett und spielerisch, und die Männer führten sie souverän in faszinierende Figuren und wilde Drehungen. Bei den meisten sah das Tanzen so erdverbunden und selbstverständlich aus, dass wir uns zunächst kaum auf die Tanzfläche trauten. Doch schon das Zuschauen und die sonnige Musik machten einen ganz glücklich.

Unsere Multikulti-Abende waren das Beste, was wir seit vielen Jahren auf der Tanzfläche erlebt hatten. So viel Lebensfreude und Bewegungslust war uns selbst in den besten Discozeiten nur selten begegnet. Meistens ließen wir unseren Salsa-Schwoof mit einer Caipirinha ausklingen und schwärmten davon, wie leicht und heiter das Leben mitunter sein konnte.

Tango total

Jo musste schon eine ganze Weile von einem Leben in einer anderen Tonart geträumt haben. Emmy war gerade in die Schule gekommen, als er mir seine neue Adresse auf eine Postkarte notierte. Warum wir keinen Gleichklang mehr fanden, nicht mehr aneinander wachsen konnten und nach und nach regelrecht nebeneinander verstummt waren, wussten wir damals so wenig wie heute. Es stimmt, was Astrud Gilberto einmal gesungen hatte: »Love is the saddest thing, when it goes away.«

In dem Sommer, als sich unser Leben teilte, legte Emmy auf dem Balkon eine Schneckenzucht an. Mit der Hingabe einer Puppenmutter umsorgte sie wochenlang ungefähr ein halbes Dutzend Weichtiere, die meinen groben Recherchen nach zur Gattung der Schnirkelschnecken gehörten. Sie hielt die glitschigen Gesellen, die sie auf ihrem Schulweg im Stadtgarten eingesammelt hatte, in einem großen blauen Plastikbottich auf unserem Balkon unter Verschluss, bettete sie mitsamt ihren hübschen gestreiften Häuschen auf allerlei Grünzeug, wässerte und säuberte ihr Terrain täglich.

Emmys Fürsorglichkeit rührte mich zutiefst, aber ich versuchte ihr dennoch nahezubringen, dass dies wirklich keine artgerechte Unterbringung sei und dass die Tiere in einem Park oder in einem Garten gewiss viel glücklicher würden als in einem ungemütlichen PVC-Behältnis. Doch alles Zureden half nicht. Selbst ein Bestechungsversuch, das schleimige Schneckengeschnirkel feierlich zusammen auszuwildern und danach ein großes Eis essen zu gehen, schlug fehl. Emmy gebärdete sich fuchsteufelswild und war nicht abzubringen von ihrem neuen Hobby. Als wir beide eines Tages vor dem unappetitlichen Bottich standen und uns zankten, weil das feuchte Terrain in der Hitze manchmal übel roch, verstand ich auf einmal die wahre Bedeutung und Symbolkraft dieser kleinen Menagerie.

Jo wohnte zwar noch im gleichen Viertel, Emmy sah ihn auch regelmäßig, aber seit seinem Auszug war unser Alltag hektischer geworden, unbehauster wohl leider auch. Wir waren aus dem Takt geraten. Nichts war wie früher. Was lag näher als die Sehnsucht nach Gemächlichkeit? – Ich ließ Emmy gewähren, der traurige Bottich blieb und schnürte mir, wann immer er mir unter die Augen kam, die Kehle zu.

»Du bist schon wie die Viecher auf eurem Balkon«, sagte Lilli einmal in jenem furchtbaren Schnirkelschneckenjahr zu mir, »du solltest wieder öfter ausgehen!« Sie hatte recht und auch wieder nicht, denn eigentlich war ich permanent unter Leuten, und dank meines Berufs kam ich auch viel herum. Ich kümmerte mich um Emmy, fuhr sie morgens mit dem Fahrrad zur Schule, holte sie wieder ab, machte mit ihr Hausaufgaben, chauffierte sie zu ihren Freundinnen, zum Ballett – was, wie schon erwähnt, immer ein Vergnügen gewesen ist. Ich kaufte ein, erledigte den Haushalt. Meine Artikel und Sendungen schrieb ich nicht selten in der Nacht, wenn sich das Brausen des Alltags gelegt hatte. Ich tippte mir auf meinem Atari die Armsehnen wund, doch mein Hamsterrädchen-Budget war kärglicher denn je. Das Auto war abgeschafft, und Vokabeln wie »Urlaub« oder »Freizeit« kamen in meinem aktiven Wortschatz nicht mehr vor. Kurz, ich war genau das, was ich nie hatte sein wollen: eine alleinerziehende Mutter.

Ich mochte diese Bezeichnung nicht. Zum einen erinnerte mich der Ausdruck an die Schicksalsschwere, die mitschwang, wenn in meiner Kindheit von Kriegswitwen die Rede gewesen war. Zum anderen hallten aber auch alle abschätzigen Bemerkungen in mir nach, die mir damals als Kind in den Sechzigern über geschiedene Frauen zu Ohren gekommen waren. Hinzu kamen die männerfeindliche Haltung und die anklagend vor sich hergetragene Mühsal, die verlassene oder getrennt lebende Frauen meiner Generation nicht selten an den Tag legten. – Hadern und Verdrossenheit, sagte ich mir, kommen gar nicht in Frage. Das macht alt und gräbt Furchen ins Gesicht. Doch wie richtet man sich ein, in einem Leben, das man nie gewollt hat?

Meine alte Großtante Wally aus Karlsruhe war mir in diesen schwierigen Zeiten ein hilfreiches Vorbild. Sie hatte sich schon früh nach kurzer unglücklicher Ehe von ihrem Mann scheiden lassen und ihre Tochter alleine großgezogen, was in den fünfziger und sechziger Jahren gewiss keine leichte Übung gewesen ist. Als Kind kam sie mir vor wie eine Filmdiva. Keine der verheirateten Frauen in meiner Umgebung war so mondän, so unabhängig und so lebenslustig wie sie. Wenn sie mit ihrem himmelblauen VW-Käfer-Cabrio angebraust kam, brachte sie etwas mit, was in unserer kleinen verschlafenen Pfalz selten vorkam: Glamour. Tante Wally war eine Erscheinung, eine Dame vom High Heel bis zum Bubikopf. Wenn sie uns besuchte, hing ich wie gebannt an ihren schicken Handtaschen und Schuhen und an ihren funkelnden Ketten, Armbändern und Ohrringen. Die Klunker waren sicher nicht alle echt, aber das war letztlich nicht wichtig. Entscheidend war, so viel verstand ich schon als kleines Mädchen: Tante Wally wappnete sich mit Stil gegen die Unbilden dieser Welt. Wann immer wir uns später einmal trafen oder miteinander telefonierten, gab sie mir ihr badisches Lebensmotto mit auf den Weg: »S' Läwe isch zu kurz zum Trübsal blase.«

Ich hielt mich dran und ging wieder öfters aus, wenn ich für Emmy einen Babysitter hatte. An den Wochenenden übernachtete sie bei Jo, wenn es sein Dienstplan erlaubte. Anfangs kam mir diese »freie« Zeit grausam leer und sinnlos vor, was sicher auch daran lag, dass mich der Schmerz, Emmys Wochenendköfferchen zu packen und sie damit von meiner Welt in die von Jo hinüberwechseln zu sehen, jedes Mal schier um den Verstand brachte. Bis ich mich davon erholt hatte, war das Wochenende dann auch schon wieder vorüber.

Ich weiß es noch genau. Es war einer dieser furchtbaren Freitagabende, es war kalt und regnete in Strömen. Lilli hatte eine Anzeige in einer Kölner Stadtzeitung gefunden, die Sonnigeres versprach: »Entdecken Sie Lateinamerika in Die Gewölbe Kölns«. Das klang nach Multikulti, nach Salsa, Samba oder Mambo. Die grammatikalische Holprigkeit störte uns nicht. Im Gegenteil, »wie süß«, sagten wir uns – nichts wie hin!

Die lateinamerikanische Dependance war schwer zu finden. Der Eingang, der sich in dem alten Lagerhaus in einem weitläufigen, spärlich beleuchteten Hinterhof in der Krefelder Straße befand, war so unauffällig, dass wir ihn zunächst übersahen. Mir war das Ganze nicht geheuer, denn auf eine fröhliche Latino-Fiesta deutete in dieser wenig einladenden Umgebung rein gar nichts hin. Vielleicht liefen wir hier auch schnurstracks in die Fänge eines Mädchenhändlerrings! Doch Lilli ließ sich nicht beirren. »Wir werden heute Abend hier noch das Tanzbein schwingen, das wäre doch gelacht!«

Dann rüttelten wir an allen Eingangstüren, die auf dem Hinterhof zu sehen waren. Eine davon ließ sich öffnen und führte in ein kahles Nachkriegs-Treppenhaus, in dem es roch wie in dem kleinen Küchenschrankfach, in dem meine Großmutter die große Maggiflasche aufbewahrte. Es war kein Gestank, aber ein undefinierbarer schwerer Duft, der einem fast die Luft nahm. Sollten wir tatsächlich hinuntergehen? Wir trauten uns. Doch ein Stockwerk tiefer war nichts weiter zu sehen als die Eingangstür eines Gewürzgroßhändlers. – Zumindest das Dufträtsel war damit gelöst.

Was würde uns im untersten Kellergeschoss erwarten? Wir schauten uns skeptisch an. Sollten wir doch lieber umkehren? Plötzlich war aus der Ferne Bandoneonmusik zu hören. Sie kam mir bekannt vor. War das nicht Astor Piazzolla? Wir folgten der Musik, gingen noch ein Stockwerk tiefer, öffneten erst eine, dann eine weitere ächzende, schwere Bradschutztür. Es mag pathetisch klingen, aber das Bild, das ich dann sah, hat mein Leben verändert. Vielleicht lag es an der wehmütigen Kraft, mit der mich die Musik von Astor Piazzolla packte. Sein Tango »Vuelvo al sur« durchdrang meinen Körper, als wäre er eine durchlässige Membran. Tango. Argentinischer Tango.

Ich wusste davon, hatte von diesem Tanz gehört, in den Zeitungen darüber gelesen. Aber Szenen wie diese kannte ich nur aus der Ferne, aus alten Filmen und Fotografien. Ein ganzer Saal voller Tanzpaare in fließenden eleganten Bewegungen! Die Frauen hatten sich in Schale geworfen, trugen Glitzerndes zur Schau, zeigten viel Bein in hohen Schuhen. Manche Männer tanzten im Anzug, andere in dunkler Hose und weißem Hemd. Der eine oder andere ignorierte den gehobenen Dresscode und schlurfte in T-Shirt, Jeans und Turnschuhen daher.

Viele Tänzer berührten sich, tanzten Wange an Wange. Manche Frauen hatten die Augen geschlossen, wirkten entrückt und gleichzeitig sehr präsent. Die meisten Paare lehnten sich am Oberkörper aneinander an. Während sie sich Brust an Brust in enger Umarmung hielten, strebten ihre Körper von der Hüfte an abwärts im spitzen Winkel auseinander und eröffneten einen Spielraum, in dem ihre Beine undurchschaubare phantastische Figuren vollführten. Doch es gab auch Paare, die mit mehr Abstand zueinander tanzten und sich sportiver und weniger elegisch bewegten. Beides gefiel mir. Diesen Tanz wollte, nein, musste ich lernen. Unbedingt!

Warum nur war ich nicht schon viel früher der Spur des argentinischen Tango gefolgt? Ich weiß es nicht. Ich weiß nur, dass ich in diesen Jahren oft sehr unglücklich gewesen bin. Vielleicht wäre ein Stück wie »Vuelvo al sur« ein Trost gewesen, eine Rettung gar für Jo und mich? »Zurück nach Süden« heißt die deutsche Übersetzung dieses Tangos: »Zurück nach Süden holt uns doch immer die Liebe ein, zurück zu dir, mit meiner Sehnsucht und meiner Angst.«

Vielleicht aber hatte ich die Begegnung mit dem Tango auch unbewusst vermieden, weil mich sein Pathos und seine Melancholie abschreckten. Möglicherweise fürchtete ich auch seinen schlechten Ruf. Immerhin stammte er aus der Halbwelt und galt von jeher als verrucht, der Tanz der tiefen Nacht. Vielleicht war er mir auch einfach nicht geheuer wegen des schwülstigen Federboa-und-Rose-zwischen-den Zähnen-Kitschs, der an seinem Namen klebt wie Zuckerguss. Zudem erinnerte er an sein merkwürdig domestiziertes militärisch-streng getanztes Eins-zwei-Wiegeschritt-Brüderchen, den europäischen Tango, der, sieht man von seinen Höhenflügen der Ballroom-Meisterschaften einmal ab, längst im Reich der Kurschatten angekommen war.

Doch um Fango-Tango ging es in diesem Kellergewölbe nicht. Hier war die Argentinierin Norma am Werk und unterrichtete den Tanz, den sie schon als kleines Mädchen in Buenos Aires im heimischen Wohnzimmer gelernt hatte. »Wahrscheinlich handelt es sich hier um ›the real stuff‹«, sagte Lilli, »das sollten wir uns nicht entgehen lassen.« Wir blieben an diesem Abend noch ein Weilchen, tranken Rotwein, genossen die herrliche Musik und glotzten wie die Ölgötzen auf das Tanznirwana, das sich uns tief unter der Erde aufgetan hatte. Eine Filmvorführung hätte nicht spannender sein können. Auf dem Heimweg studierten wir den Prospekt der Tangoschule. In wenigen Wochen stand ein zweitägiger Wochenend-Crashkurs für Anfänger auf dem Programm. Keine Frage, wir würden dabei sein!

Doch wer sollte uns begleiten, besser gesagt, welcher Mann war bereit, uns zu führen? Lilli musste nicht lange suchen. Sie fragte ihren smarten Computerspezialisten Tim, der ihr vor einiger Zeit erzählt hatte, dass er gerne mal wieder richtig tanzen würde. Und da sein Lebensgefährte für derlei Aktivitäten so gar nichts übrig hatte, kam ihm Lillis Angebot gerade recht.

Ich tat mich da schon ein bisschen schwerer, um nicht zu sagen: die Lage war desolat. In meinem Freundes- und Bekanntenkreis handelte ich mir bei der Suche nach einem Tangopartner einen Korb nach dem anderen ein. Neben Amüsiertheit rief mein Ansinnen auch blanke Verstörung hervor. »Du bist wohl vollends übergeschnappt«, sagte einer meiner Hörfunk-Kollegen und tat so entsetzt, als hätte ich ihn gefragt, ob er mir seine getragene Unterwäsche zur Verfügung stellen könne.

Das Tango-Wochenende nahte, und ich hatte keinen Tanzpartner! Meinen Platz hatte ich mir schon gesichert, indem ich kühnerweise einfach einen Phantasie-Partner angemeldet hatte. Jetzt ja nicht die Nerven verlieren, sagte ich mir, setzte meine Suche hartnäckig fort und wurde auf einer Geburtstagsfete tatsächlich fündig. Dort hatte ich meinen Kollegen Robert getroffen, den ich zu fortgeschrittener Stunde beiläufig fragte, ob er sich denn vorstellen könne, mit mir Tango zu lernen. Unfassbarerweise antwortet er sofort, ohne auch nur einen Moment zu zögern, mit einem entschiedenen und unumstößlichen »Ja«.

Robert arbeitete genau wie ich als freiberuflicher Journalist, hatte allerdings auch schon mehrere Bücher veröffentlicht und publizierte allerlei Feinsinniges in Kunstzeitschriften. Warum war ich eigentlich nicht gleich auf ihn gekommen? Ganz einfach: Ich wusste, dass Robert 1968, während ich noch in präpubertären Barbieträumen schwelgte, schon auf die Barrikaden gegangen war und gegen das Establishment gekämpft hatte. Meine Lebenserfahrung sagte mir, dass verwegene studentenbewegte Männer wie er eventuell rockten, mehr aber auch nicht. Doch ich musste mein Weltbild korrigieren. Robert sagte, er wolle Tango tanzen. – Im Nachhinein vermute ich, dass ihm vielleicht als Begleitphänomene des Tanzens auch allerlei schwüle Szenen vorschwebten, wie sie Marlon Brando und Maria Schneider in »Der letzte Tango in Paris« vorexerziert hatten. Doch ob es Robert um gelehriges Schritteüben ging oder um filmreife Exzesse, interessierte mich ehrlich gesagt herzlich wenig. Ich war einfach nur glücklich, dass er mit mir tanzen wollte!

Zunächst jedoch sollten wir gehen. Norma, die Tanzlehrerin, legte einen alten Tango auf und ließ uns im Takt durch den Raum gehen. Jeder für sich, aufrecht und gerade. Ich habe im Laufe der vergangenen zehn Jahre bei vielen anderen Lehrern Unterricht gehabt. Die meisten ließen einen alle erst einmal gehen, ganz gleich, wie gut die Schüler schon tanzen konnten.

Es mag paradox klingen, aber es ist im Grunde die wichtigste Tanzlektion überhaupt: Wer übers Parkett schweben will, muss eine sichere Bodenhaftung haben.

Jeder von uns Tangonovizen war verblüfft, wie schwer es uns fiel, im Rhythmus der Musik einen Fuß vor den anderen zu setzen, was ja eigentlich das Selbstverständlichste auf der Welt war. Wir waren angetreten, um uns in die Geheimnisse eines Tanzes einweihen zu lassen, der als der Inbegriff der Erotik galt, und spürten zunächst erst einmal nichts als verkrampfte Schultern, verspannte Nacken, gekrümmte Wirbel, angespannte Gesichter, unelastische Knie.

Später, nach mühsam erlerntem Grundschritt, folgte die zweite Ernüchterung im ersehnten Tango-Pas-de-deux: Der Mann führt, die Frau folgt. Ganz simpel, ganz traditionell, und wahrscheinlich hatte man es mehr oder weniger uneingestanden sogar gesucht, das vergessene, über allen Emanzipationswirren irgendwie verlorengegangene archaische Wechselspiel von Entschlossenheit und Hingabe. Doch das Reizvollste war zugleich das Schwierigste. Wie sollte der Mann eine Frau führen, die es sich in ihrem Alltag nur selten leisten konnte, das Heft aus der Hand zu geben? Wie konnte die Frau auf die Körpersignale eines Mannes lauschen, den sie nicht begehrte? Wie sollte ein von etlichen frauenbewegten Ex-Partnerinnen konditionierter sensibler Künstler von jetzt auf gleich aus sich herausgehen und die dominante Körpersprache eines Latino-Machos an den Tag legen?

Es kam, wie es kommen musste: Robert und ich gerieten während des Workshops mehrfach aneinander. Sehr subtil, nichts Dramatisches, keiner wurde laut, keiner tobte. Wir brachten am Ende sogar das Kunststück fertig, wie ein innig verliebtes Paar Wange an Wange zu tanzen, obwohl die Luft zwischen uns zum Schneiden dick war – was sicher nicht nur an Roberts Rasierwasser lag. Der Duft war exquisit, doch für meinen Geschmack zu schwer. Ich hatte das Gefühl, dass er mich ganz umhüllte, geradezu in meine Haut einsickerte und mich wie Feindesland annektierte. ›Wenn er auch nur halbwegs die Präsenz seines Parfums hätte‹, schoss es mir einmal sehr hässlich durch den Kopf, und just in diesem Moment konnte ich quasi in großen Lettern auf Roberts Stirn lesen, dass auch er mich am liebsten auf den Mond geschossen hätte.

Die Anlässe für unsere kleinen spitzfindigen Scharmützel und Zänkereien waren eigentlich lapidar. Wenn er mich zum Beispiel in eine Acht führen sollte – einen »ocho«, eine der weiblichsten Figuren im Tango – und am Ende irgendetwas Kantiges dabei herauskam, was sich äußerst ungeschmeidig anfühlte und mit Sicherheit auch nicht schön aussah, warf er mir vor, es liege nur an mir, ich würde ihm einfach nicht richtig folgen. Das konnte und wollte ich nicht auf mir sitzen lassen und bescheinigte ihm dafür in einem Nebensatz einen Mangel an Führungsqualitäten. Kurz, der Crashkurs macht seinem Namen alle Ehre: Es krachte. Dennoch wahrten wir alles in allem die Fassung, was ich Robert mein Lebtag lang immer hoch anrechnen werde. Wir waren eben Profis und absolvierten die Mission Tango-Crash wie ein schwieriges Interview.

Heute weiß ich, dass unsere Kollision eigentlich ein ganz normaler Vorgang gewesen ist. Der Körper kann nicht lügen, die Stärken und Schwächen des anderen sind ganz unmittelbar spürbar, wenn wir miteinander tanzen. Das ist für die meisten Tanzeleven eine überraschende Lektion, die erst einmal verdaut sein will. Für diejenigen, die sich mit vielen romantischen Flausen im Kopf aufs Parkett begeben, ist der Realitätsschock zwangsläufig besonders bitter. Verrenkungen der Arme und Wirbel, Muskelzerrungen, Blessuren im Zehen- und Schienbeinbereich sind um vieles leichter zu verschmerzen als die Einsicht, dass wir beim Tanzen für unser Gegenüber ein ziemlich offenes Buch sind.

Dem Menschen, mit dem wir tanzen, kommen wir nahe, beim argentinischen Tango sogar ganz extrem nahe. Wir berühren sein Gesicht, spüren seinen Atem, wir wissen, wie seine Haut duftet, sein Haar. Wir spüren seinen Pulsschlag. Die Energie, mit der er tanzt, vermittelt uns eine Vorstellung von seinem Temperament und von seinen Sehnsüchten. Seine Blockierungen geben uns Hinweise auf seine Verletzungen, seine Ängste. Und eines wissen wir bereits nach wenigen Schritten ziemlich genau: ob wir uns riechen können oder nicht.

Seltsamerweise frustrierte mich der Tango-Crash mit Robert nicht. Im Gegenteil, ich nahm die Gewissheit mit nach Hause, dass ich diesen Tanz unbedingt von Grund auf lernen wollte. Mit dem zackigen Stechschritt-Tango aus der Tanzschulzeit hatte der argentinische so gut wie nichts gemeinsam. Der Tango Argentino kennt keine geregelten Schrittfolgen. Es gibt Grundregeln und Rituale, aber im Prinzip ist er improvisiert, entsteht beim Tanzen, im Fluss der Musik, von Moment zu Moment. Ich musste einsehen, dass es ziemlich vermessen gewesen war anzunehmen, dass dieser komplexe Tanz an einem Wochenende zu lernen wäre. Er ist – anders als es der Mythos von Machismo und Erotik suggeriert – ein anspruchsvolles Gespräch zwischen zwei ebenbürtigen Partnern. Robert und mich hatte dieser prekäre Tanz-Dialog beinahe die Freundschaft gekostet. Jedenfalls herrschte danach erst einmal eine ziemlich lange Sendepause zwischen uns. Doch keiner von uns beiden hätte genau sagen können, wieso.

Lilli war mit ihrem Tim viel besser dran. Es störte sie zwar ein bisschen, dass mit ihm das ersehnte spannungsgeladene Tangogefühl nicht so recht aufkommen wollte, was unter anderem auch daran gelegen haben mag, dass Tim in seinem früheren Leben bei irgendeinem Karnevalsverein als Gardeoffizier Funkenmariechen gestemmt hatte und das Ganze hauptsächlich von der jecken Seite betrachtete. Doch dafür hatte die rheinische Frohnatur eine hohe Frustrationstoleranz und ein ausgeprägtes tänzerisches Talent. Da ihm der Tango noch auf der Liste seiner Tanzqualifikationen fehlte, schlug er Lilli vor, gleich mit einem regelmäßigen Kurs einzusteigen. – Ich hätte heulen können. Mit Robert war nicht zu rechnen. Und es nützte auch nichts, das Adressregister in meinem Notizbuch abermals durchzublättern: Weit und breit war kein Tangopartner in Sicht.

Was tun? »Kein Problem«, sagte Lilli, »ich mache mit Tim weiter, und was ich gelernt habe, bringe ich dir dann bei.« Das war nett gemeint, funktionierte aber nicht. Tango kann man nicht wirklich trocken üben, da es ja keine festgelegten Choreographien in diesem Tanz gibt. Nicht umsonst gibt es das Sprichwort: »It takes two to tango.« Einer setzt die Impulse, der andere begleitet ihn. Beides will gelernt und geübt sein.

Während Woche um Woche verging, nahm meine Suche nach einem Tanzpartner bisweilen bizarre Formen an. Die Zeitungsannoncen zu studieren, war sinnlos. Sowohl in den Kölner Tageszeitungen als auch in den Stadtmagazinen annoncierten Unmengen von Frauen, die Tanzpartner suchten, aber den umgekehrten Fall gab es selten. In meiner Verzweiflung diskutierte ich sogar mit Eddie, ob er denn nicht einmal die Woche von Frankfurt nach Köln kommen könne, um mit mir zu üben. Eddie fand den Vorschlag vor allem deswegen phantastisch, weil er früher einmal eine Liaison mit einem Argentinier hatte, die eine wahre Offenbarung gewesen sein musste. Geblieben war ihm aus dieser Phase ein ganzer Stapel alter Tangoplatten, die er hin und wieder herauskramte, um in melancholisch-süßen Erinnerungen zu schwelgen. Letztlich siegte jedoch bei uns beiden die Vernunft. Unser Arbeitsalltag und nicht zuletzt auch unser beider Budget sprachen gegen ein wöchentliches Tango-Meeting.

Doch warum in die Ferne schweifen, dachte ich mir dann manchmal, wenn ich im Supermarkt an der Kasse stand und die Männer, die vor mir in der Schlange standen, musterte. Warum nicht einfach einem wildfremden Mann einen Tango vorschlagen? Doch ich war ein Hasenherz und traute mich nicht. Stattdessen fragte ich eine meiner lesbischen Freundinnen, ob sie denn dem Gedanken, eine Frau im Tangoschritt zu führen, etwas abgewinnen könnte. Fehlanzeige, aber den Versuch war es wert gewesen.

Irgendwann wunderte ich mich über mich selbst, wie unermüdlich ich allen Widerständen zum Trotz am Ball blieb. Der Tango faszinierte mich so, dass ich alles verschlang, was ich an Informationen darüber finden konnte. Ich befasste mich mit seiner Geschichte, die in Uruguay begann. Dort war in der Mitte des 19. Jahrhunderts die Urform des Tangos in der schwarzen Bevölkerung als Rebellion gegen die Sklaverei entstanden. Wenige Jahre später, gegen Ende des 19. Jahrhunderts, vermischten sich im Einwanderermilieu von Buenos Aires die verschiedensten Musikstile. Aus europäischer Walzermusik, kubanischer Habanera, Tango Andaluz, afrikanischem Candombe formierte sich ein Konglomerat, das zu Beginn des 20. Jahrhunderts die ganze westliche Welt verrückt machte: Tango. Die genaue Herkunft seines Namens lässt sich nicht klären. Er könnte von dem lateinischen Verb »tangere« abstammen, das in der Übersetzung »berühren« heißt. Möglicherweise lässt sich der Name auch auf »tambor« zurückführen, auf das spanische Wort für »Trommel« oder gar auf das spanische »tangear«, das so viel wie »schwanken, schlingern oder torkeln« heißt und eigentlich nur von einem Tangoverächter stammen könnte.

Die feine europäische Gesellschaft betrachtete den musikalischen Bastard zwar als ein Geschöpf der Gosse, nahm ihn aber dennoch mit offenen Armen auf. In den mondänen Salons und großen Ballsälen adelte man den räudigen Tanz, erhob ihn zur modischen Extravaganz und frönte ihm so exzessiv, dass sich so manch vornehme Komtesse beim Anblick von Tangotänzern schockiert fragte: »Tanzt man diesen Tanz im Stehen?« Der bayrische König Ludwig III. und der preußische Kaiser Wilhelm II. sahen in der Tangomanie gar eine Gefahr für die öffentliche Ordnung und verhängten ein Tango-Verbot für ihre Offiziere. Papst Pius X. ließ sich schließlich aus Gründen der Moral im Jahr 1914 einen Tango vortanzen. Er fand nichts wirklich Schlimmes daran, empfahl aber dennoch, an seiner statt lieber die bewährten alten Tänze zu tanzen.

Dass der Tango allen Fehlinterpretationen, allen Verboten und Schmähungen zum Trotz über viele Jahrzehnte hinweg am Leben blieb und sich auch heute noch immer weiterentwickelt, mag an seinem ambivalenten Charakter liegen. Diese seltsame Mixtur aus Melancholie und Lebenshunger, die den echten Tango ausmacht, scheint der Zerrissenheit des modernen Menschen sehr entgegenzukommen. In Deutschland begann seine Wiederentdeckung im Jahr 1982 in Berlin. Damals präsentierten argentinische Tänzer eine mitreißende Bühnenshow und lösten damit ein regelrechtes Tangofieber aus.

Die ganz Jungen finden selten zum Tango. Meistens zieht er Menschen an, denen das Leben die ersten Narben zugefügt hat. Der Fond des Tangos ist Traurigkeit und Sehnsucht. – Der argentinische Tangokomponist Enrique Santos Discépolo fand die zutreffende Formel, der Tango sei ein trauriger Gedanke, den man tanzen könne. – Dennoch vermittelt er nie Endzeitstimmung, sondern Hoffnung. Er ist nicht nur ein trauriger Gedanke, er ist auch ein großes, kraftvolles »Trotzdem«.

Rückblickend verstehe ich gut, wieso mich dieser Tanz so packte, besser gesagt, wieso ich ihn nicht mehr loslassen wollte, nachdem er mir begegnet war. Zum einen kam er meiner Freude am Tanzen entgegen. Zum anderen berührte er meine Träume, Ängste und Sehnsüchte wie kaum ein anderer Tanz. Ich verstand, dass ein Tangopaar, das schön tanzte, nicht nur ein erotisch gefärbtes Zwiegespräch erlebte, sondern so etwas wie Vollständigkeit und Harmonie.

Wenn heute vom Tango die Rede ist, geht es vor allem um Rollenbilder, um Sinnlichkeit und Erotik. Das zutiefst Tröstliche und Befreiende, das dieser Tanz schon seit seinen Anfängen auch hatte, findet eher selten Beachtung. Liegt es am deutschen Hang zur Schwermut, dass Deutschland die zweitstärkste Tango-Nation ist nach dem Ursprungsland Argentinien und vor Japan? Oder an der deutschen Liebe zur Präzision?

Bruno zumindest hatte ein großes Faible fürs Präzise. Lilli kam eines Tages zu mir und drückte mir seine Telefonnummer in die Hand: »Du musst diesen Kerl unbedingt anrufen«, sagte sie, »er sucht eine Tanzpartnerin zum Üben.« Ich kann es kurz machen: Diese Telefonnummer, nein, dieser Bruno entpuppte sich als ein wahres Himmelsgeschenk. Er hatte bereits eine Tanzpartnerin, mit der er während der Woche übte, nun suchte er noch eine Partnerin für den Freitagabend. Als ich ihn kennenlernte, war er jedenfalls schon ein sehr guter Tangotänzer. Doch er hatte sich in den Kopf gesetzt, noch besser zu werden, und wollte deswegen so viel wie möglich trainieren.

Dass ich Anfängerin war, schien Bruno seltsamerweise nicht weiter zu stören. Irgendwer erzählte mir, dass alle guten Tangotänzer davon träumten, so souverän zu führen, dass auch eine unerfahrene Tänzerin gar nicht anders könne, als sich exakt nach seinen Vorstellungen zu bewegen. Vielleicht war es dieses Ideal, was er vor Augen hatte, als er mir anbot, mit ihm zu trainieren. Was auch immer es war, ich habe es nie genau erfahren, denn Bruno, der als Informatiker schon von Berufs wegen an Sachlichkeit gewöhnt war, schien eines ganz besonders zu hassen: unnötige Worte.

Seinem bärigen Vornamen machte er nicht allein durch seine Wortkargheit und seinen stämmigen Körperbau alle Ehre, sondern auch durch seine artentypische einzelgängerische Aura. Alles Sentimentale schien für Bruno ein Graus zu sein. Er verstand sich geradezu brillant auf unverbindliche freundliche Konversation, aber persönlichere Themen mied er, wenn es sich irgendwie machen ließ. Zu den wenigen privaten Details, die ich Bruno während unserer Trainingszeit je entlocken konnte, gehörte eine Auskunft über seine schwäbische Herkunft. Als ich mich anschickte, diesen biographischen Puzzlestein als Eckpfeiler unserer süddeutschen Tango-Allianz interpretieren zu wollen, reagierte er mit einem mehrdeutigen »Ha-noooi …«; das war es dann auch schon mit dem schwäbelnden Lokalkolorit.

Bruno wollte mir nichts über sich erzählen, und es schien ihm auch nicht wichtig zu sein, etwas über mich zu erfahren. Er wollte tanzen, das war alles. Doch ich konnte zufrieden sein, ein besseres Arrangement hätte ich mir eigentlich nicht wünschen können. Wenn ich freitagabends Punkt sieben in Normas Keller eintraf, hatte ich mit Emmys Weltentransfer gerade den schwierigsten und schmerzhaftesten Part der Woche hinter mich gebracht. Wenn mich in diesem Moment jemand ernsthaft auf meine Gefühlslage angesprochen hätte, wäre ich wahrscheinlich jedes Mal in Tränen ausgebrochen. Ob es Bruno aus Prinzip oder aus Feinfühligkeit vermied, heikle Fragen zu stellen, weiß ich nicht. Er schwieg und tanzte. Für mich war das genau das Richtige. Mit jedem Schritt hellte sich meine Stimmung auf, mit jeder gelungenen Drehung wuchs die Zuversicht, dass die Dinge in meinem Leben irgendwann einmal auch wieder rund laufen würden.

Es mag überzogen klingen, aber mit diesem drollig-kauzigen Tango-Bruno begann eine neue Zeitrechnung für mich. Dreh- und Angelpunkt meines neuen Lebens war fast ein ganzes Jahr lang der Freitagabend. Wer an diesem Tag ab 19 Uhr etwas von mir wollte, hatte es schwer. Ich sagte lukrative Aufträge ab, verprellte Freunde, die an diesem Tag mit mir ausgehen wollten, versäumte leichten Herzens Partys und kulturelle Großereignisse, wenn sie auf einen Freitag fielen – kurz, außer Emmy konnte fast nichts und niemand wichtiger sein als mein Unterricht mit Bruno.

Die zwei Stunden, in denen ich mich an seine sportliche T-Shirt-Brust schmiegte und die Welt um mich herum vergaß, liefen eigentlich immer nach dem gleichen Schema ab. Norma, die Lehrerin, führte einer kleinen Gruppe von Tanzschülern eine neue Figur vor. Dann wurde probiert, korrigiert und geübt und geübt und geübt. Auf einmal begriff ich, dass das »Folgen«, die begleitende Rolle im Paartanz, alles andere als eine passive Angelegenheit ist. Es erfordert neben Präsenz und Können auch den Wagemut, sich immer wieder auf Unbekanntes einzulassen.

Anfangs kam mir das alles sehr kompliziert vor, doch Bruno hatte einerseits eine Engelsgeduld und brachte mir binnen kurzer Zeit sehr viel bei; andererseits tanzte er so souverän, dass ich auch diffizile Abläufe wie im Schlaf lernte. Das wiederum konnte Lilli rasend machen, denn ihr Tanzpartner Tim legte längst nicht so viel tänzerischen Ehrgeiz an den Tag wie Bruno. Dafür konnte Tim später am Abend nach unserem Training mit seinen Entertainerqualitäten bei der Milonga in Normas Tangokeller glänzen.

Milongas sind die Tanztees der Tangotänzer. Diese Veranstaltungen finden in der Regel in irgendeinem Provisorium am Ende der Welt statt. Glamouröse Orte gibt es beim Tango hierzulande eher selten. – Berlin ist die große Ausnahme. Dort gibt es dank der vielen alten Ballhäuser einige sehr schöne Milongas, doch in der Regel müssen sich die Tangotänzer mit ausrangierten Fabrikhallen, Kellergewölben, umfunktionierten Turnhallen oder Foyers zufriedengeben. Dass der Tango auch heutzutage noch dem Untergrund so nahe ist, liegt unter anderem daran, dass die Betreiber der Tangobälle in der Regel nicht auf große Umsätze setzen können, denn Tangotänzer sind eher disziplinierte Menschen, die aus Gründen der Fitness und Brillanz hauptsächlich Mineralwasser trinken und auf ihre Figur achten.

Wer im Tango glänzen will, braucht wie in allen anderen Tanzarten eine solide technische Basis. Doch auch in mentaler Hinsicht ist Durchhaltevermögen gefragt. Insbesondere den Frauen wird an jenen Abenden, an denen sie sich den Allerwertesten platt sitzen oder die Beine in den Bauch stehen, weil selten einer mit ihnen tanzt, viel visionäre Kraft abverlangt. Das Problem ist ein strukturelles: Während in der Entstehungszeit des Tangos Frauenmangel herrschte, hat sich die Situation heute verkehrt. An den schlimmen Tagen kommen auf einen Tänzer etwa fünf Tänzerinnen, an den normalen sind es drei. Kurz, im Grunde könnte jeder Mann ein König sein, wenn er es denn nur wollte …

»Mr. Hattric ade«, dachte ich, als mich das erste Mal ein Fremder auf einer Milonga so gekonnt von Tango zu Tango geführt hatte, dass ich Figuren tanzte, die ich vorher gar nicht kannte. Sein Haar roch nach Bratkartoffeln, sein Kleidungsstil war überhaupt nicht nach meinem Geschmack, aber er tanzte so schön und schwungvoll, dass ich nach jedem Tanz Mühe hatte, wieder zu mir zu kommen. Mr. Bratkartoffel bewegte sich mit größter Ruhe, stellte sich ganz auf mein bescheidenes Anfängerkönnen ein, überraschte mich mit humorvollen Wendungen und Antäuschungen, machte kleine Pausen, steigerte danach das Tempo erneut, um dann wieder ganz plötzlich innezuhalten. Mein Vertrauen in seine Tanzkünste wuchs von Takt zu Takt. Ich hätte mich wahrscheinlich vor lauter Begeisterung ohne weiteres in einen Saltosprung führen lassen, so sicher fühlte ich mich in seinem Arm.

Als ich nach diesem Tanz zu meinem Platz zurücktaumelte, dachte ich seltsamerweise an einen unvergesslichen Einkaufsbummel mit Eddie in Frankfurt. Wir waren masochistischerweise wie immer als Erstes an den Auslagen der vornehmen Boutiquen in der Goethestraße vorbeiflaniert, um uns anzusehen, was wir gerne kaufen würden, wenn wir es uns denn leisten könnten. Wir wollten eigentlich gerade kehrtmachen, um auf der etwas budgetfreundlicheren Fressgass nach einem neuen Pullover für Eddie zu suchen, als uns in einem minimalistisch dekorierten Schaufenster ein Traum von einem Kostüm ins Auge sprang. Einerseits wirkte es durch den blaugraugrundigen karierten Wollstoff sehr britisch, andererseits hatte der enge Tailleur-Schnitt etwas Kokett-Französisches. Eddie sagte, es gebe überhaupt keinen Zweifel, dass dieses Ensemble nur für mich entworfen und genäht worden sei, ich müsse es auf jeden Fall auf der Stelle anprobieren.

Ich erinnere mich noch genau an das elektrisierende Gefühl, das mir durch den Körper rann, als ich in die Kostümjacke hineinschlüpfte. Mir war, als würde ich zum ersten Mal in meinem Leben ein Kleidungsstück anprobieren, das mir wirklich absolut perfekt passte. Mit dem Rock war es das Gleiche. Ich musste gar nicht in den Spiegel schauen, ich konnte regelrecht fühlen, wie dieses Kostüm aussah, wie es mich auf raffinierte Weise stärkte und verschönerte. Einerseits umschmeichelte und umspielte es meinen Körper wie eine zweite Haut, andererseits ließ es mir vollkommene Bewegungsfreiheit. – Ich wusste, ich hatte keine Wahl, zückte meine Kreditkarte und sagte mir: Augen zu und durch. – Ich habe diese irrwitzige Investition nie auch nur einen Moment lang bereut – sie hat mich allerdings wahrscheinlich auch für alle Zeiten geprägt. Seither weiß ich, wie sich Perfektion anfühlt. Mit Mr. Bratkartoffel ging es mir jedenfalls ähnlich.

»The first cut is the deepest« gilt beim Tanzen übrigens auch in negativer Hinsicht. Der Mann, der mich kurz vor Mr. Bratkartoffel um einen Tanz gebeten hatte, besetzt in meinem mentalen Tanzarchiv bis heute den Spitzenplatz der No-No-Liste, auf der meine gesammelten Horrorerlebnisse verzeichnet sind. Als er mich aufforderte, fühlte ich mich sehr geschmeichelt, schließlich hatte ich vorher gesehen, wie gut er schon tanzen konnte. Bevor ich ihm klopfenden Herzens aufs Parkett folgte, sagte ich ihm, quasi um Nachsicht bittend, es sei einer meiner ersten Tangos außerhalb des Trainings. Hinzu kam, dass wir einen enormen Größenabstand zu überwinden hatten – er sehr groß, ich eher schmächtig.

Kaum war der erste Tango verklungen, trat der Hüne einen Schritt zurück, blickte mir in die Augen und sagte laut und deutlich: »Danke!«, wobei er das Wort so herrisch aussprach, dass es in meinen Ohren klang wie: »Wegtreten!«. Dem verkappten General hatte das Tänzchen mit mir offenbar gar nicht behagt. Ich trollte mich verstört von dannen, doch eigentlich hätte ich empört sein sollen. Nach der ungeschriebenen Lex Tango gilt es als krasse Unhöflichkeit, jemanden, der sich keines groben Vergehens schuldig gemacht hat, schon nach einem Tanz abzuservieren. Der gute Ton gebietet mindestens zwei oder drei.

Lilli und ich nannten den Grobian jedenfalls von da an nur noch den »Chefarzt«, denn nach allem, was man so aus Filmen kannte, konnte man sich ein derart disziplinierendes »Danke« bei einer heiklen Operation ebenfalls gut vorstellen. »Schwester, Tupfer!« – »Danke!« Lilli, die später des Öfteren das Vergnügen hatte, von ihm aufgefordert zu werden, fand heraus, dass wir mit unserem heiteren Beruferaten fast ins Schwarze getroffen hatten. Fast! Der vermeintliche Tango-Chefarzt war tatsächlich Arzt im praktischen Jahr, hatte also noch nicht einmal die erste Stufe der Hierarchieleiter zur Gänze erklommen. Glücklicherweise forderte mich ja kurz darauf Mr. Bratkartoffel auf und tupfte noch am selben Abend jede Menge Balsam auf meine Wunden, so dass die Chefarzt-Geschichte flugs in der Anekdoten-Ablage landete.

Gesprächsstoff hatten Lilli und ich in den folgenden Jahren schon allein durch unsere Tangoabende mehr als genug. Neben den Freitagsterminen mit Tim und Bruno nahmen wir auch während der Woche mit anderen Tanzpartnern an einem fortlaufenden Kurs teil. Nach und nach entwickelten Lilli und ich eine auf eigener Anschauung basierende Theorie, dass sich die männlichen Neulinge im Tango in drei Kategorien einteilen lassen: die Traktorfahrer, die Sentimentalen und die Tüftler. Genau genommen ist keiner von ihnen wirklich im Vorteil. Erfahrungsgemäß können sie sich alle zu brillanten Tänzern entwickeln. Bis es allerdings so weit ist, müssen sich ihre Tanzpartnerinnen auf die eine oder andere Besonderheit einstellen. Tanzkennern ist diese Klassifizierung sicher zu undifferenziert, doch für eine erste grobe Orientierung kann sie – für Frauen zumindest – äußerst hilfreich sein.

Die Traktorfahrer unter den Tänzern betrachten das Tanzen als sportliche Herausforderung. Erfahrungsgemäß gehen sie den Lernprozess eher grobmotorisch an und rangieren ihre Tanzpartnerinnen wie robuste landwirtschaftliche Fahrzeuge über die Tanzfläche. Frauen, die an diesen Typus geraten, kann man eigentlich nur empfehlen, sich für die Anfangszeit hochgeschlossenes Schuhwerk zuzulegen und eine gute Unfallversicherung abzuschließen.

Die Sentimentalen gehören nach der goetheschen Diktion zu den »Zärtlichen«, also zu jenen Menschen, die hauptsächlich um der erotischen Anbahnung willen tanzen. Im Grunde sind sie sehr angenehme Weggefährten, denn sie sind extrem lernbegierig und wollen es ihren Tanzpartnerinnen immer und überall recht machen. Schwierig wird es mit den Sentimentalen allerdings, wenn sie auf die Idee kommen, man sei exakt die Richtige für sie. Dann kann jede Tanzstunde, jede Milonga zur Hölle werden, denn eines hasst der Sentimentale sehr: dass seine Auserwählte mit anderen Männern tanzt! In diesen Fällen hilft meiner Erfahrung nach nur eines: Partnerwechsel!

So gesehen ist man als Tänzerin mit einem Tüftler noch am besten bedient, denn er ist ein Stratege, ein kühler Denker, der gerne alle neuen Herausforderungen systematisch angeht. Nicht selten bauen die Tüftler-Tänzer im wahren Leben Hochhäuser, betreuen Datenbanken von Großkonzernen oder ersinnen neue Motoren. Die Akribie und Präzision, die ihnen in ihren Berufen abverlangt wird, kommt ihnen beim Tanzen sehr zupass. In der Regel verfügen diese Männer über ein reiches Repertoire an Schrittkombinationen. Ihren Tanzpartnerinnen wird es daher zwar nie langweilig, doch bisweilen kann sie der Verdacht beschleichen, dass sie ihrem Gegenüber nicht viel mehr bedeuten als eine Schachfigur.

Philip, ein Buchhändler, der nicht nur wegen seines Berufs von Anfang an einer meiner Lieblingstänzer in der rheinländischen Tangoszene gewesen ist, verriet mir neulich, dass er die Tänzerinnen schon lange nach ganz ähnlichen Kriterien aufteile wie Lilli und ich. Da gebe es zum einen den sportlichen Kumpeltyp, eine Frau, die mit ihren Tanzpartnern sofort den schwesterlichen oder gar mütterlichen Schulterschluss suche. Ganz anders dagegen die Romantikerin, die sich still und geheimnisvoll gebe und im Grunde permanent auf der Suche nach Mr. Right sei. Und dann, sagte Philip, seien da noch die Diven, die anspruchsvollen Königinnen der Nacht, denen so gut wie kein Tänzer wirklich gerecht werden könne. »Eine Diva sollte man nur auffordern, wenn man sich unverwundbar fühlt, denn sie wird jeden Mann, wann immer sich die Gelegenheit bietet, gnadenlos ins Messer laufen lassen.«

Philip hatte offenbar speziell mit dieser Gattung einschlägige Erfahrungen gemacht, denn er gab dann mindestens ein halbes Dutzend sehr amüsanter Diven-Storys zum Besten. Im Grunde endeten sie alle ähnlich: Der Mann kann noch so perfekt tanzen, die Diva wird immer einen Fehler bemerken, und sei er noch so marginal. Wenn sie ihn schließlich gefunden hat, dann wird sie dem Mann triumphal in die Augen schauen, und ihr indignierter Blick, so Philip, wird dem Mann unmissverständlich verraten, was sie über ihn denkt: »Siehst du, ich wusste es. Du würdest einen Fehler machen!«

Um Himmels willen, dachte ich danach, bloß keine Diva werden! Wobei mir diese Gattung ehrlich gesagt noch am interessantesten von allen dreien zu sein schien. Damit würde man sich ja um eines der schönsten Tanz-Rituale überhaupt bringen: das Aufgefordert-Werden. Inzwischen habe ich mich daran gewöhnt, aber ich erinnere mich gut daran, wie aufregend ich es bei den ersten Milongas fand, dass jemand auf mich zukam und mich fragte: »Willst du mit mir tanzen?« Nach all den entbehrungsreichen tanzlosen Jahren hatte diese Geste für mich beinahe die Dimension eines biblischen Auserwähltseins. Es berührte mich jedes Mal zutiefst, dass ich gemeint war. Ich wurde gefragt, ob ich tanzen wolle … Der blanke Wahnsinn!

In Buenos Aires, so habe ich mir sagen lassen, läuft dieser beglückende Moment noch viel aufregender und subtiler ab. Dort wird per Blickkontakt aufgefordert. Die Tänzer verabreden sich über die Tanzfläche hinweg nur per Augensprache. Da die Frauen nur die Männer ansehen, mit denen sie auch tatsächlich gerne tanzen wollen, bleibt den anderen die Schmach einer eventuellen Abfuhr erspart. Dank dieser wortlosen Selektion gibt es angeblich viel weniger Kränkungen als in unseren Gefilden.

Apropos Kränkungen. Philip gestand mir auch, dass es überhaupt ein Wunder sei, dass er nach den ersten zermürbenden Erfahrungen auf der freien Tango-Wildbahn überhaupt tanzen gelernt hatte: »Als Anfänger wird man pausenlos gekränkt. Die Frauen geben einem reihenweise Körbe, weil man ihnen auf der Tanzfläche noch nicht viel zu bieten hat. Als ob man selbst nicht schon genug darunter zu leiden hätte, dass man noch keine gute Figur macht. Ich habe hauptsächlich aus Trotz tanzen gelernt!«

Wenn es nicht so makaber wäre, müsste man den Tangodiven, die Philips Trotz geschürt haben, eigentlich dankbar sein, denn sie haben der Tanzwelt nicht nur einen wunderbaren Tänzer beschert, sondern sie auch um einen Entertainer bereichert, der das Tanzvergnügen wie kein Zweiter mit literarischen Bonmots zu würzen versteht. Als er mir neulich erzählte, dass ihm in Hamburg eine absolut umwerfende Frau begegnet sei, hörte sich da so an: »Raymond Chandler hätte gesagt, es handle sich um eine Frau, für die selbst der Bischof ein Kirchenfenster eingetreten hätte.«

»How did you choose the tango?«, fragte die englische Tänzerin und Regisseurin Sally Potter in dem 1997 erschienenen Film »The Tango Lesson«. Ihr Tanzpartner, der argentinische Tangotänzer Pablo Veron, antwortete ihr: »I didn't. The tango chose me.« Ich schaute mir diese wunderbare filmische Hommage an den Tango mehrfach an, weil sie so vieles spiegelte, was ich zu diesem Zeitpunkt ganz ähnlich erlebte. Der Tanz hatte mich regelrecht gepackt und ließ mich nicht mehr los. Das heißt, ich war es, die ihn auf gar keinen Fall je wieder loslassen wollte. Ich war selig; endlich konnte ich tanzen, so tanzen, wie ich es mir seit ewigen Zeiten gewünscht hatte!

Auch im Alltag kreisten meine Gedanken ständig ums Tanzen, was durchaus dazu führen konnte, dass ich im Supermarkt in Achten vorwärts an den Regalreihen entlangschlitterte oder auf dem Wochenmarkt in der Warteschlange stiekum meine Achsenstabilität suchte und den subtilen Wechsel von Stand- und Spielbein trainierte.

Wie sehr mein Körper das Tanzen genoss, stellte sogar

meine Hausärztin fest. Bei einer Routineuntersuchung fragte sie mich, ob ich denn neuerdings Krafttraining betreibe, meine Arm- und Rückenmuskeln seien viel kräftiger als früher. »Merkwürdig«, sagte ich, »ich tanze nur ein bisschen.« – Doch es war wohl mehr als das. Ich blühte auf, obwohl mein Alltag nicht einfacher geworden war. Das Leben hatte auf einmal so viel Festliches und einen Schwung, der selbst dem bedrückenden Ritardando der Schnirkelschnecken bisweilen die Schwere nehmen konnte.

Außenstehenden war es kaum zu vermitteln, was mit mir vorging. Ich wurde damals oft gefragt, ob mich denn ein neuer Mann wieder in die Balance gebracht habe. Meistens lachte ich und sagte scherzend, ich gebe mich längst nicht mehr mit einem Mann zufrieden und werfe mich ständig neuen Kerlen an die Brust. Die Wahrheit war, dass mir das Tanzen vorerst vollkommen genügte. Wie sollte man das erklären?

Doch ich konnte das Befremden, das meine Tanz-Beseeltheit bei meinen Freunden auslöste, auch gut verstehen. Ein wenig seltsam ist der Vorgang von außen betrachtet ja zweifellos: Man begibt sich an einen Ort, der unter Umständen nicht übermäßig einladend ist. Dort fordert einen ein fremder Mensch auf, und dann versucht man, im Takt der Musik miteinander zurechtzukommen. Ganz gleich, ob das Unterfangen glückt oder nicht, ein intensiver Kontakt ist es fast immer. Er findet unter Beobachtung statt. Die soziale Kontrolle im Tangosalon ist hoch. Drei bis vier Minuten lang dauert ein Tango in der Regel, dann ist es vorbei mit der Innigkeit. Darum geht es, um eine Begegnung für den kurzen Moment des Tanzes. Es ist ein gemeinsamer Versuch. Nicht mehr und nicht weniger.

Um Nähe geht es auch, nicht um Annäherung. Tänzerinnen und Tänzer, die diesen Unterschied missachten, riskieren die Ächtung des Kollektivs. Die Natur des Tangos ist die Verheißung, versprochen wird nichts. Für eine Weile hält es an, das Tanzglück. Genau die richtige Dosis, die einen noch tagelang auf Wolken gehen lässt und auf der Stelle hungrig macht auf das nächste Mal, bei der nächsten Tango-Soirée.

Doch kein Abend ist wie der andere. Manchmal dreht man tapfer Runde um Runde, doch so sehr man sich auch bemüht, das wahre Gleiten in Harmonie will sich nicht einstellen. Und während man mehr ruckelt und schuckelt denn schmilzt und schwebt, registriert man am Rande der Tanzfläche die kuriosesten Details in geradezu schmerzhafter Wachheit: Petra hat neue Schuhe, die ganz schön dicke Beine machen … Werner flirtet mit Gisela. Doch Moment mal, war die nicht mit Norbert zusammen … Annette hat eigentlich ein tolles Dekolleté, schade, dass sie sich so selten traut, es zu zeigen …

Und dann, beim nächsten Tanz, ist vielleicht schon nach wenigen Schritten alles anders. Plötzlich wird es völlig unwichtig, was um einen herum geschieht. Die Bewegungen werden auf einmal geschmeidig, selbst mit offenen Augen gehen wir auf im gemeinsamen Fluss. Wir vergessen Freund und Feind und vielleicht sogar uns selbst. Es gibt nur noch die Melodie, den Rhythmus, das Miteinander, das uns über uns hinauswachsen lässt.

Unser Körper gehorcht uns bis in die letzte Faser hinein. Oder gehorchen wir dem Körper? Und dann, mit viel Glück, stellt sich das Schönste ein, was uns das Leben ansonsten so oft versagt, was mit Worten kaum zu beschreiben ist und wonach alle Tänzer verrückt sind: Alles stimmt, alles fließt und fügt sich, wenn die ganze Welt sich um uns dreht.

Ballgefühle

Neulich traf ich Philip zufällig auf dem Wallraffplatz. Da wir beide ein bisschen Zeit hatten, beschlossen wir, etwas sehr Ungewöhnliches zu tun: Wir gingen zusammen Kaffee trinken. Ich kannte Philip schon seit Jahren, wusste, dass er Buchhändler war mit einem Faible für amerikanische Krimis und dass er eine Freundin in Hamburg hatte, die er alle zwei Wochen übers Wochenende besuchte. Obwohl er wenig über sein Privatleben erzählte, hatte ich dennoch das Gefühl, ihn gut zu kennen. Ich mochte seine ansteckende, ja geradezu jungenhafte Experimentierfreude, die er auf Tanzveranstaltungen an den Tag legte, wenn es ihm gutging. Und wenn sich sein Oberkörper anfühlte wie ein Bügelbrett, dann war mir klar, dass irgendetwas nicht mit ihm stimmte. Aber der Eindruck der Vertrautheit war eigentlich trügerisch. Wenn ich es mir recht überlegte, musste ich mir eingestehen, dass ich Philip nur oberflächlich kannte.

Engere Kontakte, geschweige denn Freundschaften, ergeben sich aus den Begegnungen auf der Tanzfläche selten. Das klingt vielleicht merkwürdig, hat aber durchaus auch einen tieferen Sinn. Ein gewisses Maß an Fremdheit scheint dem Tanzen gutzutun, wobei nicht alle Tangotänzer die Balance zwischen Nähe und Distanz so gut halten können wie Philip, der sich die verbindliche Diskretion eines englischen Butlers aufzuerlegen pflegt, sobald die letzte Note eines Tangos verklungen ist. – Wir gaben uns beim Cappuccino jedenfalls beide in gewohnter Manier ganz britisch-kühl und unterhielten uns zunächst über dies und das. Doch es dauerte nicht lange, dann begaben wir uns miteinander auf die Tanzfläche, wenn auch nur gedanklich.

Philip musste als Erstes eine neue Horrorstory aus dem Tangosalon loswerden, hatte er doch jüngst unter Aufbietung seines ganzen Könnens mit einer Diva nicht nur fast eine ganze Stunde lang getanzt, sondern war ihretwegen nachts um drei noch einen Riesenumweg gefahren, um die unmotorisierte Dame sicher nach Hause zu geleiten. Dass sie sich für all den Einsatz und Umstand nicht bei ihm bedankt hatte, war schon schlimm genug, doch dass sie ihn bei der nächsten Milonga wort- und grußlos links liegen ließ, war zweifellos ein Affront ohnegleichen.

Um Philip von seinem Divenfrust abzulenken, kramte ich auch etwas Gruseliges aus der Schreckenskammer meines Tanzarchivs hervor und gab meine Alptraumgeschichte von einem Wiener Walzer zum Besten, die ich vor einigen Jahren einmal mit einem ehrgeizigen Turniertänzer für zirka 30 Sekunden auf einem Silvesterball erlebt hatte. Der Meister hatte mich aufgefordert, wohl wissend, dass ich mich in Sachen Standardtanz nicht im Mindesten auf Augenhöhe mit ihm befand. Wir hatten den Saal nicht einmal halb umrundet, da stoppte er mitten in einer Linksdrehung, ließ mich auf der Tanzfläche stehen und warf mir beim Weggehen ein süßsaures »Das übst du besser noch mal!« an den Kopf.

Gewiss, das war so ziemlich das Gröbste, was mir je in einem Ballsaal passiert ist, doch auf Anhieb würden mir noch viele andere unschöne Szenen einfallen, die ich auf oder am Rande der Tanzfläche erlebt habe. Stoffeligkeiten und Rohheiten aller Art, die uns im täglichen Leben begegnen, machen auch vor den Tanzsälen nicht halt. Warum auch? Tänzer sind keineswegs die besseren Menschen. Wir begeben uns mit allem, was wir haben, auf die Tanzfläche, mit unseren Begabungen, Sehnsüchten, Träumen, aber leider auch mit all unseren Neurosen und Defiziten.

Mein kleiner Vortrag hatte wohl beflügelnd auf Philip gewirkt. Er holte weiter aus: »Kein Tanz mit einem fremden Menschen ist gleich perfekt. Es braucht Zeit, bis man eine unbekannte Körpersprache versteht und sich darauf eingestellt hat. Gewiss, es gibt auch Fälle, da nützt alles Bemühen nichts. Ich kann es regelrecht spüren, ob eine Frau aus Höflichkeit mit mir tanzt oder ob sie es genießt. Es ist ein unbeschreibliches Gefühl, wenn sich eine Tanzpartnerin mit der Wohligkeit einer dicken Katze in meinen Arm hineinschmiegt! Über einen solchen Vertrauensbeweis – der leider eher selten vorkommt – bin ich dann so erfreut, dass ich gleich um zwei Klassen besser tanze.«

Philip simulierte sitzend seine für ihn typische Tanzhaltung und machte dabei ein so schwelgerisches Gesicht, dass uns die Leute vom Nachbartisch neugierig beäugten. An ihren Mienen war abzulesen, dass ihnen das, was sie von unserer Unterhaltung mitbekamen, nicht ganz geheuer war. Es war allerdings nicht zu erkennen, ob sie sich unter einer dicken tanzenden Katze in Philips Arm etwas vorstellen konnten. Ich wusste dafür sehr genau, was er meinte, und nahm den Faden auf. Jeder Tanz, sagte ich, sei eigentlich ein unwiederbringliches Geschenk des Augenblicks, etwas Einmaliges, Kostbares, sozusagen ein gemeinsames Kunstwerk, das von beiden Seiten geschätzt werden sollte, auch wenn es nicht perfekt sei.

Philip stimmte mir zu und fuhr fort: »Tänzer sind mit Jazzmusikern vergleichbar. Um gut zu spielen, um die Freiheit der Interpretation nutzen zu können, brauchen sie vor allem eines: Technik. Sie ist erlernbar, aber alles andere ist Glücksache, vor allem die Atmosphäre eines Ortes. Die tollen Sessions beim Tanzen sind genau wie beim Jazz sehr abhängig von der guten Stimmung im Saal, und die ist immer ein Geschenk.«

Das Paar an unserem Nachbartisch lauschte Philips Vortrag nun ziemlich unverhohlen. Als ich die Mischung aus Amüsiertheit und Skepsis in ihren Gesichtern sah, fühlte ich mich an einen Satz erinnert, den ich als Kind des Öfteren zu hören bekommen hatte: »Mach doch jetzt keinen Tanz«, hieß es, wenn ich mir partout etwas in den Kopf gesetzt hatte, das mir aber nicht erfüllt werden konnte. Was für eine schreckliche Redewendung, dachte ich, und es kam mir vor, als spräche sie auch aus den Mienen unserer Tischnachbarn. Das forderte mich dann allerdings heraus, so richtig tief in meine innere Tanzschatzkiste zu greifen.

Der Tanz, so holte ich aus, sei so alt wie die Menschheit und ein elementares Bedürfnis. Die einen tanzten vor Glück und Übermut oder einfach nur, um den Partner zu bezirzen, die anderen aus Trauer oder um die Himmelsmächte zu preisen und gnädig zu stimmen. Doch so unterschiedlich die Anlässe, die den Menschen zum Tanzen bewegten, auch seien, letztlich könne er gar nicht anders, denn eigentlich schwinge die ganze Welt. Naturwissenschaftler wie der Göttinger Professor Friedrich Cramer hätten längst erforscht, dass alles, was nicht schwinge und pulsiere, auch keinen Bestand habe. Alles, vom kleinsten Molekül bis hin zu den unendlichen Weiten des Weltalls, befinde sich in ständiger Bewegung und im wechselseitigen Bezug, der sich nicht nur bildlich gesprochen, sondern auch auf wissenschaftlicher Ebene als Resonanz, als aufeinander abgestimmte Schwingung erklären ließe. Und alles, was miteinander kollidiere, befinde sich eben nicht auf der gleichen Wellenlänge.

Philip führte den Gedanken fort: »Nehmen wir die Musik: Der Laie denkt, die Musik sei nur die Untermalung für die Show der Tänzer. Aber eigentlich ist es umgekehrt: Ein erfahrener Tänzer nimmt die Musik in sich auf und lässt sich durch sie bewegen. – Manchmal stelle ich mir beim Tanzen vor, dass die Frau, die ich im Arm habe, die Musik gar nicht hören kann. Das heißt, meine Aufgabe ist es, ihr die Musik mit meinen Bewegungen zu erzählen. So gesehen steckt in jedem Tanz eine Geschichte.«

Das war unseren Tischnachbarn dann wohl doch etwas zu abgehoben, wobei sie uns mittlerweile nicht mehr ganz so befremdet anstierten. In ihren Blicken lag nun so etwas wie Neugier auf zwei fremde Wesen, die aus einer vollkommen anderen Welt zu kommen schienen. Doch das machte mir wenig aus, und Philip ging es offenbar genauso. Wenn man seit Jahren zu der kleinen Minderheit gehört, die sich auf Partys auch im nüchternen Zustand auf die Tanzfläche traut, ist man an solche Blicke gewöhnt. Und nun hatten Philip und ich es sogar hinbekommen, beim Kaffeeklatsch und unter höchst kritischer Beobachtung gedanklich einen ganz schönen Tanz hinzulegen.

Entsprechend beschwingt radelte ich nach Hause. Dabei ging mir durch den Kopf, wie viel sich in der Kölner Tangoszene in den vergangenen zehn Jahren getan hatte. Anfangs gab es zwei überschaubare Orte, an denen man sich zum Tanzen traf: Normas Tango-Gewölbe in der Krefelder Straße und das abenteuerliche Provisorium Halle Tor 5 im Ehrenfelder Industriegebiet. Nach und nach vergrößerte sich der Kreis. Ich entdeckte weitere Lehrer – Gerrit, Jost, Ulla und Stevan; neue Milongas kamen hinzu, allem voran das Colón, eine große Fabrikhalle im Kölner Stadtteil Ehrenfeld, die inzwischen sogar Tänzer aus dem Ruhrgebiet und aus Holland anzieht.

Die Szene wächst und gedeiht überall auf der Welt. Wohin man auch reist, ein Blick ins Internet genügt, und schon weiß man, wann und wo an dem jeweiligen Ort getanzt wird. So gesehen ist der Tanz eine Art Esperanto, eine Universalsprache, die einem in der Fremde sehr nützlich sein kann. Tanzend ist die Atmosphäre einer Stadt unmittelbar erfahrbar. Wenn man mit fremden Menschen tanzt, lässt sich ihre Mentalität viel leichter erfassen, als wenn man ihnen nur als Tourist oder Durchreisender begegnet. Das beschränkt sich keineswegs auf den Tango, im Grunde gilt das für alle Tanzarten, die international verbreitet sind und in jedem Alter getanzt werden können wie etwa Salsa, die Standard- und Lateintänze oder Lindy Hop.

Zwischen zwei Tänzen ist in der Regel eine kurze Pause. Zeit für ein kleines Gespräch, das man nach Wunsch bei nächster Gelegenheit fortsetzen kann. In meinem Gedächtnis haben sich auf diese Weise viele interessante Begebenheiten angesammelt. Die kuriosen Geschichten fallen einem natürlich zuerst ein – wie beispielsweise die von Gérard, dem Pariser Buchhalter, der seit Jahren an zwei Wochenenden im Monat nach Köln fährt, um dort Tango zu tanzen. Als er mir zum ersten Mal von seiner aufwendigen Anreise erzählte, dachte ich, es könne sich nur um ein Missverständnis handeln, das auf meine unperfekten Französischkenntnisse zurückzuführen sein müsste. Ich konnte mir nicht vorstellen, warum ein Mann aus Paris alle vierzehn Tage zirka zehn Stunden im notorisch überfüllten TGV verbringt, nur um in einer alten Fabrikhalle im grauen Köln-Ehrenfeld mit ein paar Rheinländerinnen zu tanzen. Also fragte ich ihn, als ich ihm das nächste Mal begegnete, ob wir unsere Konversation in Englisch fortführen könnten, da ich mich in dieser Sprache sicherer fühlte. Doch es blieb auch im englischen O-Ton dabei: Gérard reiste eigens nach Köln, um Tango zu tanzen!

Ich ließ nicht locker und wollte wissen, was ihn denn an

dieser vergleichsweise hässlichen Stadt so fasziniere. Seine Antwort war ebenso einfach wie verblüffend: die Frauen. Aha, scherzte ich, die Pariserinnen seien ihm wohl nicht chic genug. Doch Gérard blieb ernst und erklärte mir, dass die Pariserinnen durchaus très chic seien, aber im Allgemeinen längst nicht so sublim Tango tanzten wie die deutschen Frauen. Ich konnte es nicht fassen, er hatte wörtlich »sublim« gesagt; ein wirklich aufregendes Wort ...

Voilà, so etwas hört man gern und schon gar von einem echten Franzosen. Das Kompliment hatte zumindest nicht einen solchen Widerhaken wie das, welches ich einmal von einem Wiener erhalten hatte, der meinem Tanzstil das Prädikat »deutsche Wertarbeit!« verlieh. Kein Zweifel, der nette Wiener hatte sich nichts Übles bei dieser Bemerkung gedacht, dennoch hinterließ sie bei mir einen eher zwiespältigen Nachklang. – Möchte man tanzen wie ein VW? Wie ein BMW, ein Porsche oder doch lieber wie ein Mercedes? Wenn ich es mir genau überlege, dann würde ich gerne so wendig und kompakt tanzen wie der echte alte Mini, den Sir Alec Issigonis für die British Motor Corporation entworfen hatte. Onkel Heinz würde zwar von diesem kleinen Traumauto dringend abraten, aber mit der Störanfälligkeit dieses Modells müssten die wahren Fans eben leben ... Zugegeben, die Vergleiche hinken, genau wie so manche unbedacht dahingesagte Komplimente. Gerade auf so sensiblem Terrain wie der Tanzfläche bewahrheitet sich leider oft die Binsenweisheit, dass die Missverständnisse vorprogrammiert sind, sobald zwei Menschen miteinander reden.

Vielleicht war das der Grund, warum Bruno, mein erster Tango-Traumtänzer, so ausgiebig schwieg. Wie gesagt, ich habe es nie herausbekommen, was sich hinter seiner auffällig zurückhaltenden Art verbarg. Leider habe ich ihn aus den

Augen verloren. Nachdem wir ein Jahr lang miteinander trainiert hatten, überreichte er mir eines Tages überraschend eine Einladung zu seiner Hochzeit. Seine Braut war ebenfalls Tangotänzerin, eine gute zumal, und ich vermute, dass er sich ihretwegen auf der Tanzfläche so sehr um Perfektion bemühte. Dabei hätte ich geschworen, dass Bruno gewiss kein Tänzer war, dem es nur um »Cherchez-la-femme« ging. Lilli behauptet heute, sie hätte es von Anfang an geahnt, dass der stille Bruno eines Tages ins Couch-Potatoe-Fach überwechseln würde. Doch ich widerspreche ihr diesbezüglich jedes Mal. Er wird schon wieder auftauchen, wann auch immer. Ein Ausnahmetänzer wie er kann doch nicht einfach so verschwinden und die Tanzschuhe an den Nagel hängen!

Mag sein, dass ich mich täusche. Vielleicht sollte ich mich damit abfinden, dass der Tangowalzer, den ich mit Bruno auf seinem Hochzeitsfest getanzt habe, unser Abschiedstanz gewesen ist. Das Glück in den Ballsälen ist vergänglicher, flüchtiger noch als im wirklichen Leben. Doch das macht die ertanzte Seligkeit eigentlich umso strahlender. Das Eintauchen in die Musik, das rhythmische Pulsieren und harmonische Gleiten, die Melodien, die uns bewegen, die Sehnsucht nach einem kurzen kostbaren Moment des Einklangs und der Schwerelosigkeit – all dies eint die Menschen auf dem Tanzparkett, das überall auf der Welt die vielen Gesichter des Lebens spiegelt: die Begegnung, das Erkennen, das Begehren, das Warten, die Einsamkeit, die Liebe, den Hass, das Finden und das Verlieren …

Bert verband mit dem Tanzen eher Handfestes – einen großen Emaileimer zum Beispiel, in dem gezuckerter schwarzer Tee mit Rum vor sich hin dampfte. Als mir Bert von einem gemeinsamen Bekannten auf einer Standardtanzparty vorgestellt worden war, trank ich gerade eine Tasse Tee. »Ist da Rum drin?«, fragte er mich. Und ohne meine Antwort abzuwarten, erzählte er mir von dem Eimer, der auf dem Tiroler Bauernhof, auf dem er aufgewachsen war, während der Woche im Stall benutzt wurde und an den Sonntagen gewienert und gespült zum bäuerlichen Tanztee in der guten Stube landete. Ich spitzte die Ohren. Zum einen fand ich Berts tirolerisches Deutsch herrlich, sein Lachen gefiel mir auch, und zum anderen dachte ich: »Hui, ein echtes Landei! Ein ordentlicher Discofox dürfte mit diesem Mann wohl drin sein.« Doch Bert dozierte vorerst noch ein Weilchen über den multifunktionalen Eimer aus seiner Heimat, der für ihn als Kind wohl zum Tanzen gehörte wie das Kalb zur Kuh oder wie die kleinen Italiener zu meinem Onkel Heinz.

Irgendwann fiel es ihm dann auf, dass er ja nicht auf die Party gekommen war, um über Teeeimer zu plaudern, er wollte tanzen. Beim nächsten Walzer forderte er mich auf. – Die Runde hätte von mir aus ewig dauern können. Ich konnte mich schon gar nicht mehr erinnern, wann ich zuletzt einen so schmissigen, schönen Walzer getanzt hatte. Danach machte Bert auch noch dem charmanten Ruf der Österreicher alle Ehre, geleitete mich formvollendet von der Tanzfläche und erzählte mehr über die sonntäglichen Tanztees in seinem Tiroler Heimatdorf.

Die kleine Ortschaft, die ungefähr vierzig Kilometer von Innsbruck entfernt liegt, war offenbar in der Vergangenheit durch eine weltrekordverdächtig hohe Selbstmordrate zu trauriger Berühmtheit gelangt. Bert mutmaßte, dass dieser betrübliche Rekord auf die ungünstige geographische Lage des Dorfes zurückzuführen sein müsse. In das kleine Kaff, das eingepfercht zwischen den steilen Nordhängen der Stubeier Alpen und den schroffen Bergen der Mieminger Kette im mittleren Oberinntal kauert, gelangt im Winter drei Monate lang nicht ein einziger direkter Sonnenstrahl. Kaum verwunderlich also, dass Berts Vorfahren sehr erpicht waren auf jeden Lichtblick am Horizont. Der Sonntagstanz, der während der Winterzeit Woche für Woche reihum in den Bauernhöfen stattfand, war gewiss einer. Auch für Bert, der zusammen mit seinen Eltern und seinem Großvater mütterlicherseits immer mit von der Partie war.

»Pünktlich nachmittags um viere ging es los. Alle hatten sich herausgeputzt in ihrem Sonntagsstaat – die Männer in Anzug, weißem Hemd und Krawatte, die Frauen kamen meistens im Dirndl. Sobald der Tee im Eimer brodelte und der Akkordeonist die ersten Takte spielte, wurde der Tanz eröffnet.« Bert kam ins Schwelgen. Er erzählte so mitreißend von dem rustikalen Schwof, als habe er gerade erst gestern stattgefunden. »Vor allem an die Musik kann ich mich genau erinnern«, schwärmte er, »wie sie mir jedes Mal in die Beine ging.« Doch da er zum Mittanzen noch viel zu klein war, machte er es sich auf dem warmen Kachelofen gemütlich und beobachtete das Geschehen aus der Vogelperspektive.

Seine Mutter, fuhr Bert fort, sei immer schon vollkommen verrückt aufs Tanzen gewesen. Ihre älteren Brüder hatten es ihr schon als junges Mädchen beigebracht, und bis auf Berts Großmutter mütterlicherseits müssen alle Familienmitglieder regelrechte Tanzfanatiker gewesen sein. Als Bert zwölf oder dreizehn Jahre alt war, beschloss er, sich in diese Tradition einzureihen, und bat seine Mutter, ihm den Wiener Walzer beizubringen. Oder ging es um den Ländler? So genau wusste er es nicht mehr, welche Tanzart daran schuld war, dass seine Mutter an seinem Talent zweifelte. »Du kannst einfach nicht tanzen«, lautete ihr Urteil.

Es war nicht böse gemeint, aber es saß, und es muss lange in seinen Ohren nachgehallt haben, denn Bert strich das Tanzen von der Wunschliste seiner Lebensträume und verlagerte seine Sehnsucht nach Bewegung fortan auf schnelle Autos. Durch diese Leidenschaft konnte er sich wohl auch sehr effektiv gegen die ortsüblichen suizidalen Anwandlungen wappnen. Sein jugendlicher Lebenshunger muss mitunter sogar so überbordend gewesen sein, dass er zusammen mit seinem Freund Alois oft auf gut Glück nach Innsbruck trampte, um sich dort Autos anzugucken. Es kam ein Glitzern in Berts Augen: »In der Fallmerayerstraße parkte manchmal ein roter Lancia Stratos – Baujahr 1972.« Die beiden Autonarren müssen die Wunderkiste Quadratzentimeter für Quadratzentimeter gemustert haben, denn Bert konnte sich noch an jedes Ausstattungsdetail erinnern – unter anderem an das Rot der Polsternähte.

Doch dann kam Bert wieder aufs Tanzen zu sprechen. Als er seinen ersten Walzer tanzte, erzählte er, sei er schon um die vierzig gewesen. Seine Frau hatte ihn zu dem Tanzkurs überredet, weil sie auf die in den nächsten Jahren anstehenden Tanzstunden- und Abiturbälle ihrer Kinder vorbereitet sein wollte. – Sie hat sie nicht mehr erlebt. Bei einem Ferienausflug in Holland stürzte sie mit dem Fahrrad und war tot.

Als ich Bert zum ersten Mal traf, war ihm anzumerken, dass er sich unsicher war, ob es sich für einen Mann, dessen Frau im letzten Jahr gestorben war, denn überhaupt schickte, auf eine Tanzparty zu gehen. Ich erzählte ihm vom Tango, über die besondere Energie und das Tröstliche, Harmonisierende, das ich in diesem Tanz gefunden hatte. Bert schaute mich skeptisch an und meinte, beim Tango ginge es doch wohl immer nur um das eine. Ich lachte und sagte, er solle es halt mal probieren und dann könne er mir ja berichten, wie die Sache so gelaufen sei.

Sie ging erst einmal nicht so gut aus. Bert hatte seine alte

Freundin Heidi gefragt, ob sie denn Lust hätte, mit ihm einen Tangokurs für Anfänger zu belegen. Bewusst hatte er sie und keine andere gefragt, denn in erotischen Belangen, so nahm er an, waren zwischen ihnen keinerlei Turbulenzen zu erwarten. Er war nicht nur mit ihr, sondern auch mit ihrem wunderbaren Mann schon seit ewigen Zeiten eng befreundet, Heidis Kinder und seine Kinder kannten sich ebenfalls gut. Kurz, es war eigentlich die ideale Besetzung für einen stressfreien Anfang im Tango. Hinzu kam, dass Heidi von ihrer zierlichen Statur her perfekt zu Bert passte, und obendrein freute sie sich auch noch überschwenglich über diese besondere Tanzgelegenheit. Die Konstellation war die übliche: Sie tanzte für ihr Leben gern, ihr Mann dagegen war ein bekennender Tanzmuffel, um nicht zu sagen: ein Tanzhasser.

Nachdem der Kurs angefangen hatte, rief mich Bert an, bedankte sich für meine Empfehlung und schwärmte, wie gut sich das Projekt Tango für ihn anließe. Heidi war offenbar genauso begeistert wie er, und sie konnten es beide kaum abwarten, bis sie weitere Fortschritte machten. Doch halt! Die frischgebackenen Tangotänzer hatten die Rechnung ohne Heidis Mann gemacht. Ihm missfiel die Begeisterung, mit der seine Frau den Tanzstunden entgegenfieberte, sehr. Von Woche zu Woche steigerte er sich vor Eifersucht in einen immer größeren Argwohn hinein, bis er der armen Heidi am Ende das Tanzen so madig machte, dass sie Bert alsbald mitteilte, er müsse sich leider nach einer neuen Tangopartnerin umsehen, da sie um den Fortbestand ihrer Ehe bangen müsse. – Bert verstand die Welt nicht mehr. Er schwor bei allen Heiligen, dass er Heidis Ehemann nicht den kleinsten Anlass zur Eifersucht gegeben hätte. Doch es blieb dabei. Heidi wollte, musste aussteigen.

Bert bat mich in seiner Verzweiflung um Rat, denn er wollte gerne mit dem Tango weitermachen. Ich sagte, Heidis Entschluss sei zwar bedauerlich, aber wirklich kein Beinbruch. Die Schwarzen Bretter in den Tangoclubs seien übersat mit Zetteln, auf denen Frauen händeringend nach Tanzpartnern suchten. Er müsse eigentlich nur mit dem Finger schnippen und schon stünden zahllose tanzwütige Frauen parat, die sich darum rissen, mit ihm tanzen zu lernen. Bert gab sich zweifelnd und druckste lange herum. Schließlich holte er sehr umständlich aus: Er habe sich das alles lang und reiflich überlegt, wisse zudem, dass sein Ansinnen eigentlich eine Zumutung für eine fortgeschrittene Tänzerin sei, aber dennoch könne man ja davon ausgehen, dass auch für erfahrene Tänzerinnen hin und wieder eine Auffrischung und Vertiefung des schon Gelernten sinnvoll sei, und, um es kurz zu machen, er wolle mich fragen, ob ich mir denn eventuell vorstellen könne, und ich könne gewiss auch nein sagen, wenn ich nicht wolle, aber er würde sich eben sehr freuen, nein, mehr noch, er wäre überglücklich, wenn er den Kurs zusammen mit mir fortsetzen könnte, denn beim Tango käme man sich doch sehr nahe und man müsse sich schon riechen können und in einem sei er sich ganz sicher, er könne mich wirklich sehr gut riechen. – Nun war es heraus.

Ja, sicher, sagte ich, mir erginge es ganz ähnlich, auch mir sei es schon aufgefallen, dass ich ihn überaus gut riechen könne und überhaupt wäre es vielleicht gar keine schlechte Idee, wenn wir zusammen tanzen würden.

Bert und ich tanzen nun schon seit vielen Jahren miteinander – und das nicht nur auf dem Tanzboden, sondern gemeinsam durchs Leben. Und, was das Schönste ist, im Alltag harmonieren wir mindestens genauso gut miteinander wie beim Schwof. Es gibt etwas Besonderes zwischen Bert und mir, das uns einerseits jeden Tag aufs Neue erfreut, andererseits verleitet es uns öfters zu riskanten Tollkühnheiten. So wagen wir uns beispielsweise immer wieder in gemeinsame Tanzstunden. Bis auf Breakdance und Bauchtanz ist keine Tanzart wirklich vor uns sicher: Tango, Salsa, die Standard- und Lateintänze, und vor kurzem probierten wir sogar Lindy Hop aus, was ganz wunderbar gewesen ist und nach Fortsetzung schreit. Doch noch verwegener als unsere Tanzexperimente war unsere Idee, drei sehr verschiedene Kinder und zwei Erwachsene mit vollkommen unterschiedlichen Erziehungskonzepten unter einem Dach zu vereinen. Wir hatten großes Glück, es ist gutgegangen, wobei ich mich auch im Stillen immer wieder darüber wundere, dass wir uns nach diesem abenteuerlichen Parcours noch immer so gut riechen können wie bei unserem ersten Walzer. Vielleicht haben wir es auch unserer Tanzerfahrung zu verdanken, dass wir bislang so gut miteinander über die Runden gekommen sind. Sobald man die Tanzfläche betritt, weiß man auch nie genau, wohin einen die Musik führen wird. Alles, was man zum Gelingen beitragen kann, ist Präsenz, Achtsamkeit. Sie hilft einem, zu erspüren und zu akzeptieren, was ist.

Lange Zeit gingen Bert und ich einmal die Woche zum Tangounterricht, besuchten diverse Workshops, wenn interessante Koryphäen des Tangos das Rheinland querten, wir machten Tanzferien in Berlin, in Frankfurt, in der Schweiz. Kurz, Bert nahm die Sache mit dem Tangotanzen von Anfang an ziemlich ernst. Gewiss, sie war und ist ihm nicht ganz so wichtig wie mir – ich bin ein ganz kleines bisschen fanatisch, ich weiß –, aber er ließ sich doch so intensiv darauf ein, dass er sich mittlerweile zu einem guten Tangotänzer gemausert hat. Wann immer es unser Arbeits- und Patchworkfamilienkalender zulässt, gehen wir zum Tanzen aus.

»Was habt ihr es gut«, seufzte neulich meine Arbeitskollegin Barbara, bei der wir zum Abendessen eingeladen waren. »Es muss wunderbar sein, mit dem Menschen, den man liebt, über die Tanzfläche zu schweben!« Es folgte ein langer, melodramatisch aufgeladener Seufzer, den Barbara nicht so sehr in unsere Richtung schickte, sondern eher ans Tischende, wo ihr Mann saß. »Beneidenswert«, setzte sie vielsagend nach, »einfach beneidenswert.« Bert schaute zu mir herüber. Sein Blick sagte mir: »Sagst du es ihr oder soll ich auspacken?« Barbara war mehr meine Freundin denn seine, also übernahm ich den schwierigen Part.

Zusammen tanzen zu lernen, klärte ich Barbara auf, sei eine der größten Herausforderungen, denen sich ein Paar stellen könne, und eigentlich auch nur zu vergleichen mit den seelischen Zerreißproben, die in einem durchschnittlichen bürgerlichen Leben mit Zelturlauben, Immobilienkäufen, Umbauten oder Mehrlingsgeburten einhergehen. Jeder, der ihr irgendetwas anderes erzähle, lüge ihr das Blaue vom Himmel herab. Barbara starrte mich an, als habe ich mich gerade mit einer ungeahnten Perversion geoutet. Bert und ich, fuhr ich fort, könnten von Glück sagen, dass wir die heiße Phase der ersten Tanzkurse halbwegs unbeschadet überstanden hätten. – Es war nicht genau zu sagen, ob mich Barbara drohend oder eher flehend anschaute. Wie konnte ich ihr nur derart die Tour vermasseln? Seit Jahren versuchte sie, Simon, ihren Mann, endlich, endlich zu einem Tanzkurs zu überreden, und nun das! Doch ich ließ mich nicht beirren in meinem aufklärerischen Drang.

»Ein Paar, das zusammen tanzen lernt«, sagte ich, »wird früher oder später auf der Tanzfläche mit allen wunden Punkten in Berührung kommen, die es im Alltag um des lieben Friedens willen sorgsam zu umschiffen gelernt hat.« – Dabei dachte ich unter anderem an Berts Zählleidenschaft, die er wahrscheinlich den vielen Treppen des Krankenhauses, in dem er arbeitete, verdankte, und ich dachte auch an seine Liebe zu den einfachen Dingen des Lebens, die ja im Alltag oft viele positive Seiten hat, aber auf der Tanzfläche verleitete sie ihn immer wieder dazu, jeden, aber auch jeden Tanz in eine Mischung aus Discofox und Ländler abzuwandeln. Anfangs konnte es mich rasend machen, wenn wir im Tangounterricht eine neue Figur lernten und Bert sich, wenn es ihm gerade in den Sinn kam, in irgendeiner reduktionistischen Improvisation erging, die mit dem, was wir gerade behandelten, kaum etwas zu tun hatte.

Inzwischen vermute ich, dass dies als Übersprungshandlung zu erklären ist, denn Bert hasst es, etwas nicht zu können, und er kann es auch gar nicht haben, wenn man ihn beim Lernen beobachtet. Er behauptet, das sei ein universelles Phänomen, denn der Mann an sich verachte nichts mehr, als bei irgendetwas blöd dazustehen, schon gar bei so etwas vermeintlich Läppischem wie Tanzen.

Wenn es mal ganz dick kam, was glücklicherweise sehr selten gewesen ist, griff Bert im Affekt zu seiner Geheimwaffe und drohte, er könne das Tanzen auch sein lassen – was er ganz sicher nicht kann. Um das Ganze dann auch noch zu bekräftigen, schob er ein Zitat von Marcus Tullius Cicero nach, der sich in grauen Vorzeiten wohl irgendwann zu der kraftmeiernden Sottise hatte hinreißen lassen, dass ein Mann, der bei Sinnen sei, nicht tanze.

Doch zurück zu Barbara, die an meinen Lippen hing und mir mit flehenden Blicken Einhalt gebot. Ich sah es ein, mein desillusionierendes Plädoyer war kein Wasser auf ihre Mühlen. Doch just in diesem Moment ergriff Bert das Wort: »Die Frauen sollten sich darüber im Klaren sein, dass Unzufriedenheit nie ein Stimulans ist für den Mann und auf der Tanzfläche schon gar nicht!« Barbara wurde bleich, Simon dagegen hörte Bert gespannt zu, der nun sehr weit ausholte und beschrieb, wie viele seelische und praktische Hürden ein Mann erst einmal überwinden müsse, bevor er von der harten Männerwelt in die feinsinnige Sphäre der Tanzsäle hinüberwechseln könne. Ich wunderte mich, wie blumig dieser sonst so nüchterne Denker bei diesem Thema auf einmal werden konnte: »Wenn ein Mann von Ballgefühl spricht, dann denkt er nur an eines – ans Fußballstadion. Frauen schwelgen durchaus auch in Ballgefühlen, hören dabei aber eher die Champagnergläser klirren und das Rascheln von Taft und Rüschen. Das sagt doch eigentlich schon alles. Gegensätzlicher können die Welten doch gar nicht sein!«

Bert war offenbar in rhetorischer Bestform. Der nächste Satz war hauptsächlich für meine Ohren bestimmt: »Und wenn sich dann noch die stilpuristische Tanzpartnerin mit der Starrköpfigkeit eines alten Maultiers weigert, ein paar Discofoxschritte zu tanzen, wenn unsereins mal einen kleinen Blackout im Tangosalon kaschieren will, dann ist endgültig Schicht!« – Barbara schien der Ohnmacht nahe. Simon wirkte eher gelöst und forderte Bert zum Schulterschluss auf: »Dann lass den Blödsinn doch einfach!« Der triumphale Unterton in Simons Stimme war nicht zu überhören. »Ich denke ja gar nicht dran«, parierte Bert, »du wirst es nicht glauben, aber kaum etwas macht mich so glücklich wie das Tanzen.«

Vor ein paar Tagen schickte mir ein alter Freund, der stets väterlich um mein Wohlergehen besorgt ist, eine E-Mail mit einem Aphorismus von Georg Christoph Lichtenberg. Das Zitat sprach mir aus der Seele: »Die Gesundheit sieht es lieber, wenn der Körper tanzt, als wenn er schreibt.« Stimmt, dachte ich, meine Unterarmsehnen und meine Wirbelsäule signalisieren mir zunehmend, dass es an der Zeit wäre, zum Schluss zu kommen, wobei es mir ja immer schwerfällt, beim Tanzen ein Ende zu finden – ganz gleich, ob ich darüber rede, schreibe oder ob ich mich tatsächlich bewege.

An meinem Computer klebt ein kleiner gelber Erinnerungszettel, auf dem »WIEN!« steht. Den habe ich kürzlich mit großer Vorfreude dorthin geklebt, nachdem mir Bert signalisiert hatte, dass er sich durchaus vorstellen könnte, im nächsten Jahr mal wieder einen der großen Wiener Bälle zu besuchen. Dass er sich noch nicht ganz festlegen wollte, liegt daran, dass er sich, wenn es um die österreichische Hauptstadt geht, gerne ein Hintertürchen offen lässt. Er lebt zwar schon ewig in Deutschland, aber im Herzen ist er immer Tiroler geblieben, was wohl zwangsläufig mit einem gewissen Vorbehalt gegen Wien einhergeht. Angeblich speist sich dieses unterschwellige Ressentiment aus dem notorischen Platzhirschverhalten der Wiener. Bert behauptet, die Wiener würden mit ihrem Schmäh jeden um den Finger wickeln, da könne das restliche Österreich einfach nicht mithalten. Ich kann das zwar nicht bestätigen, aber ich bin Bert sehr dankbar, dass er bereits zweimal über seinen Tiroler Schatten gesprungen und mit mir zum Tanzen nach Wien gereist ist.

»Alles Walzer!« – diese legendären Worte, mit denen der Zeremonienmeister nach dem Eröffnungstanz der Debütantenpaare auch die anderen Gäste aufs Tanzparkett bittet, ich habe sie mit eigenen Ohren gehört, und das in der Hofburg! Ich kann nur so viel sagen: Diese Bälle sind eine Apotheose für alle Sissi- und Barbie-Fans! So viel Fantasy wird selten geboten. Ich kam sowohl auf dem Mediziner- als auch auf dem Kaffeesiederball aus dem Staunen gar nicht mehr heraus. Eines steht fest: Ich werde alles daransetzen, dass ich die nächsten

Jahre topfit bleibe, denn wenn ich richtig gezählt habe, dann stehen allein auf dem Ballkalender für 2008 zwanzig Bälle. Wo soll man da bloß anfangen! Da wäre der Kaiserball in der Hofburg an Silvester, der Ball der Wiener Philharmoniker im Musikverein, der sehr elegant sein soll. Unbedingt natürlich das Elmayer-Kränzchen in der Hofburg, das ist der Ball der berühmten Wiener Tanzschule Elmayer. Dann wäre da noch der Opernball, aber dort dreht sich ja eh alles nur um eingekaufte Starlets, die man sich auch im Fernsehen angucken kann. Dann vielleicht doch lieber zum Industrie- und Technikerball, dort sollen viele gute Tänzer sein. Oder zum Blumenball, zum Juristenball, zum Journalistenball natürlich … ach, ich kann sie nicht alle aufzählen.

Sollte ich je Köln den Rücken kehren, dann wäre Wien meine erste Option. Gewiss, ich müsste Bert wahrscheinlich mit einem Lancia Stratos, dem Traumauto seiner Jugendjahre, bestechen, damit er mitkäme. Doch die Investition wäre es mir wert, und auch die sachliche Überzeugungsarbeit fiele mir gar nicht schwer. Warum? Die Wiener verstehen was vom Feiern, sie sind vollkommen tanzverrückt, was man unter anderem an ihrer Unermüdlichkeit bei den Quadrillen feststellen kann, und das Tollste ist: Sie sind jeck. Ich weiß, eine kühne These, aber ich habe Beweise: Auf dem Kaffeesiederball stand zum Beispiel eine sehr elegante Dame vor mir an der Garderobe. Ihre türkisfarbene Seidenrobe war ihr auf den Leib geschneidert, ihre goldenen Sandaletten waren genauso grandios wie ihre edel schimmernde Clutch, die sie in ihren perfekt manikürten Händen trug. Kurz, jedes Detail ihrer Aufmachung verriet Geschmack und Stilgefühl. Das blonde Haar war im Nacken von fachkundiger Hand zu einem nach oben offenen Füllhorn hochgesteckt. Und auf dem Kopf – ich traute meinen Augen nicht –, oben in der Öffnung des Hörnchens, prangte eine Espressotasse. Das ist kein Witz: eine echte Espressotasse als Haarschmuck! Wenn das nicht jeck ist!

Obwohl der Kaffeesiederball der einzige Wiener Ball ist, bei dem alle Räume der Hofburg von den Redoutensälen bis zum Dachfoyer geöffnet sind, leerten sich gegen Mitternacht plötzlich die Säle. Die Damen strömten in Scharen durch die Flure zur Ausgabe der Ball-Souvenirs, der sogenannten »Damenspende«. – Ich war zu neugierig und holte mir auch so ein »Sackerl« ab. Was sah ich, als ich die Tüte öffnete? Einen Fächer und eine Espressotasse! Später rannten dann die Damen mit ihren kleinen Einkaufstüten in der Hofburg herum, fächerten sich alle mit dem gleichen Fächer Luft zu und trugen ihre Kaffeetassen spazieren. So was Jeckes, dachte ich, das glaubt mir in Köln kein Mensch. Und am Ende des Kaffeesiederballs sah ich die Lady mit der jecken Frisur noch einmal. Die Haare saßen noch tadellos, aber die Tasse auf ihrem Hinterkopf war spurlos verschwunden.

Bemerkenswert war auch das Wiener Paar, mit dem Bert und ich auf dem Wiener Ärzteball ins Gespräch kamen, als wir an einem Stehtisch standen und uns mit Wiener Würstchen stärkten. – Interessanterweise nennen die Wiener diese Würstchen »Frankfurter«. – Ungefragt legten uns die beiden schon nach wenigen Höflichkeitsfloskeln ihre Einkommensverhältnisse mehr oder weniger offen. Er war ein emeritierter Ordinarius für Ich-weiß-nicht-mehr-was, sie betrieb eine gutgehende Praxis für Psychotherapie. Was die beiden bewegte, uns so ungehemmt und haarklein ihre Wohlversorgtheit auszumalen, weiß ich nicht. Vielleicht nahmen sie es krumm, dass sich zwei Auswärtige über die Phantasiepreise der Hofburg-Caterer mokierten. Bert sah sich jedenfalls nach diesem Gespräch mal wieder vollends in seiner Wiener Platzhirschtheorie bestätigt.

Einen kleinen Wermutstropfen gibt es allerdings auch für

mich im Wiener Ballnirwana: Niemand käme dort auf die Idee, eine Fremde zum Tanzen aufzufordern, was wohl vor allem daran liegt, dass die ganze Show mehr ein Repräsentations- denn ein Tanzereignis ist. Man flaniert paar- oder gruppenweise herum, genießt die musikalischen Darbietungen in den verschiedenen Sälen, tanzt mal hier, mal da. Kurz, es geht hauptsächlich ums Sehen und Gesehenwerden, was für Auswärtige, die mit dem lokalen Promi-Ranking nicht vertraut sind, auch ermüdend werden kann.

Doch ich kam trotzdem jedes Mal ganz auf meine Kosten. Es gibt nämlich in meiner mentalen Supertanzmatrix unter anderem auch das Ressort »Ballkleidung«. Was sich da an Material angesammelt hat! Viel Glanz, bisweilen sogar echter Glamour, aber leider auch viel Tragisches. Die Männer sind fein raus, verhindert doch der Dresscode »Frack oder Smoking« im Großen und Ganzen das Schlimmste. Doch im Damenfach kommt es gern zu dramatischem Overdressing und meistens auch gerade da, wo eigentlich vor allem eines geboten wäre: Zurückhaltung. Umso mehr freut sich das strapazierte Auge dann über die wahren Ballköniginnen, die die Kunst des Zurechtmachens, die im Grunde eine Kunst des Weglassens ist, perfekt beherrschen.

Meine Freundin Veronika, eine gebürtige Wienerin, schlug neulich vor, wir könnten uns doch nächstes Jahr in ihrer Heimatstadt zum Jägerball verabreden. Das sei etwas ganz Besonderes, weil viele Besucher in Trachten kämen. Ich wollte nicht unhöflich sein und ließ das Thema vorerst offen, denn da ich nie zur Pfälzer Weinkönigin gekürt worden bin, hätte ich ein ernsthaftes Stylingproblem. Lilli, die nächstes Jahr gerne mitkäme nach Wien, hat wegen eines unbewältigten präpubertären Dirndltraumas ebenfalls größte Bedenken angemeldet.

Doch eigentlich hätte ich allen Anlass, Veronikas Vorschlägen blind zu trauen. Sie war es nämlich, die mich überhaupt auf die Wiener Bälle gebracht hatte.

Kennengelernt hatte ich sie im Ballettgrundkurs des Cologne Dance Centers am Kölner Stadtgarten. Dass ich im hohen Alter doch noch beim Ballett gelandet bin, war ein Zufall. Eigentlich hatte ich mich in dem großen Sport- und Tanzstudio angemeldet, um als Anti-Aging-Maßnahme diverse Bauch-Beine-Po-, Rücken- und sonstige Fitnesskurse zu absolvieren. Auf dem Weg zur Umkleide blieb ich jedes Mal vor den abendlichen Ballettklassen stehen. Dort tanzten nicht etwa fünfjährige Eleven, sondern allen Ernstes Erwachsene. Es dauerte ein ganzes Jahr, bis ich mich traute. Vielleicht war es der wunderbare Film »Billy Elliot« von Stephen Daldry, den ich mir im Millenniumsjahr zusammen mit Eddie im Kino – unter Sturzbächen von Tränen – angesehen hatte, der mir den letzten Anstoß gab. Als ich mit Herzklopfen schließlich zum ersten Mal in den Ballettsaal ging, fiel mir seltsamerweise John Travolta ein. Selbst der hatte richtig Panik bekommen, als ihm sein Tanzlehrer zum ersten Mal die Choreographie zeigte, die er für den Film »Saturday Night Fever« lernen sollte. Also sagte ich mir: Augen und Ohren auf und durch!

Veronika und ich hatten schon ungefähr anderthalb Jahre lang zweimal die Woche nebeneinander nach Feierabend an der Ballettstange trainiert, als wir uns in einem sentimentalen Moment gestanden, dass wir uns mit den mühevollen Exerzitien eigentlich einen Kindertraum erfüllten. Besser spät als nie, lachten wir und fühlten uns fortan nur noch halb so verzweifelt, wenn bei den ersten Grand Pliés die Kniegelenke laut krachten.

Aber ich möchte meine bescheidenen Ballettaktivitäten hier gar nicht weiter ausbreiten, denn, wie gesagt, ich will zum

Ende kommen. Zudem habe ich nicht viel vorzuweisen. Ich gehe schon ein paar Jahre hin, kann immer noch keine wirklich saubere Pirouette drehen, die fünfte Position könnte ich nur um den Preis von heftigen Hüftgelenksschmerzen perfekt schließen, und den Spagat werde ich in diesem Leben wahrscheinlich auch nicht mehr hinbekommen. Aber das macht mir nichts. Ich liebe diese Trainingsstunden. Ich liebe sie sogar so sehr, dass ich in der Anfangszeit einmal fast dafür die Freundschaft mit Lilli geopfert hätte.

Sie fand Ballett irgendwie chic. Zudem meinte sie, sei es cool, mit Ballett in einem Alter anzufangen, wo die Profis gerade ihre Transition hinter sich hätten und eine zweite Karriere begännen. Lilli schlug vor, wir könnten eine Art Jour fixe aus dem Termin machen, vorher oder nachher was trinken gehen und ein bisschen plaudern. Wär doch ganz witzig, so ein Ballettmädelsabend. – Ich wusste nicht, wie ich es ihr sagen sollte. Für mich waren das quasi heilige Termine, Meditationen fast. Und ich wollte auf gar keinen Fall vorher oder nachher darüber plaudern. – Lilli war eine Weile verschnupft über meine verstockte Reaktion, insistierte aber nicht länger und meldete sich beim Yoga an. So wichtig war es ihr mit dem Ballett dann auch wieder nicht.

»Ballett ist Kampf«, sagte Geraldine Chaplin als gestrenge Ballettmeisterin in dem Almodóvar-Film »Sprich mit ihr«. Da ist etwas Wahres dran. Zudem ist es ein Kampf, den man nicht gewinnen kann. Trotzdem geht man ihn ein, lustvoll sogar. Dabei geht es weniger um die Modellierung des Körpers denn um die Einübung von Bewegungsmustern, die man für den Alltag nur bedingt gebrauchen kann. So gesehen ist es ein zweckfreies wunderbares Spiel, das angetrieben wird von der Illusion, der Schwerkraft entrinnen zu können. Dennoch sind es kostbare Lektionen, die man aus den Ballettsälen mit hinausnimmt ins Leben. Die Bewegungen wirken nach innen, in die Tiefen unserer Empfindungen.

»Keiner versteckt sich hinter dem anderen«, brüllt unser slowakischer Ballettlehrer Robert manchmal quer durch den Raum. »Seid glücklich!« Sabrina, meine erste Ballettlehrerin, eine echte italienische Diva, feuerte uns immer mit einem höchst wirksamen »Königlicher bitte!« an. Fernando aus Brasilien schafft es, einen mit seinem Lachen zu motivieren, und sein Landsmann Marcelo legt seine Botschaften in den kleinen Finger seiner rechten Hand. Zumindest in meiner Phantasie fliege ich nach den Ballettstunden im Grand Jeté durch den Raum und wünsche mir, dass das Tanzen nie mehr aufhört – auch wenn es mit der graziösen Beweglichkeit im Oberkörper nicht weit her ist, die aristokratische Finesse in der Haltung genauso zu wünschen übrig lässt wie das Tempo und die Sprungkraft in den Füßen.

Im Cologne Dance Center trainieren Amateure wie ich neben angehenden Profis. Die Motivationen sind ebenso vielfältig wie die Körperbilder der verschiedenen Tanzstile. Emmy hat Hip-Hop, Modern und Jazz-Kurse belegt. Wenn ich sie hin und wieder verschwitzt und abgekämpft im coolen Hip-Hopper-Look in der Umkleidekabine antreffe, fallen mir manchmal die poetischen Ballett-Nachmittage mit ihr in der Rheinischen Musikschule ein. Diesmal bin ich es, die die Ballettschläppchen anzieht. – Jeck, irgendwie jeck. – Emmy hat leider aufgehört mit dem Ballett. Doch ich bin zufrieden, sie tanzt, und sie macht nicht den Eindruck, als wollte sie je damit aufhören. Neulich fragte ich sie, ob es denn auch einen Einsteigerkurs gebe im Hip-Hop. Daraufhin machte sie einen energischen Schritt auf mich zu, wich schnell zur Seite aus, drehte sich ruckartig um, zuckte mit den Schultern und sagte lässig: »Diese Moves sind nix für Mütter.«

»Abitur 2007« steht auf dem Foto-Ordner, den ich letzte Woche auf meinem Computer neu angelegt habe. Als ich die Bilder sortierte, dachte ich: Was für ein Schlingel, dieser Max! Hatte es mein Wahlsohn doch tatsächlich hinbekommen, sich am Ende seiner Schullaufbahn als leidenschaftlichen Ballroom-Tänzer darzustellen, obwohl er es immer strikt abgelehnt hat, sich beim Tanzen irgendwelchen Regeln zu unterwerfen. Ich erwähnte es schon: Max ist Schlagzeuger in einer Punk-Revivalband, und manchmal hört er die alten Platten von Bob Dylan. Kerle wie er tanzen Pogo, aber nichts, was nach Tanzschule aussieht. Sein Vater schärft ihm zwar immer wieder ein: »Max, lerne tanzen! Bewegung bringt Zutrauen!« Doch Max hört in dieser Hinsicht leider nicht auf Bert, was durchaus normal ist für sein Alter.

Wenn es in fünfzig Jahren noch Computer geben wird, die in der Lage sind, den Datensatz »Abitur 2007« zu entschlüsseln, dann könnte Max seinen Enkelchen die Fotos vom Abiturball zeigen und sagen: »Guckt mal, was der Opa früher für ein flotter Tänzer gewesen ist!« Ich hoffe, dass dann dieses Buch zerfleddert und zerlesen noch irgendwo herumliegt. Darin könnten die Kleinen nämlich nachlesen, wie es wirklich gewesen ist: Also, ihr Lieben, es tut mir leid, aber der Opa flunkert!

Es war nämlich so: Als der Abiturball eröffnet wurde, stürzte sich der Opa Max auf die Tanzfläche, schleifte seine Freundin Franzi mit, die sich ein bisschen sträubte, weil sie nicht in der Tanzstunde gewesen ist. Doch schließlich gab sie nach, ließ sich von Opa Max in den Arm nehmen und ein bisschen hin- und herschuckeln – was zu einem raumgreifenden Wiener Walzer eigentlich nicht so richtig passt. Liz, Opas ältere Schwester, war in der Zwischenzeit mit ihrer Digitalkamera auch auf die Tanzfläche gerast und schoss ein paar Fotos von den beiden. Da Opa

Max damals viel theatralisches Talent hatte, simulierte er für die Fotos ein paar Tanzposen, die er sich bei Uropa Bert abgeguckt hatte – der ein toller Tänzer war. So war's, ihr lieben Urenkel! Ich war dabei, ich hab's selbst gesehen!

Vielleicht wird Max auch gar keine Enkel haben, denn noch sagt Max, er wolle alles anders machen als sein Vater. Doch ganz gleich, wie der Lebensweg von Max verlaufen wird, fest steht: Er hat nicht getanzt, er hat nur so getan als ob, und die anderen Jungs aus seiner Klasse haben es fast alle genauso gemacht. Beim ersten Tanz war die Tanzfläche gerappelt voll. Doch bei genauerem Hinsehen war erkennbar, dass fast niemand wirklich tanzte. Die meisten posierten nur tanzend für die Erinnerungsfotos. – Offenbar wird das Tanzen als Chiffre des Glücks noch immer sehr geschätzt. – Es dauerte eine knappe Viertelstunde, dann war die Tanzfläche wie leergefegt. Ungefähr zehn Paare verteilten sich dann auf dem riesigen Parkett und konnten sich nach Herzenslust den ganzen Abend austanzen.

Am Rand der Tanzfläche waren eine Weile noch ein paar Mädchencliquen zu sehen, die kichernd und eher verstohlen miteinander schwoften. – Nicht dass hier ein falscher Eindruck entsteht: Ich habe nichts gegen Frauen, die miteinander tanzen, im Gegenteil. Ich tanze selbst gerne mit Frauen und kenne im Tango einige, die ganz hervorragend führen können. Doch diese Mädchen wirkten nicht so, als würden sie sich danach verzehren, unter sich zu bleiben. Man sah es ihnen schon an den nervös wippenden Fußspitzen an, dass sie schier barsten vor Tanzlust. Ich kann mir jedenfalls ganz genau vorstellen, was in ihnen vorging, und ich würde wetten, dass sich in fünfundzwanzig Jahren die eine oder andere überlegt, ein Tanzbuch zu schreiben!

Nachdem sich der Großteil der Abiturienten an die Bar verzogen hatte und zum gemütlichen Teil des Abends übergegangen war, hatten Bert und ein paar andere unermüdliche Tänzer alle Hände voll zu tun. Bert tanzte zuerst mit mir, dann mit Liz und Emmy, dann mit diversen Abiturienten-Müttern, deren Männer auch an der Bar saßen und nicht tanzten. Das war's. Das war der Abiturball von Max.

Schade, dachte ich, es hätte so ein rauschendes Fest werden können. Und alle Äußerlichkeiten deuteten eigentlich auch darauf hin, dass das Festkomitee der Abiturienten von einem solchen geträumt hatte. Der Saal sah aus wie die Kulisse einer glamourösen Filmhochzeit. Die Tische waren festlich dekoriert, die Stühle mit weißen Satinhussen bezogen, die Coverband spielte hervorragende Tanzmusik, die meisten Mädchen trugen dramatische lange Ballkleider zur Schau, und selbst die härtesten Jungs hatten sich in Schale geworfen. Sehr zu meinem Erstaunen hatten die Abiturienten als Höhepunkt des Abends sogar eine Tanzeinlage auf der Bühne vorbereitet. Ungefähr ein Dutzend wagemutige Jungs ohne jegliche Ballett-erfahrung führten im Feinripp-Unterhemd und Tutu eine kurze Improvisation zu »Schwanensee« auf. Das Publikum fand den tapsigen Ulk so großartig, dass die Jungen das Ganze gleich zweimal hintereinander zum Besten gaben. – Ich hätte heulen können und fand es auch gar nicht lustig, dass das alles sein sollte, was von unserer reichen europäischen Tanzkultur übrig geblieben ist.

Doch ich will nicht jammern, dieser Ball war keine Offenbarung, aber er war allemal besser als mein tristes Abiturfest in den siebziger Jahren, auf dem nicht ein einziger Schritt getanzt worden war. Außerdem gibt es zurzeit sogar ein bisschen Licht am Horizont. Die Medien haben den Tanz neuerdings als ernstzunehmenden Quotenbringer entdeckt. Immerhin sitzen die Leute vor den Fernsehern und schauen zu, wie sich Prominente auf dem Weg zum Superstar die Füße wund tanzen. Angeblich bringen diese Tanzshows den Tanzschulen sogar einen Zulauf wie selten vorher. Doch mich beruhigen diese jubelnden Pressemeldungen der Tanzschulverbände nicht wirklich. Das Problem liegt tiefer.

Der Tanz ist schon seit der Antike in der Hierarchie der Künste ganz zuunterst angesiedelt, was wohl zum einen an seiner Flüchtigkeit liegt und zum anderen an seiner Körperlichkeit. Unsere Kinder erhalten in den Schulen Kunst- und Musikunterricht, aber dass sie dort auch etwas über unsere Tradition des Tanzens erfahren oder das Tanzen dort gar lernen können, ist eher eine Seltenheit denn die Regel.

Wer sehen will, was Tanz im Leben von Kindern bewirken kann, braucht sich nur den Film »Rhythm is it!« anzusehen, der 2004 über die Leinwände lief. Er dokumentierte die Arbeit des englischen Tänzers und Choreographen Royston Maldoom anhand eines Tanzprojekts, das dieser mit den Berliner Philharmonikern und einer Gruppe von Teenagern realisiert hatte. – Ein zutiefst bewegender Film, und sein großer Publikumserfolg hat hoffentlich auch im Denken unserer Kulturpolitiker einiges in Gang gebracht.

Tanzen ist eine Kraft, die das Leben verändern, ja auf den Kopf stellen kann. Und zwar nicht nur das Leben von Berufstänzern. Wer tanzen will, lernt die Schwerkraft kennen. Um sie zu überwinden, braucht es Disziplin und Ausdauer. Deswegen formt das Tanzen die Persönlichkeit und schult alle Sinne – ganz gleich, ob wir auf der Bühne oder in Gesellschaft tanzen.

Dennoch ist die Situation paradox: Das Tanzen zählt in unserer Gesellschaft nicht viel, aber es zieht uns trotzdem alle magisch an. Unsere Kultur setzt auf den Geist und misstraut dem Körper. Gleichzeitig leben wir so körperbewusst wie noch nie. Doch wenn man sich den Körperkult einmal genauer ansieht, stellt man fest, dass er sich hauptsächlich der ewigen Jugend und Schönheit verschrieben hat. Und wer noch näher hinschaut, erkennt, dass sich der Jugendlichkeitskult unserer Gesellschaft nirgends so deutlich zeigt wie beim Tanzen. – Liz und Emmy erzählten mir neulich von einer tollen Disco, die ich als Tanzfan eigentlich unbedingt einmal sehen müsste. »Nichts wie hin«, sagte ich. Die beiden schauten sich an, prusteten los und riefen wie aus einem Mund: »Vergiss es, die lassen dich da gar nicht rein.«

Der Tanz der Generationen findet nicht statt. Nur den Jungen, den perfekten, makellosen, beweglichen Körpern wird das Tanzen zugestanden. Berufstänzer verabschieden sich in einem Alter zwischen 30 und 35 Jahren von der Bühne. Das Gleiche gilt auch für die Paartanz-Profis. Wir sind eine überalterte Gesellschaft, aber wir wollen das Altern nicht sehen. Warum eigentlich?

Tanzkunst, Körperwissen entzieht sich zwar der unmittelbaren ökonomischen Verwertbarkeit, dennoch wären wir gut beraten, das Wissen und die Erfahrung von älteren Tänzern zu nutzen. Die abendländische Kultur ist durchdrungen vom Ideal eines perfekten, vollkommenen, beherrschbaren Körpers. Tänzer wissen um die Unerreichbarkeit dieses Ideals, und sie wissen auch, dass das Konzept einer stetigen Wandlung die einzig menschliche Alternative darstellt. Es wäre eine Bereicherung unseres Kulturlebens, wenn diese Wandlungsprozesse auch auf den Bühnen und in den Tanzsälen zu sehen wären.

Tanz hat mit Haltung zu tun, das ist mehr als nur Schritte lernen und eigentlich eine hochpolitische Angelegenheit. Eine Gesellschaft, die das Tanzen in die Sphären der Trivialität verbannt oder gar ganz verlernt, wird unwirtlich, gerät aus dem Takt. Die Tanzbilder erzählen ähnlich viel über eine Gesellschaft wie die Bilder der Mode. Die Wirksamkeit und Nachhaltigkeit von beiden wird oft unterschätzt.

Die mächtigsten Tanzbilder der letzten Zeit wurden von der Computerindustrie generiert: Die magischen einsamen iPod-Tänzer sind in Windeseile von den Plakatwänden herabgestiegen und haben unseren Alltag unterwandert. Liz und Emmy gehören schon lange zur Fangemeinde. Punkrocker sind anscheinend immun dagegen. Ich halte den Mädchen immer lange Vorträge darüber, dass diese Dinger auf Dauer das Gehör schädigen können, wenn man nicht aufpasst, aber auch auf mich hört keiner so richtig. In Wahrheit habe ich nicht nur Angst um ihre Gesundheit. Meine Sorge reicht weiter, und ich kann nicht einmal ganz genau sagen, worauf sie genau gerichtet ist. Vielleicht befürchte ich, dass die einsamen iPod-Tänzerinnen vor lauter in sich gekehrter Coolness zu frösteln beginnen, und keiner merkt es.

Etwas beruhigter bin ich, seit mir die beiden ihre Lieblingstanztitel auf meinen Computer überspielt haben. Von Liz habe ich »Tanz der Moleküle« von der Berliner Band Mia. bekommen. Der Refrain ist ein echter Ohrwurm: »Mein Herz tanzt. Uhuhu – und jedes Molekül bewegt sich …« Emmy hat mir »I like the way you move« von The Bodyrockers überspielt, wobei sie darauf bestand, dass ich mir dazu unbedingt das Video bei YouTube ansehen müsste, das sei eigentlich das Beste daran. Ich folgte ihren Anweisungen, suchte ihre Lieblingsversion der Electronic Art and Digital Design Students in ESDi (Spain) heraus und sah mir den Clip an. Zu sehen sind die Schattenrisse von zwei Männern und zwei Frauen, die tanzen. Sehr cool, sexy, ein bisschen psychedelisch und freestylend natürlich. – Bis auf die wenigen, äußerst beglückenden

Sekunden, in denen sich die beiden Paare berühren und zwei, drei gemeinsame Schritte tanzen!

Geradezu erleichtert war ich, als mir Liz und Emmy erzählten, was sie so in den Discos erleben. Unter uns: Es scheint nicht viel anders zu sein als damals in den Achtzigern, als ich mit Hotte und Lilli ausgegangen bin. Und irgendwann nannten mir auch die Mädchen das Stichwort, das ich schon oft von Menschen gehört habe, die für ihr Leben gerne tanzen: Freiheit. Angefangen bei der Mutter von Jo, die mir von den dreißiger Jahren erzählte, als sie mit ihren älteren Brüdern zum Tanzen ausging und sich unsagbar glücklich fühlte, wenn sich beim Kirmestanz alles um sie drehte. Auch der Kölner Tänzerin und Choreographin Gerda König, die ihr Leben im Rollstuhl verbringt, weil ihr Körper kein Muskelgewebe bilden kann, geht es ums Freisein beim Tanzen. Ihr Rückgrat ist gekrümmt, der Brustkorb asymmetrisch nach vorn gewölbt, in ihren Armen und Beinen hat sie keine Kraft, aber sie tanzt durchs Leben. Und selbst Deutschlands erfolgreichster Profitänzer Michael Hull sagte mir, dass es eigentlich nur einen Grund gebe zu tanzen: »Wer tanzt, will Freiheit.« – Das Leben fordert jeden von uns zum Tanz auf. Wir können die Einladung annehmen.

Apropos Freiheit: Im Zeichen der Freiheitsstatue erlebte ich einen meiner herrlichsten Tanzabende überhaupt. Es war ein lauer Spätsommerabend im Jahr 2004. Bert sah New York zum ersten Mal, für mich war es der erste Besuch dort nach dem schwarzen 11. September. In den neunziger Jahren war ich mehrfach alleine dort gewesen, um zu arbeiten. Getanzt hatte ich in Manhattan noch nie. Doch ich wusste, dass New York auch in tänzerischer Hinsicht eine Stadt ist, die niemals schläft. Alleine der Tangokalender: ein Traum! An dem Tag, als wir ankamen, gab es mehre Milongas, unter anderem auch eine im Central Park an der Shakespeare-Statue. Bert und ich mussten gar nicht lange überlegen. Was gab es Schöneres als »Dancing in the moonlight«? Überdies konnten wir uns damit mühelos noch ein paar Stunden wach halten, um dem Jetlag vorzubeugen.

Normalerweise neige ich nicht zu sentimentalen Ausfällen, doch als wir nach umständlichem Suchen endlich bei der Freiluftmilonga angelangt waren und zu tanzen anfingen, hätte ich schluchzen können vor Wonne. Der Himmel war sternenklar, die Luft mild und zart wie Seide, von fern funkelten die Lichter der Hochhäuser zwischen den Baumwipfeln hindurch, aus einem Ghettoblaster wummerte »Vida Mia« von Osvaldo Fresedo, einer meiner Lieblingstangos, Bert tanzte grandios ... Um es kurz zu machen, es hätte eine wildromantische Liebesnacht werden können, wenn wir nicht in einer kurzen Pause mit Allyn und Ann ins Gespräch gekommen wären.

Allyn, ein stattlicher grauhaariger Herr, dessen soignierter Habitus mehr an alte Schule denn an Neue Welt erinnerte, stand mit seiner Begleiterin Ann, einer zierlichen Frau unschätzbaren Alters, etwas abseits am Rand der Milonga. Die beiden verfolgten die Tanzpaare mit großem Interesse, wobei sie einen deutlich enthusiastischeren Eindruck vermittelte als er. Wir lächelten uns an, kamen ins Gespräch, stellten uns vor. Allyn erzählte, dass er schon seit ewigen Zeiten im Süden von Manhattan, im Village, lebe, dass er Sachbücher schreibe und dass er als Kontakter in der Industrie nicht nur mit amerikanischen, sondern auch mit deutschen Firmen zusammenarbeite. Der deutsche Akzent in unserem Englisch komme ihm also sehr vertraut vor. »Allerdings«, sagte er plötzlich mit theatralischer Emphase in der Stimme, »keine meiner transatlantischen Verhandlungen und keines meiner Bücher waren je mit einer so schwierigen Aufgabe verbunden wie der heutige Abend. Zu verdanken habe ich diesen Umstand meiner charmanten Begleiterin, Ann, die gerade für ein paar Tage einem langweiligen Provinzkaff in Connecticut entronnen ist und sich in den Kopf gesetzt hat, mit mir einen Großstadt-Tango im Central Park zu tanzen. Das einzige Problem ist: Ich kann überhaupt nicht tanzen!«

Bert verstand den Wink mit dem Zaunpfahl. »Shall we dance?«, fragte er Ann, bot ihr elegant den linken Arm und tanzte eine Weile mit ihr um den gusseisernen Shakespeare herum. Mir blieb nichts anderes übrig, als mich mit dem Kollegen Allyn über die Besonderheiten des deutschen und des amerikanischen Verlagswesens zu unterhalten. Na wunderbar, grummelte ich, leiser Unmut stieg in mir auf; so hatte ich mir den Abend eigentlich nicht vorgestellt!

Shame on me, dachte ich, als ich Ann glückstrahlend von der Tanzfläche zurückschweben sah. – »Man muss och jünne künne«, pflegt der Rheinländer völlig zu Recht in solchen Fällen zu sagen. Allyn, der nun seltsamerweise ebenso beseelt wirkte wie Ann, ging dazu über, nur noch von Saint Bert zu reden. Vor lauter Überschwang lud er dann den heiligen Tänzer und mich fürs kommende Wochenende zum Essen und zu einer exklusiven Führung durch Greenwich Village ein.

Als gegen zehn Uhr »La Cumparsita« in der Fassung von Roberto Firpo aus dem Ghettoblaster schepperte, konnte ich zwar kaum noch laufen vor Müdigkeit, aber ich fühlte mich plötzlich auf unerklärliche Weise zu Hause in dieser riesengroßen Stadt. Dann fiel mir der kleine Onkel Albert ein mit seiner Klarinette auf dem Zirkuselefanten, und ich fragte mich, ob er sich in Manhattan je so willkommen gefühlt hatte wie ich in dieser friedlichen blauen Nacht, mitten im Central Park.

Dank

Ich bedanke mich herzlich bei allen Tanz- und Gesprächspartnern, die mir ihre Tanzgeschichten anvertraut haben.

Allen meinen Tanzlehrern, die meine Liebe zum Tanz und zur Musik vertieft haben und mir nie das Gefühl gaben, ein hoffnungsloser Fall zu sein, werde ich stets dankbar sein.

Petra Eggers und ihre Mitarbeiter bleiben immer am Ball für mich. Vielen Dank!

Ganz besonderer Dank geht an meine Lektorin Ilka Heinemann. Sie hatte von Anfang an das richtige »Ballgefühl« und sorgte achtsam dafür, dass ich gut über die Runden kam.

Meiner Familie, meinen Freundinnen und Freunden danke ich von Herzen für die liebevolle Unterstützung.

Herb kann ich nicht genug danken. Ohne ihn gäbe es dieses Buch nicht.

Besonderer Dank auch an alle Tänzerinnen und Tänzer, die mir durch ihre Tanzkünste immer wieder ein Lächeln auf die Lippen zaubern, mein Herz höher schlagen lassen und meine Beine zum Fliegen bringen.